미라클모닝
| 확장판 |

일러두기

인명, 지명, 작품명 등은 외래어표기법을 따랐으나 일부 표기의 경우 이미 널리 굳어진 명칭을 사용했습니다.
국내 미출간 작품의 경우에만 원제를 영문으로 표기했습니다.

미라클모닝 확장판

초판 1쇄 발행 2024년 1월 25일
초판 2쇄 발행 2025년 1월 10일

지은이 할 엘로드 / **옮긴이** 윤영삼

펴낸이 조기흠
총괄 이수동 / **책임편집** 이지은 / **기획편집** 박의성, 최진, 유지윤
마케팅 박태규, 임은희, 김예인, 김선영 / **제작** 박성우, 김정우
디자인 유어텍스트

펴낸곳 한빛비즈(주) / **주소** 서울시 서대문구 연희로2길 62 4층
전화 02-325-5506 / **팩스** 02-326-1566
등록 2008년 1월 14일 제 25100-2017-000062호

ISBN 979-11-5784-724-2 13320

이 책에 대한 의견이나 오탈자 및 잘못된 내용에 대한 수정 정보는 한빛비즈의 홈페이지나
이메일(hanbitbiz@hanbit.co.kr)로 알려주십시오. 잘못된 책은 구입하신 서점에서 교환해드립니다.
책값은 뒤표지에 표시되어 있습니다.

⌂ hanbitbiz.com ￼ facebook.com/hanbitbiz Ⓝ post.naver.com/hanbit_biz
▶ youtube.com/한빛비즈 ⓞ instagram.com/hanbitbiz

지금 하지 않으면 할 수 없는 일이 있습니다.
책으로 펴내고 싶은 아이디어나 원고를 메일(hanbitbiz@hanbit.co.kr)로 보내주세요.
한빛비즈는 여러분의 소중한 경험과 지식을 기다리고 있습니다.

더 쉽고 더 확실하게 더 원하는 삶으로 바꿀 수 있다

the
MIRACLE
MORNING
미라클모닝

할 엘로드 지음 | 윤영삼 옮김

확장판

ℋ️B 한빛비즈
Hanbit Biz, Inc.

추천사

할 엘로드는 천재다. 그의 책《미라클모닝》은 내 인생에도 마법을 부렸다.

나는 1973년 처음 자기계발 수행에 눈을 떴다. 그 당시 유행하던 잠재력 계발 세미나에 참여한 적이 있는데, 그곳은 완전히 새로운 가능성의 세계처럼 보였다. 그 이후 나는 종교, 기도, 명상, 요가, 자기긍정, 시각화, NLP신경 언어 프로그래밍 등에 관심을 갖고 공부하기 시작했다. 또 불 위를 걷는 것처럼 전혀 엉뚱해 보이는 수행도 했고, 이 자리에서 밝히기 어려울 정도로 기이한 수행도 했다.

할 엘로드는 SAVERS(침묵, 확언, 시각화, 운동, 독서, 쓰기)라는 이름으로, 수세기에 걸쳐 인류가 만들어낸, 의식 계발을 위한 입증된 수행 방법들을 모아 매일 아침 누구나 쉽게 수행할 수 있는 루틴으로 압축해놓았다. '최고의 비법 중에서 최고'만을 압축한 이 루틴은 이제 내 일상의 일부가 되었다.

　사실, SAVERS는 지금도 많은 사람들이 수행하고 있다. 예컨대, 많은 이들이 매일 아침 운동(E)를 한다. 침묵 명상(S)을 하는 사람도 있고 기록(S)을 하는 사람도 있다. 하지만 이 모든 것을 할 엘로드가 SAVERS라는 단어로 개념화하기 전까지는, 아침에 이 루틴으로 수행하는 사람은 없었다.

　미라클모닝은 성공을 향해 바쁘게 살아가는 사람들에게 적합한 솔루션을 제공한다. 매일 아침 SAVERS를 수행하는 것은 하루를 시작하기 전에 몸과 마음과 정신에 연료를 주입하는 것과 같다.

　부자 아빠는 '1달러는 언제든 벌 수 있지만 시간은 벌 수 없다'는 말을 자주 했다. 삶의 하루하루를 최대한 활용하고 싶다면《미라클모닝 확장판》을 반드시 읽어라.

— 로버트 기요사키|Robert Kiyosaki

개인 재정을 다루는 책으로는 뉴욕타임스 베스트셀러 역사상 가장 많이 팔린 책《부자 아빠, 가난한 아빠》의 저자이자, 금융 교육 기업 리치대드컴퍼니의 설립자다.

《미라클모닝 확장판》에 쏟아진 찬사

《미라클모닝》은 단순한 책이 아니다. 잠재력을 실현하고 늘 원했던 삶을 만들어내는 검증된 방법론이다.
―멜 로빈스Mel Robbins, 《5초의 법칙》《굿모닝 해빗》 저자

이 놀라운 책은 최고의 아침 루틴을 꾸준히 실천함으로써, 보람찬 날들을 만들어내고, 진정으로 놀라운 삶을 일궈낼 수 있게 한다.
―로빈 샤르마Robin Sharma, 《변화의 시작 5AM클럽》, 《에브리데이 히어로》 저자

미라클모닝은 엄마, 기업가, 운동선수, 어떤 역할에서든 매일 나의 최고의 모습을 보여줄 수 있게 해준, 단 하나의 루틴이다.
―라일라 알리Laila Ali, 18연속 무패 세계 복싱 챔피언, 방송인

할 엘로드는 보통 사람들이라면 포기하고 말았을 비극적인 상황도 관점을 바꿔 개인적으로나 직업적으로 놀라운 성공을 이끌어냈다. 그는 의지만 있다면 아무리 불리한 상황에서도 진정한 위대함을 일궈낼 수 있다는 사실을 일깨워준다.
―톰 빌류Tom Bilyeu, 기업가, 코치, 강사, 시나리오 작가

《미라클모닝》을 읽어라. 진정으로 원하는 삶을 만드는 사람이 될 수 있다. 지금 바로 시작하라. 당신은 성공할 자격이 있다.
―JJ 버진JJ Virgin, 뉴욕타임스 베스트셀러 《777 다이어트》 저자

여러 번 죽을 고비를 넘기고 살아난 할 엘로드는 책을 통해 수백만 명의 삶을 변화시켰다. 그는 우리 모두 난관을 극복하고, 원하는 삶을 성취하고, 세상에 영향력을 끼칠 수 있다는 것을 증명하는 살아 있는 증거다. 이 책은 그럴 수 있었던 비법을 알려준다.
―루이스 하우즈Lewis Howes, 뉴욕타임스 베스트셀러 《그레이트 마인드셋》 저자

내가 할 엘로드를 좋아하는 이유 중 하나는 사람들을 아끼는 따뜻한 마음 때문이다. 《미라클모닝》은 애정에서 탄생했고, 이것이 책을 넘어 하나의 사회 운동으로 발전한 것 역시 그러한 마음 때문이라고 나는 생각한다. 아직 이 책을 읽지 않았는가? 무엇을 망설이는가? 아침이 달라질 것이다. 당신의 삶이 완전히 바뀔지도 모른다.

—조 폴리쉬Joe Polish, 월스트리트저널 베스트셀러 《그들을 위한 것은 무엇일까?What's in it for Them?》 저자

지금까지 할 엘로드보다 더 다정하고 자비로운 사람은 본 적이 없다. 그의 애정은 이 책에도 곳곳에 넘쳐난다. 《미라클모닝》이 선풍적인 인기를 끌었던 것은, 그의 실용적인 접근 방식 때문이기도 하지만 자신의 사명에 대한 진정성 때문이기도 하다. 당신의 아침과 삶이 기적이 되기를 바란다면 이 책을 읽어라!

—안나 데이비드Anna David, 뉴욕타임스 베스트셀러 《정당한 권한에 관하여On Good Authority》 저자

《미라클모닝》은 개인의 변화를 위한 입증된 방법으로, 내가 직접 활용하고 있을 뿐만 아니라 할 엘로드에게 내가 가르쳐준 방법이기도 하다. 이 책을 통해 삶의 모든 측면을 최적화할 수 있는 능력을 얻게 될 것이다.

—벤자민 하디Benjamin Hardy, 심리학자, 《퓨처 셀프》 저자

건강을 증진하기 위한 가장 중요한 방법 중 하나는 바로 아침 루틴을 실행하는 것이다. 《미라클모닝》은 해가 뜨기 전에 삶을 변화시킬 수 있는 효과적인 단계별 루틴을 알고 싶어 하는 사람에게 추천한다! 나는 할 엘로드의 진심, 사명, 매일 아침 세상을 치유하고자 하는 그의 열망을 사랑한다!

—민디 펠츠Dr. Mindy Pelz, 베스트셀러 《여자처럼 단식하기Fast Like a Girl》, 《폐경 리셋The Menopause Reset》 저자

기적에 대한 이야기를 듣고 싶다면, 할 엘로드에게 들어라.
—데이브 아스프리Dave Asprey, 뉴욕타임스 베스트셀러 《최강의 식사》, 《최강의 인생》 저자

그가 《미라클모닝》 초판을 처음 쓰기 시작할 때부터 나는 할 엘로드의 말, 삶, 영감을 따랐다. 나를 비롯하여 수백만 명의 삶을 변화시킨 《미라클모닝》은 우리에게 진정으로 큰 선물이다. 《미라클모닝》은 내 삶을 진짜로 바꿨다.
—제임스 알투처James Altucher, 월스트리트저널 베스트셀러 《그들도 처음에는 평범했다》 저자

아침 루틴은 원하는 성공을 성취하기 위한 토대가 될 수 있다. 비전을 달성하기 위한 습관을 개발하고자 한다면 《미라클모닝》의 도움을 받아라.
—오노레 코더Honorée Corder, 《첫 번째 논픽션 쓰기Write Your First Nonfiction Book》 저자

내가 아침에 일어나자마자 가장 먼저 하는 일은 미라클모닝 루틴이다. 이 루틴이 내 삶을 얼마나 변화시켰는지 이루 말할 수 없다. 단순하면서도 과학적인 근거가 있으며, 그 효과는 결과로 말해준다. 삶을 자신이 원하는 이야기로 이끌어나가고 싶다면 《미라클모닝》은 그 청사진이 되어줄 것이다.
—숀 스티븐슨Shawn Stevenson 《스마트 슬리핑》 저자

그야말로 힘든 난관을 극복해낸 할 엘로드는, 자신의 아이디어를 직접 실천하며 당신도 똑같이 그렇게 할 수 있고 꿈꾸는 삶에 도달할 수 있다는 것을 입증한다. 《미라클모닝》을 읽고 원하는 삶을 만들어보라!
—네카 파스콸레Neka Pasquale, 어반 레미디Urban Remedy 설립자

《미라클모닝》은 스스로 아침형 인간이라고 생각하지 않는 사람에게도, 자기계발을 위한 단순하고 입증된 프레임워크를 제공함으로써 삶의 모든 영역에서 성공할 수 있는 기반을 마련해준다.

—댄 마텔Dan Martell, 월스트리트저널 베스트셀러 《당신의 시간을 되사라Buy Back Your Time》 저자

《미라클모닝》을 읽고 난 뒤 이 책에 나오는 것들을 모두 나의 아침 루틴에 담기 위해 노력했다. 미라클모닝은 나를 완전히 변화시켰다. 당신도 마찬가지일 것이다. 필요한 것은 모두 이 책에 담겨 있다. 최고의 삶은 이제 시작된다.

—마이크 미칼로비츠Mike Michalowicz, 《이것부터 해결하라》, 《수익 먼저 생각하라》 저자

《미라클모닝》은 내 삶을 사랑하고, 만족감을 느끼고, 기술과 자기 인식과 개인적 힘을 계발하는 열쇠다. 이렇게 하루를 시작함으로써 나는 더 많은 풍요를 누리고 가장 힘든 상황과 시기를 극복할 수 있었다. 《미라클모닝》 덕분에 내 삶은 더 풍요로워졌다.

—개럿 군더슨Garrett Gunderson, 《나는 매일매일 부자로 산다》 저자

《미라클모닝》을 읽고 난 뒤 삶을 변화시킨 수백만 명의 사람들은, 하루를 시작하는 방식을 바꾸는 것만으로도 삶을 바꿀 수 있다는 것을 입증한다. 할 엘로드가 하는 일은 세상을 바꾼다. 그의 선한 마음은 힘이 세기 때문이다.

—캐시 헬러Cathy Heller, 《직장에 연연하지 않기》 저자

차례

The Miracle Morning

무엇이 달라졌을까

미라클모닝의 확장

2008년 경제 위기 한가운데에서 빠져나오기 위해 아침 루틴을 만들기로 결심했을 때, 나는 절박했다. 소득이 절반으로 줄었고, 삶의 모든 측면이 망가졌다. 나는 '아침형 인간'이었던 적도 없고, 그렇게 될 수 있다고 생각해본 적도 없었다. 하지만 상황을 바꾸기 위해서는 뭐라도 해야 했다. 무작정 아침에 일찍 일어나, 시대를 초월하여 삶을 개선하는 데 좋다는 6가지 루틴을 수행하기 시작했다. 그러한 선택이 언젠가 책이 되고 나뿐만 아니라 무수한 사람들에게 도움을 줄 것이라고는 꿈에도 상상하지 못했다.

나는 이 책에서 소개하는 6단계 아침 루틴을 일주일 평균 6~7일 씩 15년째 실천해왔다(물론 하루도 빠짐없이 실천하고 싶지만, 일주일에 하루는 아내와 데이트해야 하기 때문에 빼먹는 날도 있다). 또한 10년 전《미라클모닝》초판을 출간하고 난 뒤, 온라인 커뮤니티를 개설하고 운영하면서 무수한 회원들과 교류해왔다. 삶의 모든 영역을 최적화하고 싶은 사람으로서, 나는 그들과 교류하는 과정에서 많은 것을 배웠고, 이번 확장판에 상당수 반영되었다.

또한 다양한 온라인 서점에 올라온 5,000개가 넘는 리뷰를 읽고, 독자들이 어떤 부분을 공감하고 공감하지 못하는지 파악하고 문제를 개선하여 이 확장판에 반영하였다.

10년 동안 진화한 나의 의식과 경험, 그리고 독자들의 의견과 미라클모닝을 직접 수행하는 사람들의 피드백을 최대한 반영하여 책을 거의 다시 쓰다시피했다. 특히 초판을 읽고 나서 미라클모닝 루틴을 실천하는 사람들이 다음과 같이 공통적으로 던지는 몇 가지 질문에 대한 답을 제공하기 위해 신경 썼다.

- '아침형 인간'인 적도 없고 그렇게 될 수 있다고 생각해본 적도 없는 제가 과연 미라클모닝을 수행할 수 있을까요?
- 미라클모닝을 오래 수행했지만 점점 흥미를 잃어가고 있어요. 어떻게 하면 다시 열정을 불러일으킬 수 있을까요?
- 의욕도 없을뿐더러 이미 일에 치여 사는 상황에서, 특별히 시

간을 내어 미라클모닝 루틴을 일상에 끼워넣기 어려운데, 방법이 없을까요?

• 특정한 목표를 달성하거나 눈앞에 당면한 난관을 극복하기 위해 미라클모닝을 활용할 수 있을까요?

또한 확장판에는 초판에는 없던 두 개의 장을 새롭게 추가했다. 17장 미라클이브닝과 18장 미라클라이프다. 미라클이브닝에서는 진정으로 감사하는 마음으로 행복하고 평온하게 잠들 수 있도록 저녁에 수행할 수 있는 루틴을 소개한다. 특히 스트레스를 많이 받으며 힘든 시기를 견뎌내는 사람들에게 큰 도움이 될 것이다. 미라클라이프에서는 의식을 내적 자유 상태로 끌어올려, 아무리 어려운 시기에도 삶의 매 순간을 어떻게 느끼고 경험할 것인지 스스로가 의식적으로 선택할 수 있다는 사실을 일깨워준다.

미라클모닝에 대해 아무것도 모르는 사람은 물론, 초판을 여러 번 읽은 사람에게도 이 확장판은 기대 이상의 상당한 깨달음을 줄 것이다. 확장판에 수록된 이야기와 교훈은 당신이 자신의 삶을 사랑하고, 상상할 수 있는 가장 특별한 삶을 만들어내는 데 큰 도움을 줄 것이다. 당신에게는 충분히 그럴 능력이 있다.

새로운 미라클모닝의 미션: 인류 전체의 의식을 고양하라

2012년 12월 12일 나는 《미라클모닝》을 자비출판했다. 그렇게 했던 이유는, 내 삶을 바꾼 아침 루틴을 가능한 한 많은 사람들과 공유하고 싶다는 신념이 있었기 때문이다. 그 책이 미치는 영향, 좀 더 정확하게는 미라클모닝 루틴이 사람들의 삶에 끼친 영향을 보면서 나는 어떤 책임감을 느끼기 시작했다. 내 생각은 점점 커졌고, 마침내 다음과 같은 개인적인 사명으로 발전했다.

100만 명의 삶을 변화시키자. 하루에 한 명씩.

100만이라는 숫자는 다소 임의적으로 선정한 것이지만, 달성 가능성을 고려할 때 너무나 큰 숫자처럼 느껴졌다. 무명의 자비출판 작가로서 100만 명에게 내 생각을 전파할 수 있는 길은 전혀 떠오르지 않았다. 하지만 그 숫자는 나에게 의미 있는 한 해의 목표, 어쩌면 평생의 목표가 될 수 있다고 생각했다.

하지만 믿을 수 없는 일이 일어났다. 겨우 6년 만에, 이 책은 100만 명이 넘는 사람들의 손에 전해졌다. 그 기간 동안 나는 흔들리지 않는 신념으로 엄청난 노력을 쏟았다. 더욱이 나는 그 시절에 생존 확률이 30퍼센트에 불과한 희귀암 진단을 받았다(자세한 이야기는 뒤에 들려줄 것이다). 다행히도 나의 사명은 더 이상 나만의 것이 아니었다. 내가 암과 투병을 하는 동안 미라클모닝은 글로벌 커뮤니티로 발전했고, 세계적인 운동이 되었다. 직접 미라클모닝을 수행하면서 심오한 변화를 경험한 독자들이 끊임없이 나왔고, 그들은 자신의 경험과 책을 다른 사람들과 공유했다. 그 결과 내 책은 44개 언어로 번역되어 100개 이상의 국가에서 출판되었고, 수백만 명의 독자들 손에 들어갔다.

아침마다 1명씩 100만 명의 삶을 변화시키겠다는 다짐은 이제 개인적인 사명이 아니라 인류의 미래를 위해 훨씬 중요하고 필수적인 사명으로 성장했다. 매일 시간을 들여 미라클모닝을 수행하면 자신의 생각, 말, 행동이 자신의 삶은 물론 주변 사람의 삶에 어떻게 영향을 미치는지 더 잘 인식하게 되어 의식이 고양된다. 개개인이 자신의 의식을 고양시키는 것은 결국, 전체적으로 인류의 의식을 고양시키는 작업이다. 미라클모닝을 수행하는 수백만 명의 사람들은 수천만 명의 사람들에게 의미 있는 영향을 미칠 것이며, 그들은 다시 수억 명의 삶에 영향을 미칠 것이다.

이제 그 어느 때보다 우리는 인류 가족의 일원이며, 많은 사람들이 집착하는 차이점보다 서로의 공통점이 훨씬 많다는 사실을 기억해야 한다고 생각한다. 내 가족의 일원인 여러분에게 더 깊이 사랑을 전하고 싶다. 인류의 역사 속에서 이 특별한 시간에 여러분과 함께 이 사명을 수행할 수 있다는 것에 깊이 감사한다. 인류

는 우리를 필요로 한다. 다 함께 아침을 소중한 시간으로 만들어
보자.

이 책의 사용법 - 우리 삶을 어떻게 변화시킬 것인가

나는 당신과 만난 적도 없을 뿐만 아니라, 지금 당신의 삶이 어
떠한지도 모른다. 당신은 지금 엄청난 수준의 성공과 성취를 경험
하고 있을 수도 있고, 삶에서 가장 힘든 시기를 견뎌내고 있을지도
모른다. 나는 아무것도 모른다.

하지만 우리 사이에는 적어도 몇 가지 공통점이 존재한다. 물론
더 많을 수도 있겠지만, 가장 분명한 두 가지 공통점을 꼽아보자.

1. 우리는 자신의 삶과 자기 자신을 개선하고 싶어 한다. 스스
   로에게 문제가 있기 때문이라기보다는, 인간으로서 지속적
   으로 성장하고 개선하고자 하는 욕망과 욕구를 타고났기 때
   문이다. 이러한 욕망이 없는 사람은 아마도 없을 것이다. 하
   지만 우리는 대부분 매일 아침 눈을 뜨면 거의 같은 삶을 반
   복한다. 우리가 변하지 않으면 삶도 변하지 않는다. 이제 곧
   알게 되겠지만, 삶을 변화시키는 것은 자신을 변화시키기 위
   해 시간을 투자하는 것만으로도 쉽게 달성할 수 있다. 하루

하루, 아침마다 조금씩 나아지면 삶은 반드시 나아지기 마련이다.

2. 우리는 살아오면서 많은 역경에 직면했으며 앞으로도 더 많은 역경을 만날 수 있다. 삶은 힘겹고, 불공평하고, 고통스럽고, 때로는 견딜 수 없는 한계에 다다를 수도 있다. 하지만 당면한 역경은 지나고 보면, 배우고 성장하고 발전할 수 있는 기회였다는 것을 깨달을 수 있다. 이러한 관점을 늘 잊지 않고 유지한다면 역경이 험난할수록 더 위대한 사람이 될 수 있다는 사실을 알게 될 것이다.

과거 경험을 돌아보면 결국에는 모든 일이 예정된 대로 풀렸던 것 같다. 우리가 상상했던 것보다 훨씬 잘 풀리는 경우도 많다. 당시에는 도저히 극복할 수 없다고, 견딜 수 없다고 여겨지던 고난—이별, 실직, 사랑하는 사람의 죽음 등—들은 대개 정신적, 정서적, 신체적으로 참을 수 없는 고통처럼 느껴진다. 그런 일들을 누구나 겪어보았을 것이다. 지금 나는 당신이 현재 겪고 있는 일에 대해 이야기하는 것이 아니다(물론 그런 일들 역시 상상보다 훨씬 잘 풀릴 것이다). 나는 당신이 지금까지 살아오면서 겪었던 난관에 대해 이야기하고 있다. 그 모든 경험을 당신은 100퍼센트 극복해냈다는 사실을 기억하라. 이는 곧, 앞으로 닥쳐올 역경 역시 모두 극복해낼 것이라는 훌륭한 증표라 할 수 있다.

따라서 삶의 어떤 측면이 절망적으로 보일지라도 상황은 늘 변하며, 당면한 골칫거리도 어떻게든 해결할 수 있다는 것을 명심하라. 그러려면 지금 이 순간부터 삶의 모든 측면에 대한 책임을 기꺼이 받아들여야 한다. 남을 탓하는 것은 자신의 힘을 포기하는 것이다. 비난은 책임을 타인에게 뒤집어씌우는 데에만 유용하다. 삶의 모든 것에 대한 책임을 기꺼이 받아들일 때, 삶을 변화시키거나 창조하는 능력을 갈고닦을 수 있다.

지금 내가 삶의 어느 지점에 있든, 그곳은 분명히 지금 내가 있어야 할 곳이다. 지금 이 순간에 도착한 것은, 진정으로 원하는 삶을 만들어낼 수 있는 사람이 되기 위해 무엇을 배워야 하는지 깨닫기 위한 것이다. 아무리 힘들고 절망적으로 보일지라도, 지금 이 순간은 항상 배우고 성장하고 이전보다 더 나은 사람이 될 수 있는 기회라는 것을 명심하라.

당신은 삶이라는 이야기를 써내려가고 있다. 주인공에게 난관이 닥치고 그것을 극복해가지 않는다면 좋은 이야기가 될 수 없다. 사실, 난관이 클수록 이야기는 더 훌륭해진다. 이야기가 어디로 흘러갈지는 누구도 알 수 없고 제약도 없다. 다음 장에서는 무슨 일이 일어나기를 바라는가?

좋은 소식은, 삶에서 무엇이든 변화시키거나 창조할 수 있는 능력이 나에게 있다는 것이다. 노력할 필요가 없다는 말이 아니다. 매일 조금씩 시간을 투자하는 것만으로도 그러한 능력을 계발해 낼 수 있다. 이 책은 삶에서 이루고 싶었던 것을 모두 만들어내고 경험할 수 있는 사람이 되기 위한 구체적인 방법을 알려준다. 당신의 가능성에는 한계가 없으니 기대하라.

개인적으로나 직업적으로 혹은 정신적, 정서적, 신체적, 재정적 측면에서 또는 인간관계 측면에서 겪는 어려움 역시, 미라클모닝이 도움을 줄 수 있다. 미라클모닝을 활용하여 아주 짧은 기간 안에 온갖 도전을 극복하고, 돌파구를 찾아내고, 상황을 반전시킨 사람들은 수도 없이 많다.

극적인 예는 터너방송에서 사업운영책임자를 역임했던 키스 미닉을 들 수 있다. 아들이 죽고 1년 넘게 우울증에 시달리던 그는 미라클모닝을 처음 접한 뒤 모든 것이 바뀌었다고 말한다. 그의 경험담을 직접 들어보자.

2012년 5월, 내 아들 에버렛은 세상의 빛을 본 지 겨우 3시간 만에 하늘로 떠났습니다. 짧은 시간이지만 엄청난 영향을 미쳤죠. 내가 지금까지 겪은 일 중 가장 힘든 일이었습니다. 아들의 죽음과 더불어

20

직장 생활도 잘 안 풀려 결국 우울증에 빠졌습니다. 삶이 나아질 것 같지 않았고, 나 자신에 대한 자괴감에 괴로웠습니다. 노력하지 않은 것은 아니었어요. 유행하는 자기계발서도 많이 읽었지만 그다지 와닿지 않았어요. 그러다 미라클모닝을 만났죠.

팟캐스트에서 할 엘로드의 이야기를 들었는데, 바로 흥미가 느껴지더군요. 책을 구입해서 하루 만에 다 읽었어요. 다음 날부터 내 인생은 완전히 바뀌었죠. 알람을 설정하고 일어나자마자 SAVERS 루틴을 시작했습니다. 심리적, 생리적, 정신적으로 즉각적인 변화가 나타나는 것을 느꼈어요. 내가 있는 곳의 주인은 나라는 생각으로 내가 원하는 삶을 달성하기 위해 나아갈 길을 구체적으로 설계했어요. 매일 비전보드와 확언을 활용하여 새로운 각오를 스스로 일깨웠습니다. 미라클모닝을 수행하고 난 뒤 나는 터너방송에서 나와 사업체를 2개나 차렸죠. 나중에 하나는 매각하고 지금은 1개만 운영하고 있는데, 진정으로 최고의 삶을 살고 있습니다.

나는 거의 10년째 미라클모닝 루틴을 실천해 왔습니다. SAVERS는 지금도 내 삶에서 중요한 부분을 차지하고 있습니다. 내가 지금의 성공을 이룰 수 있었던 가장 큰 요인은 미라클모닝 루틴을 꾸준히 실행하면서 발전시켜 온 것입니다. 삶이 잘 풀리지 않거나, 우울증에 시달리거나, 무언가에 갇혀 있는 느낌을 받는 사람이라면 누구나 미라클모닝을 읽고 바로 실행해보라고 권합니다.

키스의 이야기는 우리 삶이 매우 빠르게 변화한다는 것과 10년이 흘러도 여전히 최고의 모습으로 진화할 수 있다는 사실을 보여주는 실제 사례다.

반면, 미라클모닝은 이미 의미 있는 수준의 성공을 달성한 사람들이 더 높은 단계로 나아가 개인적으로나 직업적으로나 더 높은 수준의 성공을 달성할 수 있도록 도움을 준다. 여기서 더 높은 단계란, 더 높은 소득, 더 나은 경력, 더 큰 사업의 성장과 같은 발전을 의미하기도 하지만, 지금까지 소홀히 했던 삶의 소중한 영역에서 더 깊은 만족과 균형감을 느낄 수 있는 새로운 경험을 의미하기도 한다. 신체적·정신적 건강, 행복, 인간관계, 영성을 비롯하여 개개인마다 중요하게 생각하는 측면이 크게 개선되었다.

몇 가지 핵심 영역을 개선하고 싶어 하든, 삶 전체를 근본적으로 변화시키고 싶어 하든, 그래서 현재 상황을 한때의 추억으로 곱씹을 수 있는 형태로 남기고 싶어 하는 사람에게 이 책은 최선의 선택이다. 삶의 모든 영역을 향상시킬 수 있는 6가지 일상적인 습관으로 이뤄진 혁신적인 프로세스를 따라 기적과도 같은 여정을 떠나게 해줄 것이다.

이것은 전혀 과장이나 허풍이 아니다. 이 책을 읽고 실천한 끝에 의미 있는 삶의 변화를 거의 즉각적으로 경험했다는 수천 독자들의 편지와 리뷰가 이를 증명한다. 나이, 인종, 성별, 지역, 환경, 심지어 사회경제적 지위도 상관없다. 누구에게나 똑같이 효과가 나타난다. 미라클모닝 루틴은 삶에서 경험하고 싶었던 변화를 실현할 수 있는 단 하나의 비법이라 해도 과언이 아니다.

잠시 깊게 숨을 들이마시고 상상할 수 있는 가장 만족스러운 삶을 떠올려보라. 그러한 삶을 향해 나아가고자 하는 내면의 욕망을 자극하고 이끌어내라. 이제 꿈속에서만 그리던 삶을 향해 나아가는 여행을 함께 시작하자. 진정으로 평온하고, 행복하며, 세상에 펼치고 싶은 영향력을 능동적으로 만들어내는 삶을 향해 나아가자. 그러한 삶은 누구에게나 언제나 열려 있다. 당신이 그것을 일깨워 최대한 발휘해 주기만을 기다리고 있다. 이 책은 그 방법을 알려준다.

사랑과 감사의 마음을 담아
할 엘로드

인생을 살아가는 방법은 두 가지뿐이다.
하나는 아무것도 기적이 아닌 것처럼 사는 것이고,
다른 하나는 모든 것이 기적인 것처럼 사는 것이다.

알베르트 아인슈타인 Albert Einstein

기적은 자연과 어긋나는 것이 아니다.
자연에 대해 우리가 알고 있는 것과 어긋날 뿐이다.

아우구스티누스Aurelius Augustinus

매일 아침 우리는 다시 태어난다.
오늘 하는 일이 우리 삶에서 가장 중요하다.

석가모니

미라클모닝을 위해
'아침형 인간'이 될 필요는 없습니다

《미라클모닝 확장판》한국어판 서문을 시작하기에 앞서, 한국 독자 여러분께 감사의 말을 전하고 싶습니다. 성실한 한국의 독자들은 지난 수년간 이 책을 베스트셀러로 만들어주었을 뿐만 아니라, 어디에 살든, 무슨 일을 하든, 몇 시에 일어나든, 자녀가 몇 명이든, 어떤 사람이든, 누구나 자신만의 '미라클모닝'을 창조해낼 수 있다는 것을 실천으로 보여주었습니다.

저는 이번 확장판을 작업을 하면서 초판 집필 이후 개인적으로 발전하며 깨달은 것과 더불어 전 세계 독자들에게서 받은 피드백을 모두 담아내고자 노력했습니다. 그러한 과정에서 한국의 많은 독자들이 '미라클모닝'을 '아침형 인간'과 같은 개념으로 이해한다는 사실을 알게 되었습니다. 하지만 이것은 명백한 오해입니다. 미라클모닝을 실천하기 위해 아침형 인간이 될 필요는 없습니다. 미라클모닝은 언제든 실천할 수 있습니다. 다시 말해, 언제 일어나든 상관없습니다!

제가 말하고자 하는 핵심 메시지는, 잠에서 깨어나자마자 미라클모닝 루틴을 수행하라는 것입니다. 이로써, 최상의 컨디션으로 하루를 시작할 수 있는 활력을 찾을 수 있습니다. 물론 미라클모닝을 수행하면서 느끼는 평화로움과 성취감을 빨리 느끼고 싶어서 더 일찍 일어나고 싶은 마음이 들 수도 있겠죠. 하지만 그렇지 않다고 해서 낙심할 필요는 없습니다! 미라클모닝은 해가 뜨기 전에 일어나든, 훨씬 늦게 일어나든, 여러분을 최고의 상태로 만들어줄 것입니다.

확장판에는 초판에 없던 '미라클이브닝'을 추가했습니다. 감사하는 마음, 평화로운 마음으로 잠들고, 아침에 개운하게 눈을 떠 미라클모닝을 수행할 수 있도록 도와주는 체계적인 루틴을 제공할 것입니다.

이 책은 여러분을 위해 썼습니다. 내가 나 자신의 불완전함과 강점을 받아들이는 법을 터득했던 것처럼 여러분도 배울 수 있기 바랍니다. 이 챌린지를 이미 오랫동안 거쳐온 사람으로서 자신 있게 말할 수 있습니다. 미라클모닝을 쉬고 싶은 날도 있겠지만, 꺾이지 않는 노력과 실천은 지금까지 경험한 그 무엇보다 더 큰 기쁨과 성취감을 안겨줄 것입니다. 이 책이 여러분에게 최고의 삶을 살아갈 수 있는 중요한 디딤돌이 되기 바랍니다!

역경을 기회로 바꾸는 방법

내가 20세였던 1999년 12월 3일, 내 삶은 아무 문제가 없었다. 사실 너무 좋았다. 대학 1학년을 마친 뒤 18개월 동안 열심히 뛴 끝에 주방기구회사 컷코의 최고영업담당자가 되었다. 이것은 사실 전혀 예상하지 못한 경력이었다. 멘토와 가족의 전폭적인 지원 덕분에 나는 매출 기록을 여러 차례 경신할 수 있었고, 그 나이에 상상할 수 있는 것보다 훨씬 많은 돈을 벌었다.

또한 사랑스러운 여자친구를 만나고 있었고, 나를 응원해주는 가족이 있었고, 함께할 수 있는 최고의 친구들이 있었다. 세상 부러울 것이 없었다. 이보다 좋을 수 없다고 말할 만큼 완벽했지만, 바로 그때 내 세상이 끝날 것이라고는 꿈에도 생각하지 못했다.

밤 11시 32분, 99번 고속도로의 악몽

의식의 조작일지도 모르겠지만, 나를 향해 정면으로 달려오는 차의 헤드라이트 불빛을 본 기억은 전혀 나지 않는다. 사고로 이어진 그 순간에 내가 무엇을 경험했는지 나는 지금도 알지 못한다. 친구와 가족들이 들려준 이야기 속에서 실제로 내가 기억하는 것은 어디까지인지 명확하지 않다. 모든 것이 꿈에서 벌어진 일 같다. 경찰 보고서와 목격자들의 증언과 의료 기록에 나온 내용을 토대로 사건의 정황을 재구성하면 다음과 같다.

12월 3일, 쌀쌀한 겨울밤이었다. 컷코 북캘리포니아 사업본부에서 열린 영업부 모임에서 강연을 하고, 집으로 돌아가는 길이었다. 생애 처음으로 기립박수를 받아 기분이 정말 좋았다.

나는 포드 머스탱을 타고 고속도로를 달리고 있었는데, 반대편에서 시속 130킬로미터로 달려오던 거대한 쉐보레 실버라도 픽업 트럭이 갑자기 중앙선을 넘어와 정면으로 충돌했다. 음주운전이었다. 두 차량의 앞부분은 완전히 찌그러지면서 벗겨났는데 쇠끼리 부딪히는 소리가 요동쳤다. 그 순간 에어백이 터졌지만 나는 의식을 잃었고 심각한 뇌진탕 증세를 보였다. 충돌하고 난 뒤에도 계속해서 시속 110킬로미터로 달려가고 있던 내 머리는 두개골 앞쪽을 세게 들이받히며 전두엽을 구성하는 중요 조직들이 대부분

괴사되었다. 하지만 최악의 상황은 아직 시작도 되지 않았다.

정면 충돌을 했지만 완전히 정가운데를 충돌한 것은 아니었기에 두 차는 서로 빗겨났고 내 차는 크게 회전하기 시작했다. 그러다 시속 110킬로미터로 달려온 새턴 세단이 내 차 운전석 옆문을 들이받았다. 차가 밀려들어오면서 내 몸의 왼쪽 뼈가 11군데 부러졌다. 우리 몸에서 가장 큰 뼈인 대퇴골이 반으로 부러지면서, 부러진 부위가 내 허벅지를 뚫고 나왔다. 강연을 하기 위해 차려입고 간 검은색 정장 바지에 구멍이 났다. 왼쪽 이두근 아래에 숨겨져 있던 상완골도 두 동강 났고 역시 한쪽이 피부를 뚫고 나왔다. 왼쪽 팔도 산산조각이 났다. 팔뚝의 요골 신경이 절단되어 뇌와 왼손 사이의 신호 연결이 차단되었다. 왼쪽 귀도 거의 찢겨나가 2센티미터 정도 남아 있는 귓불에 대롱대롱 매달려 있었다. 왼쪽 안와도 산산조각 나서 안구가 제 자리를 유지하지 못했다. 차량 지붕이 내려앉아 두개골은 V자로 쪼개졌다. 게다가 나중에 나를 구조하는 과정에서 자동차 문과 콘솔박스 사이에 낀 몸을 빼내려다가 골반도 세 동강 났다.

이 모든 일은 단 몇 초 만에 일어났다. 한참을 구르던 머스탱이 멈춘 뒤, 환한 보름달이 머리 위로 비추는 장면이 고요한 그림처럼 눈에 들어왔다. 머리에서 피가 흘러내렸고, 팔과 다리에 난 구멍에서도 피가 흘러내렸다. 나는 차 안에서 움직일 수 없었다. 뒤틀린 차량의 프레임과 문짝이 내 몸의 왼쪽을 찍어누르고 있었다. 도저히 견딜 수 없는 고통에 내 몸은 자기보존을 위해 모든 신경을 차단해버렸고, 혼수상태에 빠졌다.

함께 영업부 모임에 참석했다가, 나를 뒤따라오던 친구 제레미가 몇 분 뒤 끔찍한 현장을 발견했다. 그는 차를 길가에 세우고 내 차로 달려왔다. 그가 나중에 당시 상황을 내게 설명해주었는데, 공포 영화에서나 나올 법한 장면이었다. 내 얼굴은 피로 뒤덮여 있었고, 이미 죽은 것처럼 보였다고 한다. 내 이름을 계속 부르며 깨웠지만 나는 꿈쩍도 하지 않았다. 나의 맥박을 확인한 뒤, 조금만 참으라고 말하고는 911에 전화를 걸었다.

단 한 번의 삶(?) 아니, 두 번째 삶의 기회

그다음 벌어진 일은, 믿을 수 없다고 말해도 어쩔 수 없다. 사람들이 흔히 '기적'이라고 부르는 일이 일어났다. 소방차와 구급차가 현장에 도착해 긴급 생명 연장 조치를 취하고 나를 차에서 꺼내기 위해 온갖 노력을 기울였다. 계속 피를 흘리고 있었기 때문에 시간이 매우 중요했다. 50분 동안 차와 씨름한 끝에 유압절단기를 사용하여 지붕을 들어올리고 나를 꺼내는 데 성공했다. 이미 피를 많이 흘렸고, 심장도 멈췄고, 호흡도 멈춘 상태였다. 의학적으로 나는 죽은 사람이었다.

구급대원들은 생명이 끊어진 내 몸을 구조헬기에 싣고 가장 가까운 병원으로 이송했다. 병원에 도착하자마자 정맥 주사를 꼽고 심폐소생술을 시행하고, 제세동기를 사용해 심장에 전기충격을 주었다. 6분 동안 아무 반응 없던 심장이 다시 뛰기 시작했다. 하지만 살아남기 위한 힘겨운 전투는 이제 겨우 시작되었을 뿐이다.

그 뒤에도 나는 6일 동안 혼수상태에 있었다. 그 과정에서 내 심장은 두 번이나 멈췄고 응급조치를 통해 겨우 살아났다. 부모님은 내 곁을 떠나지 않았다. 혼수상태에서 사투를 벌이는 모습을 무기력하게 지켜볼 수밖에 없었던 부모님은 최악의 상황이 올까 두려웠다고 한다. 사실 부모님은 이미 아이를 잃은 경험이 있었다. 내가 8세 때 태어난 여동생이 태어난 지 18개월 만에 심부전으로 사망했다. 어린 딸을 잃은 부모님은 이제 아들마저 잃을지도 모르는 상황에 직면했다.

나는 여러 차례 수술을 받아야 했다. 부러진 뼈를 고정하고 연결하기 위해 티타늄 막대를 삽입하고, 팔뚝에 나사를 박고, 부러진 안와를 티타늄 판으로 교체했다. 마침내 혼수상태에서 깨어난 다음에야 나에게 무슨 일이 벌어졌는지 알 수 있었다. 도저히 믿을 수 없는 현실이었다. 모든 것이 초현실적인 현상처럼 느껴졌다. 하지만 나에게 가장 슬픈 소식은 아마도, 다시 걷기 힘들 것 같다는 의사의 말이었다. 이제 평생 휠체어 신세를 져야 할 것 같았다.

　나에게 닥친 상황을 도무지 받아들일 수 없었다. 하지만 그 순간까지 일어난 일들은 모두 내 힘으로 통제할 수 없는 일이었다. 이제 내가 선택할 수 있는 것은 하나밖에 없었다. 역경에 직면했을 때 우리가 할 수 있는 일은 '이미 일어난 상황을 어떻게 받아들일 것인가' 결정하는 것밖에 없다.

관점이 현실을 결정한다

　새로운 현실을 받아들이는 것은 쉽지 않았다. 다시는 걷지 못할 수 있다는 말을 듣고 앞으로의 삶을 상상하는 것은 분명 감당하기 어려운 일이었다. 뇌 손상으로 인해, 내가 방금 어디에 있었는지, 5분 전에 무슨 일이 있었는지, 방금 내가 무슨 말을 했는지 계속 잊어버렸다. 왼손은 움직이지 않았다. 왼손의 감각이 다시 돌아올지는 의사들도 모른다고 말했다. 왼쪽 안와 골절 수술을 받고 난 뒤 눈에 붕대를 감고 있었는데, 의사들은 왼쪽 눈이 영구적으로 실명될지도 모른다고 말했다.

　병실 면회 시간이 끝난 뒤 늦은 밤은 나에게 가장 힘든 시간이었다. 나의 바이탈 사인을 모니터링하는 의료 장비의 신호음을 들으면 쉽게 잠이 오지 않았다. 온갖 두려움과 걱정이 나를 압도했다.

평생 휠체어 신세를 지며 살아야 하는가? 남들의 도움을 받으며 살아야 할까? 다시는 혼자 힘으로 살아갈 수 없는 것일까? 그럼에도 내 삶의 목표를 추구할 수 있을까? 나한테 왜 이런 일이 일어났을까? 이런 불행을 겪을 만한 잘못을 저지른 것일까? 이건 불공평해!

하지만 얼마 지나지 않아 이러한 피해 의식은 아무 도움이 되지 않으며, 나 자신에게 미안해 할 필요도 없다는 것을 깨달았다. 내가 논리적으로 선택할 수 있는 유일한 길은, 현실을 있는 그대로 받아들이고 바꿀 수 없는 것을 인정하며 마음을 평온하게 한 뒤, 내가 가진 것에 감사하고, 내가 원하는 삶을 적극적으로 만들어나갈 책임을 지는 것이었다. 의사의 말대로 남은 인생을 휠체어에서 보내야 한다고 해도, 비참하게 살 것인지 행복하게 살 것인지는 내가 선택할 수 있다는 결론을 내렸다. 어느 쪽이든 나는 휠체어에 앉아 있어야 한다. 그래서 나는 휠체어에 앉아 있는 사람 중에서 가장 행복해하고 감사하는 사람이 되기로 결심했다.
또한 다시는 걸을 수 없을지 모른다는 의사의 말에 수동적으로 굴복할 필요가 없다고 생각했다. 의사가 틀릴 수도 있다. 최악의 시나리오가 펼쳐지더라도 좌절하지 않고 정신 및 정서적으로 무너지지 않는 것도 중요하지만, 내가 원하는 결과를 만들어내기 위해 나의 모든 에너지를 쏟기로 마음먹었다. 나는 내가 걷는 모습과 몸이 치유되는 것을 상상했다. 나에게 힘을, 기적을 달라고 기도했다. 그리고 실천했다. 매일 휠체어를 타고 물리치료를 받으러 다니면서 나는 분명 다시 걸을 것이라고 치료사들 앞에서 분명하게 다짐했다!

힘들고 고통스러운 3주 동안의 재활 치료를 마친 뒤 입원실에 있는데, 의사가 전날 찍은 엑스레이 사진을 들고 나를 찾아왔다. 다소 당황스러운 말투와 표정으로, 내 몸이 놀라운 속도로 회복되고 있으며 어쩌면 곧 걸을 수도 있겠다고 말했다. 전혀 기대하지 못했던 말이었다! 아무리 낙관적으로 생각해도 걸으려면 적어도 6개월에서 1년은 걸릴 것이라고 생각했기 때문이다. 하지만 그날 오후, 나는 진짜 첫 걸음을 내디뎠다. 사실 세 걸음을 걸었다.

이후 걷는 법을 다시 배웠고, 7주 만에 휠체어에서 일어나 네 갈래 받침대가 붙은 지팡이를 짚고 걸을 수 있게 되었다. 왼쪽 눈도 점점 좋아졌다. 하지만 왼손은 여전히 잘 움직이지 않았다. 의사들은 아직은 정신적으로 스스로를 돌볼 능력이 되지 않는다고 판단했고, 그래서 퇴원하고 부모님 집에 들어가 살게 되었다. 몇 년째 혼자 살았기 때문에 다시 부모님 집에 들어가는 것이 내키지는 않았지만, 어쨌든 나를 돌봐줄 수 있고, 또 기꺼이 돌봐주실 부모님이 내 곁에 있다는 것이 정말 감사할 따름이었다. 특히 엄마는 내가 집으로 돌아온 것을 정말 좋아했다!

부모님 집에서 일도 하지 않고 살다 보니 생각할 시간이 많았다. 교통사고를 당한 나의 경험을 다른 사람들을 돕는 데 사용할 수 없을까 고민했다. 여동생이 태어난 지 18개월 만에 심부전으로 사망했을 때 부모님은 그 아픔을 극복하기 위해, 우리 가족의 비극을 자녀를 잃은 부모들을 위한 지원단체를 만드는 것으로 승화했다. 동생의 생명을 구하기 위해 노력했던 병원을 위한 모금 행사를 조직하기도 했다. 그러한 모습을 떠올리며 나도 비슷한 일을 해보고 싶다는 생각을 했다.

어느 날 물리치료를 받기 위해 병원에 가는 길에 나는 아버지에게 모든 일에는 다 이유가 있겠지만 그 이유를 선택하는 것은 우리의 책임이라고 말했다.

"아버지, 사고 나기 전에 제가 컷코 행사에서 강연하는 것이 재미있다고, 그래서 장차 전문 강연자가 되고 싶다고 했던 거 기억하세요?"

아버지는 고개를 끄덕였다. 내가 짐 론이나 토니 로빈스 같은 전문 강연자들의 강연을 즐겨 들었으며, 그런 방식으로 사람들을 돕고 싶어한다는 것을 알고 있었다.

"그런데, 사고를 당하기 전까지 저한테는 강연에서 이야기할 만한 주제가 없었거든요. 아버지 어머니께서 저를 훌륭하게 키워주신 덕분에 지금까지 제 삶은 꽤 평온했는데…. 어쩌면 그래서 이런 일이 제게 일어났을지도 모르겠어요. 역경을 극복하고, 사람들에게 어떻게 극복할 수 있었는지 가르치라고 말이죠."

우연의 일치인지 모르겠지만 진짜 몇 달 뒤, 2년 전에 내가 졸업한 요세미티고등학교에서 내 이야기를 들려달라고 초청했다. 그것이 나의 첫 번째 기회였다. 학생들은 내 이야기에 깊은 감명을 받았고, 그때 비로소 부모님이 자신의 역경을 다른 사람을 돕는 기회로 바꾼 이유를 진정으로 이해할 수 있었다. 이제 내가 그렇게 할 차례였다.

여기서 내 이야기를 하는 것은, 현재 당신이 어떤 상황에 처해 있든 역경을 극복하고 원하는 것을 성취할 수 있으며, 어떠한 고난이든 그것을 기회로 바꿀 수 있다는 것을 실제 사례를 통해 보여주고자 하는 것이다. 누군가 해낸 일이라면, 그것은 당신도 할 수 있다는 증거다.

세상에 그 어떤 사람이 해낸 일이라면, 나도 똑같이 해낼 수 있다. 그만한 가치와 자격과 능력은 내 안에 있다.

이 문장을 다시 한번 진지하게 읽어보기 바란다. 이것은 세상 사람 누구에게나 해당하기에 바로 당신에게도 진실이다. 과거와 현재 상황이 어떠하든 앞으로 할 수 있는 일과 잠재력은 무한하다. 이 책은 매일 자신의 잠재력을 최대한 끌어낼 수 있는 구체적인 방법을 알려준다.

펜을 잡아라

책을 더 읽어나가기 전에, 먼저 펜을 준비하기 바란다. 책을 읽어나가면서 눈에 띄는 내용에 밑줄을 긋고, 동그라미를 치고, 강조 표시를 하고, 책의 모서리를 접고, 여백에 메모를 하라. 책을 읽으면서 배운 교훈, 떠올린 아이디어, 유용한 전략 같은 것들을 빠르고 쉽게 찾아낼 수 있을 것이다. 그렇게 읽은 이 책은 언제든 들춰보며 참고할 수 있는 유용한 자료집이 될 것이다.

준비되었는가?

좋다. 손에 펜을 들고 출발해보자! 삶의 다음 장이 곧 시작되려 하고 있다.

01

The Miracle Morning

불행하면서 평범하게 살기에, 인생은 너무 짧다.

—세스 고딘 Seth Godin

잠자고 있던
나의 능력을 깨울 시간

과거는 결코 잠재력이 아니다.
잠재력이란, 어느 순간이든 미래를
과거로부터 해방시키는 선택을 할 수 있다는 뜻이다.

─마릴린 퍼거슨Marilyn Ferguson

아기가 태어났을 때 우리는 흔히 '생명의 기적'에 경외감을 표하며, 아기가 가진 무한한 잠재력을 떠올린다. 하지만 한편으로 자신의 삶에 대해서는 '평범함'을 당연한 것으로 받아들인다. 우리는 지금껏 살아오면서 언제부턴가 삶의 '기적'이라는 경외감을 잃어버린 것이다.

당신이 태어났을 때 사람들은, 자라면 원하는 것은 무엇이든 할 수 있고, 가질 수 있고, 될 수 있을 거라고 생각했다. 자, 이제 당신은 어른이 되었다. 원하는 것은 무엇이든 했고, 가졌고, 되었는가? 아니면 살아오면서 언제부턴가 '무엇이든'이라는 말을, '적당한 수준에서 타협할 만한'이란 뜻으로 바꾸지는 않았는가?

언젠가 놀라운 통계 수치를 본 적이 있다. 평균적인 미국인들은 10킬로그램 이상 과체중에 시달리며, 1만 달러 이상 빛을 지고 있고, 외롭게 생활하며, 일터에서 따돌림을 당하고, 가까운 친구가 한 명도 없다. 왜 그토록 많은 사람들이 이런 현실에 처하는지, 나는 도무지 이해가 되지 않는다. 무엇보다도, 이러한 통계를 뒤집기 위해서는 무엇을 어떻게 해야 할지 생각하게 된다.

2020년, 코로나로 인해 우리 삶은 송두리째 뒤집어졌다. 이로 인해 많은 이들이 그 어느 때보다 정신 건강을 위협받고 있다. 일자리를 잃는 바람에, 자신은 물론 가족을 부양할 능력까지 잃은 사람도 많다. 그 이후 계속해서, 미래에 대한 집단적 불안은 사상 최고 수준으로 치솟고 있는 듯하다. 문제는, 이러한 상황을 우리가 통제할 수 없다는 것이다. 많은 이들이 무기력함을 느끼고 이로 인해 스트레스, 두려움, 불안, 더 나아가 우울증까지 겪는 지경에 이르렀다.

이러한 굴레에서 벗어나기 위해서는 관심의 시선을 돌려야 한다. 하루를 마무리하거나 시작할 때 내가 통제할 수 있는 것은 나 자신밖에 없다. 내가 무엇을 하고 무엇이 될지, 다른 사람에게 어떻게 비칠지 선택하는 것이다. 우리가 매일 신경 써야 하는 것은, 내가 될 수 있는 '가장 뛰어난 상태의 나'가 되는 것, 그리고 내가 원하는 삶을 창조해내는 것이다.

당신은 어떠한가? 자신의 무한한 잠재력을 온전히 펼치기 위해

별도의 시간을 할애하는가? 진정으로 원하는, 합당한 성공에 도달하기 위해 시간을 투자하는가? 아니면 정말 원하는 것보단 낮은 수준에 안주하고 있지는 않은가? 매일 처리해야 하는 일이 바쁘고, 일하는 방식을 바꾸는 것이 두렵고, 경제적 안정을 유지해야 하고, 중요하고 지속적인 변화를 이끌어내는 방법을 모른다는 핑계로, 자신이 이룰 수 있는 것보다 부족한 수준에 만족하며 안위하고 있지는 않은가?

적당하게 자족하며 살아가는 것을 멈추고, 매일 아침 눈을 뜨는 것이 신날 만큼 충만한 삶을 살고 싶지는 않은가? 그런 삶으로 나아갈 준비가 되어 있는가?

레벨 10 생활 만들기

우리가 할 수 있는 가장 큰 모험은, 우리가 꿈꾸는 삶을 사는 것이다.

오프라 윈프리가 한 말 중에, 한동안 가장 좋아했던 말이다. 하지만 이제는 더 이상 그렇지 않다. 현실에서 꿈에 그리던 삶, 아니 그것과 비슷한 수준의 삶이라도 사는 사람은 거의 존재하지 않기에, 이 말은 틀에 박힌 진부한 표현이 되고 말았다. 사람들은 대부분 평범한 수준에 만족하고, 삶이 베푸는 것이 무엇이든 그것을 수동적으로 받아들이며 살아간다. 사업에서 크게 성공을 거둔 사람이라고 해도, 건강이나 인간관계와 같은 그 밖의 분야에서는 평범한 수준에 굴복하고 안주한다.

인간이라면 누구나 가능한 한 좋은 삶을 살고 싶어 한다. 우리는 최대로 행복하고 건강하며 부유하고 성공한 삶을 원하며, 사랑과 자유와 만족을 최대한 경험하고 싶어 한다. 삶의 영역마다 성공과 만족에 대해 10단계로 점수를 매긴다면, 사람들은 레벨 10의 삶을 살고자 할 것이다. 중요한 것은 누구나 조금만 시간을 할애하고 노력하면 레벨 10에 도달하고 심지어 계속 유지할 수 있다는 점이다. 매일 자신의 발전을 위해 헌신하는 각자의 노력은, 개인은 물론 그러한 개인들이 모인 사회에도 크나큰 도움이 된다고 나는 믿는다.

이제 곧 알게 되겠지만, 이러한 레벨 10의 성공에 도달하는 것은 가능할 뿐만 아니라 아주 쉽다. '레벨 10의 나'로 진화하기 위해서는 일부 시간을 의도적으로 할애하는 일상의 루틴을 반복하면 된다. 전혀 어렵지 않다.

이 모든 것은 아침에 잠자리에서 일어날 때 지켜야 하는 아주

사소하고 간단한 의식에서 시작된다. 이러한 의식을 계속 실천해 나가기만 하면 삶의 모든 분야에서 진정으로 원하고 기대하는 바를 충족시키는 성공에 도달할 수 있을 뿐만 아니라, 계속 유지할 수 있다.

기대되지 않는가? 물론 내 말을 믿지 못하는 사람도 있을 것이다. 지금까지 무수한 자기계발서에 현혹당했던 이들은 그렇게 생각할 수 있다. 삶과 인간관계를 개선하기 위해 세상의 온갖 방법을 시도했겠지만, 그 어느 것도 여러분을 원하는 곳에 데려다주지 못했을 것이다. 충분히 이해한다. 나 자신도 그런 이들 중 한 명이다.

하지만 오랜 시간을 지내면서 나는 모든 것을 바꿔줄 몇 가지 사실을 깨달았다. 내가 내미는 손을 잡아라. 단순히 더 나은 곳이 아니라 상상 속에만 존재하던 특별한 곳으로 당신을 이끌어주고자 한다.

명확한 3가지의 진실

1. 사람은 누구나, 이 세상 그 누구 못지않게 훌륭한 건강, 부, 행복, 사랑, 성공을 이뤄내고 유지할 가치와 자격, 그리고 능

력이 있다. 이것은 내 삶의 질을 높이기 위한 일일 뿐만 아니라, 가족, 친구, 고객, 동료, 자녀, 공동체, 나와 관계 있는 모든 사람에게 선한 영향력을 발휘하기 위해서라도 반드시 해야 하는 일이다.

2. 삶의 어떤 영역에서든 적당한 수준에 안주하는 것을 멈추고 자신이 꿈꾸는 개인적, 직업적, 경제적 성공을 일궈내려면, 먼저 그에 걸맞은 사람이 되어야 한다. 그러한 수준의 성공을 끊임없이 이룰 수 있는 사람이 되기 위해서는 매일 시간을 투자해야 한다.

3. 매일 아침 일어나는 습관과 아침 루틴은 그날 하루의 분위기, 맥락, 방향을 결정한다. 구심점이 있고 생산적이고 성공적인 아침은 그날 하루에 집중과 생산과 성공을 선사하며, 궁극적으로 특별한 삶으로 이끈다. 그 반대도 마찬가지다. 산만하고 비생산적이고 평범한 아침은 산만하고 비생산적이고 평범한 하루로 이어진다. 잠재력은 끝까지 잠재해 있게 되고, 끝없이 허우적대며 살아야 하는 삶을 향해 치닫는다.

하지만 난 '아침형 인간'이 아닌데요

- 일찍 일어나려고 아무리 노력해도 안 되면 어떻게 하나요?

- 난 아침형 인간이 아닌가 봐요.

- 난 올빼미족인데.

- 오전에는 너무 바빠서 시간이 없어요.

- 나는 늘 잠이 부족해요. 잠을 더 자야 해요.

이렇게 말하는 사람들도 있을 것이다. 나도 미라클모닝을 수행하기 전까지는 그랬다. 대다수 사람들이 그럴 것이다. 나는 수천 명에 달하는 미라클모닝 커뮤니티 회원들에게 다음과 같이 물었다.

《미라클모닝》을 읽기 전 당신은 아침형 인간이었습니까?

70~75퍼센트 정도가 일관되게 이 책을 읽기 전까지는 아침형 인간이 아니었다고 답한다. 실제로, 많은 사람들이 자신은 '올빼미족'이었다고 말한다. 여기서 말하고자 하는 핵심은, 누구나 비슷한 경로를 거친다는 점이다. 평생에 걸쳐 아침에 일어나는 일이 힘들었든, 아침에 기운이 없든, 지난 경험이 어떠했든, 상황은 이제 곧

변할 것이다.

미라클모닝은 단순할 뿐만 아니라 매우 즐겁다. 이제 곧 평생 습관으로 자리 잡을 것이다. 좀 더 늦잠을 즐길 수 있다고 해도, 더 이상 잠을 자고 싶어 하지 않는 자신의 모습에 놀랄 것이다. 내 책 덕분에 아침에 일찍 일어날 수 있게 되었다고 고백하는 독자들이 얼마나 많은지 모른다. 심지어 주말에도 일찍 일어난다. 일찍 일어나면 기분이 상쾌할 뿐만 아니라 더 많은 시간을 활용할 수 있다. 그런 삶을 상상해보라.

6장에서 미라클모닝을 끊임없이 돌리는 엔진, SAVERS를 소개한다. SAVERS는 자기계발에 가장 효과가 있는 도구로 오랜 시간에 걸쳐 입증된 6가지 습관의 앞글자를 딴 것이다. 말그대로 **우리 삶을 구원하는** Life Savers다. 이 습관들을 실천하면서 어떤 습관을 계속 유지할 것인지 또 어떤 순서로 수행할 것인지 적절하게 선별하여 나만의 미라클모닝 루틴을 만들어보자.

미라클모닝은 개인에 맞게 변형할 수 있기 때문에 어떤 라이프 스타일이든 적용할 수 있다. 밤중에 우는 아이 때문에 잠을 설치거나, 근무 시간이 일정하지 않아서 고정된 스케줄을 잡을 수 없거나, 바쁜 일로 인해 생활 패턴이 계속 바뀐다고 하더라도 미라클모닝을 얼마든지 적용할 수 있다. 이 부분에 대해서는 13장에서 설명한다.

일어나는 시간 또한 마음대로 정할 수 있다. 미라클모닝을 위해 특정한 시각에 일어나야 하는 것은 아니다. 가장 이상적인 기상 시각은 자신의 일정에 맞춰 일어나는 것이다. 핵심은 매일 아침 눈을 뜬 다음, 짧게는 6분, 길게는 60분 동안 미라클모닝 루틴을 수행하는 것이다. 이는 내가 원하는 레벨 10 인생에 도달할 수 있는 능력을 부여할 것이다.

미라클모닝을 통해서 삶의 중요한 영역에서 사람들이 경험한 몇 가지 장점을 소개한다. 이러한 사람들의 경험담을 읽고, 나는 미라클모닝을 통해 어떤 효과를 얻을 수 있을지 생각해보라. 실제로 자신이 추구하는 효과가 명확할수록 그러한 장점을 경험할 확률은 높아진다.

· 행복

매일 아침의 고요한 시간은 행복이 외부의 힘에 의해 좌우되는 것이 아니라는 사실을 일깨워준다. 외부요인에 흔들린다면 그렇게 되도록 스스로 허용했기 때문이다. 행복은 자신이 선택한 관점을 따라오는 것이다. 현재 상황이 아무리 어려워도 매일 행복해지기로 선택하면 행복할 수 있다.

· 건강

SAVERS를 삶의 어떤 영역에 적용하든, 머지않아 실제로 일상이 개선될 것이다. 건강, 신체 단련, 체중 감량, 체력 증진에 초점을 맞추면 그렇게 될 것이다. 나는 미라클모닝의 도움을 받아 희귀암을 극복했다. 미라클모닝 덕분에 체중 감량과 마라톤 완주를 해낸 사람도 있다. 미라클모닝을 통해 다양한 건강 문제를 극복하고 건강 상태를 최적화할 수 있다.

· 인간관계

미라클모닝은 무수한 인간관계를 개선했을 뿐만 아니라, 이혼위기에 처한 부부의 결혼 생활도 구해냈다. 내가 누구인지, 다른 사람에게 나를 어떻게 보여주고 싶은지 신경 쓸수록 관계를 변화시킬 힘을 얻을 수 있다.

· 금전

다음 장에서 설명하겠지만, 미라클모닝 덕분에 나는 수십 년 만에 닥친 최악의 경제 상황에서도 파산을 면했고, 나아가 소득을 2배 이상 끌어올렸다. 소득을 높이는 쪽으로 SAVERS를 집중하면 틀림없이 소득이 늘어난다.

생산성

육체적, 정신적, 정서적, 영적인 부분에서 최고의 컨디션으로 하루를 시작하면 생산성이 올라가고 우선순위에 더 오래 집중할 수 있다. 이는 미라클모닝이 우리 삶을 변화시키는 또 다른 방법이다. 생산성이 올라가면 변화도 빨라지기 때문이다.

리더십

의식을 고양시키고 '더 나은 상태의 나'가 되어 삶을 의미 있게 개선하면 주변 사람들에게 무엇이 가능한지 보여주고 영감을 줄 수 있다. 본보기가 될 뿐만 아니라 다른 사람들을 도와주고 이끄는 능력도 생길 것이다.

자신감

매일 남들에게 보여줄 자신의 모습을 통제할 수 있다는 사실을 깨닫고(이것이 우리가 통제할 수 있는 유일한 것이다) 가장 최선의 모습을 보여줄 때 자신감이 생겨날 것이다.

지금까지 나열한 효과가 지나친 과장이나 허풍처럼 보일 수도 있다. 이렇게 좋은 일들이 나에게 정말 일어날 수 있다고? 믿기지 않을 것이다. 하지만 장담하건대, 여기에는 과장이 하나도 없다.

미라클모닝은 매일 배우고, 성장하고, 가장 중요한 목표와 꿈, 특히 지금까지 미뤄왔던 목표를 달성할 수 있는 사람이 되도록 자기 계발에만 오롯이 집중하고 방해받지 않는 시간을 제공한다.

지금부터 아침형 인간이라고 생각하든, 그렇지 않다고 생각하든 매일 아침 그 어느 때보다 더 쉽고 유쾌하게 일어나는 방법을 설명할 것이다. 그리고 일찍 일어나는 것과 눈부신 성공 사이에는, 부인할 수 없는 긴밀한 연관성이 존재한다는 것도 이야기하려고 한다. 아침에 일어나도록 생활을 바꾸는 것만으로도, 잠재력을 최대한 발휘하고 모든 영역에서 원하는 수준의 성공을 달성하는 길이 열린다. 다시 말하지만, **아침에 일어나는 방식을 바꾸면 인생이 통째로 바뀐다.**

02

The Miracle Morning

미라클모닝의 시작
절망 속에서 태어나다

삶에 중대한 변화를 주고자 한다면,
둘 중 하나가 필요하다. 영감 또는 절망이다.

—토니 로빈스Tony Robbins

우리는 삶이 수월하고 즐겁기만 바라지만 크게 성장할 수 있는 기회는 대개 불행이라는 탈을 쓰고 다가온다. 도무지 극복할 수 없을 것 같은 상황의 이면이나 끝 모를 절망 속에서 나는 '더 나은 버전의 나'로 솟아난다.

운이 좋게도 나는, 비교적 짧은 삶에서 소위 '밑바닥'으로 두 번이나 떨어졌다. 내가 운이 좋다고 말한 이유는, 가장 힘들었던 바로 그 시기에 성장을 경험하고 깨달음을 얻었기 때문이다. 그때의 경험을 통해 나는 늘 원하던 삶을 만들어내는 사람이 될 수 있었다. 사람들에게 자신의 한계를 극복하고 가능하다고 생각했던 것보다 더 많은 것을 성취할 수 있도록 내가 힘을 보탤 수 있었던 데에는 나의 성공뿐만 아니라 실패도 큰 역할을 했다.

미라클모닝은 해변에서 느긋하게 향긋한 칵테일을 즐기면서 떠올린 것이 아니다. 그랬다면 내 삶은 훨씬 수월하고 즐거웠을 것이다. 그러나 미라클모닝은 힘든 시간을 견디던 진정한 절망 속에서 솟아났다. 미라클모닝이 수백만 독자들에게 그토록 강렬한 반향을 불러일으킨 것은 아마도 그런 이유 때문일 것이다.

나의 첫 번째 위기 : 현장 즉사

내가 처음 맞이한 최악의 상황은, 앞에서 말했듯이 음주운전 자동차와 정면충돌한 것이다. 혼수상태에서 깨어났을 때 내 앞에는 꿈속에서도 생각해본 적 없는 가혹한 현실이 기다리고 있었다. 물론 그 시간에 많은 이들의 사랑과 응원과 격려를 받았던 것은 내게 큰 행운이었다. 병원에는 나를 도와줄 사람들이 있었다. 매일 가족과 친구들이 병문안을 하려고 찾아왔기 때문에 나는 늘 사랑하는 이들 속에 둘러싸여 있었다. 치료하고 회복하는 모든 과정을 세심하게 관찰하고 관리해주는 더없이 훌륭한 의사와 간호사들이 있었다. 또한 병원에 있는 동안은 고객을 만나러 다니고 매출을 걱정해야 하는 일상적인 스트레스를 겪지 않아도 되었다. 내가 신경 쓸 일은 빨리 낫는 것뿐이었고 심지어 남들의 도움도 받았다.

회복하고 재활하는 과정은 고통스러웠으며 분명히 쉬운 일은 아니었지만 그래도 모든 이들의 응원을 받는 분위기 속에서 비교적 편안하게 생활했다.

나의 두 번째 위기 : 빚의 수렁과 깊은 우울증

나의 두 번째 추락은 2008년 대공황이 최고조에 달했던 시기에 찾아왔다. 경제가 무너지면서 나도 함께 무너졌다. 수백만 미국인과 마찬가지로 나도 재정 위기 속에 허덕였다. 잘나가던 나의 소규모 사업이 거의 하룻밤 사이에 아무런 수익도 내지 못하는 상태로 전락했다. 내 고객들 모두 불황에 직격탄을 맞는 바람에 코칭 비용을 낼 수 없게 되었다. 몇 달 만에 소득은 절반 이상 감소했다. 쏟아지는 청구서를 감당할 수 없게 되었고, 신용카드 빚으로 연명하기 시작했다. 당시 처음으로 집을 장만하고 얼마 지나지 않은 시점이었는데, 대출을 감당할 여력도 없었다. 약혼을 한 상태였고, 아이를 낳을 계획도 하고 있었다. 결국 대출 이자도 내지 못해 연체되기 시작했다. 생전 처음으로 나는 깊은 우울에 빠졌다. 정신적, 정서적, 경제적으로 완전히 붕괴되는 경험을 했다.

빛이 죽음보다 더 나쁜 이유

교통사고와 경제적 파탄 중 무엇이 더 힘들었는지 묻는다면, 나는 망설이지 않고 후자라고 말할 것이다. 그래도 비교적 많은 사람들이 경험하는 경제적 난관보다 음주운전 차량에 정면으로 부딪혀 뼈가 열한 군데 부러지고, 영구적인 뇌 손상을 입고, 혼수상태에서 깨어났을 때 다시는 걸을 수 없다는 말을 듣는 엄청난 경험이 극복하기 어려운 것은 아닐까? 물론 타당한 가정이지만 나에게는 전혀 그렇지 않았다.

사업이 망해가고, 청구 대금을 지불하지 못하고, 빛이 점점 늘어나고, 집이 은행에 압류되는 상황을 지켜보는 것은 정신적, 감정적으로 감당할 수 없는 낯선 경험이었다. 교통사고를 당한 뒤 회복하는 과정에서 받은 넘치는 사랑과 지지는 어디에서도 찾을 수 없었다. 누구도 나를 불쌍히 여기지 않았다. 아무도 나를 찾지 않았다. 나를 치료하고 회복시켜줄 사람은 아무도 없었다. 나 혼자였다. 사람들은 저마다 자기 문제를 푸느라 정신이 없었다.

혼자라는 생각은 이 시기를 더욱 힘들게 했다. 물론, 아내 어슐라가 나를 정서적으로 지지해주고, 최선을 다해 격려했으나 나의 경제적 문제를 해결해주지는 못했다. 그녀는 내 사업은커녕 재정 상황을 바로잡아줄 수조차 없었다. 매일이 살아남기 위한 투쟁이었다. 너무나 깊은 두려움과 불확실성 속에서, 내가 찾을 수 있는 유일한 위안은 매일 밤 침대라는 안락한 피난처에 은신하는 것뿐이었다. 7~8시간 동안 잠을 잘 때에는 문제를 직면하지 않아도 된다는 일시적 안도감을 느꼈다. 물론, 아침에 눈을 떴을 때 문제는 그대로 내 앞에서 기다리고 있었다.

그토록 절망을 느낀 적은 없었다. 자살하고 싶은 생각이 매일 마음속에 어른거렸다. 나를 사랑하는 사람들에게 고통을 최소한으로 남기면서 자살할 수 있는 방법은 없을까 고민했다. 지금 되돌아보면 지나치게 민감하게 반응했던 것 같다. 하지만 당시 나는 무력감과 두려움 속에서 허우적거렸고 끝없이 이어지는 정서적 고통을 끝내고 싶었다. 하지만 내가 목숨을 끊으면 부모님이 얼마나 마음 아파하실까 하는 생각에, 꾹꾹 참고 앞으로 헤쳐나갈 수밖에 없었다.

그래도 마음속 깊은 곳에서는 '아무리 상황이 나빠지더라도 다시 좋아질 수 있는 방법이 있을 것'이라고 생각했다. 하지만 생각과 감정은 여전히 허공을 떠다녔다. 나는 위기에서 벗어날 길이 보이지 않았고, 스스로 무능하게 느껴지는 것이 정말 싫었다.

내 삶을 바꾼 달리기

내 문제로 다른 사람에게 부담 주고 싶지 않았고 또 내 앞가림도 혼자 하지 못한다는 사실 자체가 너무나 부끄러워서 이 모든 상황을 누구에게도 말하지 않았다. 하지만 어슐라는 이제 그만 자존심을 꺾고 친구에게 도움을 요청하라고 나를 설득했다.

나는 오랜 친구 존 버고프에게 전화를 걸었다. 젊은 나이에 크게 성공을 거두어 돈도 잘 벌고 현명한 친구였다. 나는 숨김없이 현재 상황을 있는 그대로 털어놓았다. 혼자만 끙끙 앓다가 모두 털어놓으니 한결 홀가분한 기분이 들었다. 존이 진심 어린 표정으로 나를 걱정하면서 처음으로 나에게 던진 조언은 다소 생뚱맞은 것이었다. 그는 나에게 매일 운동을 하고 있는지 물었다. 나는 하도 어이가 없어서 이렇게 대답했다.

"운동을 하는 게 생활비를 못 버는 것과 무슨 상관이야?"

"상관이 많지."

존은 스트레스를 받거나 압도당하는 느낌이 들 때마다 달리기를 하면, 생각이 또렷해지고 기분이 좋아지고 해결책이 훨씬 쉽게 떠오른다고 말했다. 나는 즉시 반박했다.

"난 달리는 거 싫어. 그런 거 말고 또 할 수 있는 건 없어?"

그는 주저하지 않고 반박했다.

"뭐가 더 싫어? 달리기…? 현재 네 상황?"

아. 항복. 좋아. 지금 내가 뭘 할 수 있겠나? 더 이상 잃을 것도 없었다. 나는 달리기로 결심했다.

다음 날 아침, 러닝화도 없던 나는 나이키 에어조던 농구화 끈을 묶고 아이팟을 들고 이제 곧 은행 소유가 될 내 집의 현관문을 나섰다. 아이팟에는 기운을 북돋아 줄 긍정적인 이야기를 하는 짐 론의 자기계발 팟캐스트가 담겨 있었다.

태어나서 처음으로 달리는 길에서 내 인생 전체를 바꿀 명언을 듣게 될 거라고는 꿈에도 예상하지 못했다. 사실 예전에도 몇 번 들어본 적 있었는데, 무슨 뜻인지 이해도 못하고 적용해볼 생각도 하지 못한 말이었다. 여러분도 어떤 말이 귀에 꽂히려면 적절한 때와 감정이 있다는 사실을 알 것이다. 바로 그날 아침이 그런, 아주 절박한 상태였다. 짐은 단언하는 목소리로 이렇게 말했다.

"당신이 일궈내는 성공은 당신의 자기계발 수준을 넘어서지 못합니다. 성공이란 당신이 어떤 사람이 되었느냐에 따른 것이기 때문입니다."

나는 달리기를 멈췄다. 나는 오디오를 되감아 그 대목을 다시 재생했다.

"당신이 일궈내는 성공은 당신의 자기계발 수준을 넘어서지 못합니다.
성공이란 당신이 어떤 사람이 되었느냐에 따른 것이기 때문입니다."

마치 현실이라는 파도가 몰아쳐 모든 것을 박살내는 것 같았다.
나는 지금까지 내가 원하는 수준의 성공을 끌어당기고, 창조하고,
유지하기 위해 따로 노력해본 적이 없다는 것을 문득 깨달았다.
나는 레벨 10의 성공을 경험하고 싶었지만 고작 레벨 2, 가끔 기분
좋은 날에는 기껏해야 레벨 3~4 정도에 불과한 사람이었다.

갑자기 모든 것이 이해되었다. 내가 겪는 문제와 우울증의 원인
은 모두 밖에 있는 것처럼 보였다. 사업 실패, 쪼들리는 재정, 주택
압류, 경기불황 등이 현재 내가 겪고 있는 문제의 원인이라고만 생
각했다. 하지만 해법은 내 안에 있었다. 레벨 10의 삶을 살고 싶다
면 그런 삶을 만들어낼 수 있는 레벨 10의 사람이 되어야 했다.

나는 이것이 거의 모든 사람들이 겪는 문제라는 사실을 수년에
걸쳐 깨달았다. 우리는 모두 건강, 행복, 관계, 영성, 경제적 안정
을 비롯해 삶의 온갖 측면에서 레벨 10점에 가까운 수준을 경험하
고 싶어 한다. 누구도 낮은 수준에서 머물고 싶어 하지 않는다. 하

지만 자기계발을 위해 매일 노력하고, 그러한 삶을 창조할 수 있도록 지속적으로 발전해나가는 사람은 소수에 불과하다. 그 당시 나는 분명히 그런 노력을 하나도 하지 않고 있었다. 내가 해야 할 일은 매일, 자기계발에 시간을 할애하여 내가 원하는 삶을 누릴 능력과 자격을 갖추는 것이었다.

오랜만에 설레는 마음과 희망을 한껏 품고 집을 향해 달려갔다. 내 인생을 변화시킬 수 있는 사람이 될 준비가 되어 있었다.

첫 번째 관문: 어떻게 시간을 낼 것인가

나는 자기계발을 일과에서 최우선으로 삼으면 나의 문제가 대부분 풀릴 것이라고 판단했다. 그것이 바로 **내가 원하는 만큼 내 삶을 변화시킬 수 있게 하는** 잃어버린 고리였다. 간단했다.

하지만 나를 가로막는 첫 번째 장애물은 모두가 느끼는 것과 마찬가지였다. 바로 시간을 내는 것. 자기계발이 중요하기는 하지만, 꽉 찬 일정 속에 새로운 일정을 끼워넣는 것은 쉽지 않다. 나는 이미 일에 치여서 하루하루를 겨우 살아가는 상태였기에, 자기계발을 위한 '별도의' 시간을 낸다는 것은 불가능해 보였다. 스트레스만 더할 것 같았다. 그런 경험을 해본 적 있을 것이다.

이런 상황에서 나는 매튜 켈리의 책《위대한 나》에서 읽었던 내용을 떠올렸다.

"우리는 모두 행복해지고 싶어 합니다. 한편으로 우리는 모두 어떻게 하면 행복해질 수 있는지 잘 알고 있습니다. 하지만 우리는 그렇게 하지 않죠. 왜 그럴까요? 간단합니다. 너무 바쁘기 때문이죠. 뭘 하느라 그렇게 바쁜가요? 행복해지기 위해 바쁜 거죠."

나는 플래너를 들고 소파에 앉아 매일 자기계발 의식을 진행할 수 있는 시간을 찾기 위해, 아니 시간을 만들어내기 위해 머리를 짜냈다. 여러 가지 선택 사항을 고려했다.

저녁 시간은 어떨까?

처음 떠올린 시간은 저녁이었다. 퇴근 직후 또는 어슐라가 잠자리에 든 직후 늦은 밤에 시간을 내면 어떨까? 하지만 주중에 우리가 함께 할 수 있는 유일한 시간은 저녁밖에 없다는 것을 금방 깨달았다. 말할 것도 없이, 긴 하루 일과를 마치고 나면 육체적으로나 정신적으로 녹초가 된다. 그저 쉬고 싶을 뿐이다. 자기계발에 몰입할 만한 적절한 마음의 준비가 되기는커녕 집중하기도 어렵다. 저녁은 결코 효과적인 시간이 아니었다.

그렇다면, 오후는 어떨까?

하루 중 한가운데, 예컨대 점심시간에 시간을 낼 수 있을까? 아니면 끝없이 처리해야 하는 일들 사이에? 아무리 생각해도 현실적이지 않았다. 오후는 불가능했다.

아, 안 돼. 아침은 절대로!

결국 아침을 흘겨보기 시작했다. 안 돼! 즉각적으로 몸이 저항했다. '나는 아침형 인간이 아니'라고 말하는 것만으로는 나를 표현하기 부족했다. "일찍 일어나야 한다"는 말만 들어도 치가 떨렸다. 달리기 못지않았다. 내 사전에 '달리기 위한 달리기'가 존재하지 않았던 것처럼, 꼭 일찍 일어나야 하는 특별한 일이 없는 한, 나는 절대 일찍 일어난 적이 없었다. 하지만 생각하면 생각할수록 일찍 일어나지 않아야 할 마땅한 이유는 점점 사라졌다.

매일 자기계발 의식으로 하루를 시작하면, 나머지 하루 내내 훨씬 나은 정신 상태를 유지할 수 있을지 모른다는 생각이 들었다. 언젠가 StevePavlina.com 블로그에서 '오늘의 방향키'라는 제목의 글을 읽은 적 있다. 이 글에서 스티브는 아침을 배의 방향을 잡아주는 키에 비유했다.

"잠에서 깬 뒤 처음 한 시간 동안 아무 계획 없이 뭉그적거리는 날에는, 그날 역시 하루 종일 뭉그적거리며 시간을 낭비하는 경향이 있더군요. 하지만 하루의 첫 한 시간을 아주 보람차게 보내기 위해 노력한 날에는, 그날 하루 역시 생산성이 높아지는 것 같아요."

두 번째, 아침에 일어나자마자 자기계발을 위한 의식을 먼저 끝내놓으면, 하루 동안 쌓이는 온갖 핑계거리가 사라진다. '너무 피곤해…' '시간 없어…' '내일 하지 뭐…' 같은 말을 할 여지가 없어지는 것이다. 아침에 시간을 내면, 남은 일상과 업무에 무슨 일이 발생하든 전혀 방해받지 않고 꾸준히 지속해나갈 수 있다.

아침은 분명히 최선의 선택이었다. 하지만 매일 아침 6시에 이불 속에서 빠져나오는 것은 너무나 어려운 일이었기 때문에 자발적으로 1시간 일찍 일어난다는 생각은 나에게 상상조차 하기 힘든 일이었다. 플래너를 덮고 그동안 떠올린 구상을 포기하려고 하는 순간 멘토 중 하나였던 케빈 브레이시가 열정적으로 외치는 쩌렁쩌렁한 목소리가 머릿속에서 들려왔다.

"네 삶이 달라지기를 원한다면, 먼저 네 스스로 다르게 행동하라고!"

젠장. 케빈의 말에 반박할 여지가 없었다. '나는 아침형 인간이 아니다'라는 평생 지녀온 믿음, 물론 나 스스로 단정하고 나만 믿는 것이었지만, 그것을 정말 깰 수 있는지 시험해볼 시간이었다. 나는 다시 플래너를 펼쳐 다음 날 아침 5시에 '자기계발'이라는 일정을 적어 넣었다.

두 번째 관문 : 가장 효과적인 방법은 무엇일까?

이제 또 다른 관문 앞에 섰다. 그 시간을 활용하여 가장 효과적으로, 또 내 삶을 가장 빠르게 개선시키기 위해서는 무엇을 해야 할까? 나는 크게 성공한 사람들이 자기계발을 위해 무엇을 했는지 알아보고 그것을 모델로 삼기로 했다. 그 시간을 최대한 활용하기 위한 가장 효과적인 활동이나 방법은 무엇일까? 일단 컴퓨터를 켜고 구글에 몇 가지 문구를 검색해보았다.

-가장 좋은 자기계발 방법
-세계에서 가장 성공한 사람들은 자기계발을 위해 무엇을 하는가?

백지 한 장을 꺼내 찾아낸 것들을 적기 시작했다. 내가 찾은 것들은 시대를 초월한 것들이었다. 새로운 것은 하나도 없었다. 처음에는 실망스러웠다. 우리는 늘 새로운 것을 추구하라고 말하는 사회에 길들여졌다. 주위를 둘러보면 온통 최신 스마트폰, 인기 TV 프로그램의 새로운 시즌, 우리가 겪는 문제에 대한 새로운 최첨단 솔루션에 대한 광고다. 이는 예로부터 내려오는 오랫동안 효과가 입증된 것들을 시대에 뒤떨어진 낡은 것으로 치부하고 평가절하하라고 말하는 것과 같다. 내가 찾아낸 결과들은 단순히 오래된 것을 넘어서, 수천 년 전부터 내려온 것들이었다. 그중에서 나는 여섯 가지 수행 목록을 정리했다.

명상, 확언, 시각화, 운동, 독서, 기록

이러한 활동들은 각 분야에서 가장 성공한 사람들이 자신의 성공에 매우 중요한 역할을 했다고 공통적으로 말하는 것으로 오랜 시간 검증되고 입증된 것이었다. 하지만 이 중에서 내가 꾸준히 수행해본 것은 하나도 없다는 것을 깨달았다. 그러면 나는 무엇을 해야 내 인생을 가장 빨리 변화시킬 수 있을까? 갑자기 나에게 깨달음이 찾아왔다.

"내일 아침, 1시간 일찍 일어나 6가지 모두 해보면 어떨까? 그러면 최고의 자기계발 의식이 되지 않을까?"

나는 다음 날 아침부터 60분 동안 6개 활동 모두를 실행하기로 했다. 각각 10분씩 할애하면 되지 않을까? 재미있는 사실은, 이렇게 '할 일 목록'을 정하고 나니 의욕이 솟기 시작했다는 것이다! 일찍 일어나는 것이 늘 피하고 싶었던 일에서 아주 기대되는 일로 갑자기 바뀌었다. 그날 밤 나는 얼굴에 미소를 띠며 잠에 들었다. 아침이 빨리 오면 좋겠다는 생각으로 들떠 있었다!

모든 것을 바꾼 아침

이전에는 잠에서 깨어날 수 있다고 생각조차 해본 적 없는 시각인 새벽 5시, 알람이 울렸을 때 나는 눈을 번쩍 뜨고 활력과 흥분에 차 침대에서 벌떡 일어났다. 어릴 적 크리스마스 아침에 눈이 번쩍 떠지던 기억이 떠올랐다. 내 삶에서 아침에 일어나는 것이 이보다 쉽고 즐거웠던 때는 없었다. 실은 오늘날까지도.

이를 닦고, 세안을 하고, 손에 물 한 잔을 들고서 거실 소파에 똑바로 앉았다. 새벽 5시 7분이었다. 내 삶이 그토록 설레게 느껴졌던 순간은 거의 처음이었을 것이다. 밖은 여전히 어두웠고 그것이 나에게 기운을 몰아주는 느낌이었다. 나는 인생을 변화시키는 자기계발 활동 목록을 꺼내서 하나씩 실행에 옮겼다.

명상

10분 타이머를 맞추고 조용히 앉아서 기도하고 명상하며 호흡에 집중했다. 처음에는 마음속에 온갖 잡념들이 솟아올랐다. 내가 지금 맞게 하고 있는 건가? 어떻게 하면 잡념을 쫓아버릴 수 있지? 왜 생각을 멈출 수 없지?! 처음에는 혼란스러운 마음에 어쩔 줄 몰랐으나 몇 분 지나자 시간이 서서히 느리게 가는 것 같았다. 명상을 한 번도 해본 적이 없어서 내가 제대로 하고 있는 것인지 확신할 수 없었지만, 어쨌든 스트레스가 녹아 사라지고 차분한 마음이 밀려왔다. 숨을 쉴 때마다 마음은 한결 편해졌다. 평소에 매일 아침 느끼던 정신적 혼돈 및 번잡스러움과는 근본적으로 달랐다. 몇 달 만에 처음으로 나는 평화로움을 느꼈다.

확언

다음 미션은 내가 가장 흥미를 느끼지 못한 활동이었다. 나 자신에게 '나는 부자다'라고 말하는 것은 기껏 해봐야 망상에 불과한 것처럼 보였다. 하지만 전날 밤 검색을 하다가 나폴레온 힐의 고전 《생각하라 그리고 부자가 되어라》에 나오는 한 대목을 발견했었다. 이 글은 우리 개인이 간직한 무한한 잠재력을 바탕으로 내면에서 자신감을 끌어낼 수 있다는 사실을 명확하게 일깨워주었다. 우리는 모두 누구 못지않게 소중하고 가치 있으며, 어려움을 극복하고 원하는 것은 무엇이든 성취할 수 있다는 긍정적인 자신감을 심어주었다. 나는 이 글을 큰 소리로 읽었다. 자신감이 솟았다.

시각화

세계 최고의 운동선수와 배우들이 최상의 퍼포먼스를 마음속으로 그려보며 심리적 리허설을 한다는 사실을 깨닫고, 자기계발에 그런 방법을 활용할 수 있겠다고 생각했다. 눈을 감고 오늘 하루 내가 또렷한 정신으로 자신 있고 행복하게 생활하는 모습을 머릿속으로 그려보았다. 그것은 단순한 리허설이 아니라 상당한 의욕과 열정을 불러일으키는 경험이었다. 생각대로 행동하고 싶은 욕구가 강렬하게 밀려왔다. 상당한 영감을 받았다.

독서

책을 읽을 시간이 없다는 변명만 늘어놓다가 평생 습관으로 삼고 싶었던 일을 이날 아침부터 시작한다는 마음에 신이 났다. 나는 책장에서 《생각하라 그리고 부자가 되어라》를 다시 꺼내 펼쳤다. 다른 책들과 마찬가지로 앞에만 조금 읽다가 만 책이었다. 10분 동안 책을 읽으며 내 사고방식을 즉시 개선해줄 몇 가지 아이디어를 얻었다. 아이디어 하나만으로도 인생을 바꿀 수 있다는 사실을 깨달았다. 의욕이 솟구쳤다.

기록

그동안 사두기만 하고 쓰지 않았던 노트를 하나 펼쳤다. 누구나 마찬가지겠지만, 일기를 쓰겠다고 노트를 산 뒤 길어야 일주일 정도 글을 쓰고는 처박아 놓은 노트가 몇 권이나 있었다. 이날은 내 인생에서 감사한 일을 적었다. 또한 미래에 대해 몇 가지 가능성을 적었다. 내가 만들고자 노력했던 더 나은 상황에 대한 낙관적인 기대를 표현했다. 그러자 금세 짙은 안개처럼 나를 짓누르고 있던 우울증이 걷히는 느낌이 들었다. 물론 완전히 사라진 것은 아니지만 마음이 훨씬 가벼워졌다. 당연하다고만 생각했던 나의 행운들을 글로 적는 단순한 행위는 내 영혼을 고양시켰다. 감사함을 느꼈다.

운동

이제 10분 남았을 때, 몸도 좀 풀리고 혈액 순환도 활발해질 준비가 되었다. 나는 소파에서 일어나 팔 벌려 뛰기를 60개 했다. 평소에 운동을 하지 않던 나는 몹시 숨이 가빴다. 그다음 바닥에 엎드려 팔 굽혀 펴기를 했다. 힘이 닿는 데까지 했는데, 그 숫자는 비밀로 하겠다. 그런 다음 돌아 누워 윗몸 일으키기를 했다. 물렁거리는 복근이 버틸 수 있는 만큼 했다. 이 모든 것을 하고도 시계를 보니 6분이 남아 있었다. 전날 밤 유튜브에서 찾은 5분짜리 요가 동영상을 틀어놓고 따라 했다. 몸이 제대로 균형을 잡으려면 한참 부족했지만 활력이 넘쳤다.

60분이 눈 깜짝할 사이에 지나갔다. 정말 기분이 좋았다! 내 인생에서 가장 평화롭고, 자신감이 솟고, 영감을 느끼고, 의욕이 솟구치고, 감사함을 느끼고, 활력이 넘치는 아침이었다. 그런데도 이제 겨우 아침 6시밖에 되지 않았다. 나는 희망에 가득 찼다. 매일 하루를 이렇게 시작하면 내가 원하는 모든 것을 창조해낼 수 있는 사람이 되는 것은 이제 시간 문제라는 생각이 들었다.

어슐라가 일어났을 때, 아침에 경험한 일을 이야기하지 않고는 견딜 수 없었다! 그녀를 졸졸 따라다니며 내가 무엇을 했는지 이야기했다. 이러한 아침 의식이 우리의 삶을 완전히 바꿔줄 유일한 열쇠가 될 것이라고 열변을 토했다. 그녀는 시큰둥했다.

"알겠어. 그런데 하나만 이야기할게. 당신은 지난 6개월 동안 우울과 절망에 빠져 지냈는데, 겨우 아침에 한 번 일찍 일어났다고 상황이 나아질 거라는 자신감이 생겨났다고? 혹시 이상한 약 같은 거 먹었어?"

그녀의 말에 나는 뭐라 반박할 말이 없었다.

"아니, 그래도… 정말, 기적을 경험한 것 같다고!"

기적이 아닌 것은 없다

그 후 몇 주 동안 나는 계속해서 새벽 5시에 일어나 60분 자기계발 의식을 수행했다. 새로운 아침 루틴을 통해 내가 점점 나아가고 있다는 사실과 그로 인해 얻은 좋은 기분은 나에게 놀라울 만큼 만족감을 주었다. 나는 그런 기분을 더 많이 느끼고 싶었다. 그래서 어느 날 밤 잠자리에 들 준비를 하면서 전혀 계획에 없던 일을 했다. 알람 시계를 4시에 맞춘 것이다.

어쩌면 내가 정신이 나간 것인지 모르겠다. 그날 밤 잠에 들었는데, 놀랍게도 새벽 4시에 일어나는 일은 새벽 5시에 일어나는 일만큼이나 쉬웠다. 언제 일어나든 과거의 아침에 일어나던 것보다 10배는 더 가볍게 일어났다.

스트레스는 급격히 줄어들고 에너지, 명확성, 집중력은 더 높아졌다. 나는 정말 만족스러웠으며 의욕과 영감이 넘쳤다. 우울증은 먼 기억처럼 빠르게 사라졌다. 다시 예전의 내 모습을 되찾았다고 해도 과언이 아니었다. 오히려 엄청 가파른 성장을 너무 빠르게 경험했고 지금까지의 내 모습 중 가장 괜찮았다. 새로운 수준의 에너지, 의욕, 명확성, 집중력으로 무장한 나는 목표를 설정하고, 전략을 수립하고, 계획을 실행하여 사업을 되살리고, 더 많은 고객을 확보하고, 소득을 늘릴 수 있었다. 실제로 미라클모닝을 처음 시작한 지 두 달도 안 되어 월소득이 2배 이상 늘어났다. 경제 위기 이전의 소득 수준보다도 오히려 더 높아졌다.

내가 경험하는 변화가 얼마나 심오한 것인지, 그러한 변화가 얼마나 짧은 시간에 일어났는지 돌아보며 곱씹었다. 나는 어슐라에게 그것이 마치 기적과 비슷하게 느껴진다고 말했더니 그녀는 '미라클모닝'이라는 이름을 붙여주었다. 정말 멋진 이름이었고, 나는 플래너에 '자기계발'이라고 쓰던 것을 '미라클모닝'이라는 말로 바꿔 적기 시작했다. 더 나아가 나의 아침 루틴을 다른 사람들에게 알려주면 좋겠다고 생각하기 시작했다. 아침형 인간도 아니었던 나에게 이토록 큰 효과가 나타났으니, 다른 사람들에게도 큰 도움이 될 수 있으리라 생각했다. 남들을 도와주고 싶다는 마음이 강렬하게 들었다. 하지만 어떻게 도움을 줄 것인지 고민할 새도 없이 사람들이 먼저 나에게 도움을 요청하기 시작했다.

케이티가 할 수 있다면…

몇 주 후 나의 코칭 고객 케이티 히니가 아침 일과에 대한 고민을 털어놓았다.

"성공한 사람들은 하나같이 아침 루틴이 중요하다고 말하네요. 아침을 어떻게 시작하면 좋을까요?"

내가 만들어낸 미라클모닝 루틴과 그것을 실천했을 때 좋아진 점에 대해 열정적으로 이야기를 쏟아냈다. 내가 발견한 방법은 누구든 쉽게 따라 할 수 있다는 인상을 주기 위해 무진장 노력했다. 내가 처음에 그랬던 것처럼 그녀도 즉각 이렇게 반발했다.

"네. 그럴 것 같기는 한데… 하지만 지금보다 일찍 일어나고 싶지는 않아요. 평생 아침형 인간으로 살아본 적이 없거든요."

"저도 그랬어요!"

나는 그녀에게 확신을 심어주고 싶었다. 할 수 있다고 계속 격려했고, 일찍 일어나는 데 도움이 될 만한 조언도 해주었다. 그녀는 평소의 기상 시간보다 한 시간 빠른, 아침 6시에 일어나 미라클모닝을 실천해보겠다고 약속했다.

2주 뒤, 다음 코칭 시간이 왔을 때 케이티는 그 어느 때보다 열정적인 모습으로 나타났다. 지난 시간에 알려준 대로 아침 6시에 일어나 미라클모닝을 해보았는지 물었다. 전혀 예상 밖의 대답이 돌아왔다.

"아뇨! 첫날 아침 6시에 일어났는데, 정말 선생님 말씀대로, 환상적인 시간을 보냈어요! 더 하고 싶은 마음에 그다음 날부터는 새벽 5시에 일어났어요! 대단해요!"

케이티의 이야기를 듣고 자신감을 얻은 나는 즉시, 다른 고객들에게도 미라클모닝을 적극적으로 추천하기 시작했다. 케이티와 마찬가지로 그들은 대부분 처음에는 내켜 하지 않으며 자신은 아침형 인간이 아니라고 고집했다. 하지만 약간의 끈기를 갖고, 할 수 있다고 격려하면서 케이티의 사례를 이야기해주면, 사람들은 미라클모닝을 실천하기 위해 최소 30분이라도 일찍 일어나보겠다고 약속했다.

단 몇 주 만에 나에게 코칭을 받는 고객 14명 중 13명이 미라클모닝을 실천했으며, 나와 케이티가 경험했던 것과 비슷한 효과를 느꼈다고 증언했다. 그들이 매일 아침 명상하고, 확언을 암송하고, 시각화하고, 운동하고, 책을 읽고, 일기를 쓴다는 사실만으로도 정말 기념할 만한 일이었다. 몇몇 사람들은 자신이 미라클모닝을 수행하고 있으며 덕분에 삶이 변화하고 있다고 주변 사람들에게 자랑스럽게 말하기도 했다. 또 다른 사람들은 소셜미디어에 매일 미라클모닝을 수행하는 모습을 올리기 시작했다. 갑자기 온라인에 퍼져 나가더니, 한 번도 본 적 없는 낯선 사람들이 올린 미라클모닝에 대한 포스팅이 여기저기 올라오기 시작했다.

이 정도면 미친 거 아닐까?

조는 도대체 누구인가?

이제 막 미라클모닝에 눈을 뜬 한 친구가 MiracleMorning.com이라는 도메인을 구입하여 미라클모닝을 수행하는 사람들에게 도움이 될 만한 블로그나 동영상 같은 것을 올려보는 것이 어떻냐고 제안했다. (정말이지, 그 도메인을 내가 차지할 수 있었다는 사실은 지금도 믿기지 않는 행운이다!) 카메라로 내 모습을 찍는 것이 불편했지만 그래도 시도해보기로 했다. 짧은 동영상을 찍어 유튜브에 업로드하고 새롭게 만든 웹사이트에도 올리기 시작했다.

어느 날 아침, 거실 소파에 앉아 유튜브에 동영상을 업로드하다가 무심코 검색창에 내 이름을 입력해보았다. (그냥 해본 거다. 여러분도 구글에 자기 이름을 검색해본 적이 있지 않은가?) '조의 미라클모닝'이라는 동영상이 떴다. 일면식도 없는 사람이 찍은 영상이었는데, 처음에는 마음에 들지 않았다. 나는 방어적으로 소리쳤다.

"왜 내가 만든 미라클모닝을 따라 하고 있는 거지?"

어떻게 받아들여야 할지 몰랐다. 뭐가 나올지 몰랐지만, 기분좋은 떨림이 느껴졌다. 플레이 버튼을 눌렀더니 어떤 남자가 나와이렇게 말했다.

"안녕하세요. 여러분의 친구 조 디오사나입니다. 시간 좀 볼까요. (알람시계를 보여주며) 지금은 아침 5시 41분이고 오늘은 일요일입니다! '이봐, 도대체 일요일 아침 5시 41분에 일어나서 뭘 하고있는 거야?' 이렇게 말하는 사람도 있을 겁니다. MiracleMorning. com을 확인해보세요. 거기서 다양한 정보를 읽어보시고 유용한자료를 다운로드 받으세요. 사실 저는 크리스마스 같은 기분을 느낍니다. 얼마나 에너지가 넘치는지 몰라요. 직접 체험하고 확인해보세요. 여러분의 삶에 축복이 있기를 바랍니다."

나는 컴퓨터 화면을 바라보면서 입을 다물지 못했다. 너무 좋아서 거의 눈물이 날 지경이었다. 나 자신의 개인적인 성장을 위해 만든 미라클모닝이었지만, 이제는 최대한 많은 사람들에게 전파하여 내가 겪었던 삶의 변화를 다른 사람들도 경험하게 해야 한다는 책임감이 느껴지기 시작했다.

점점 분명해지고 있었다. 미라클모닝이 우리 중 그 누구도 스스로 아침형 인간이라고 생각하지 않았던 나와 케이티와 조, 그리고 나에게 코칭을 받던 사람들에게 그토록 좋은 효과를 발휘했다면 누구에게나 적용 가능할 것이라는 확신이 들었다.

어떻게 활용할 것인가

이 장에서는 미라클모닝의 탄생 배경과, 미라클모닝을 소개했을 때 사람들의 반응을 이야기했다. 이제 미라클모닝은 누구나 할 수 있는 일이라는 것을 이해했을 것이다. 다음 장에서는 미라클모닝이 우리 삶을 어떻게 개선시키는지 좀 더 깊이 살펴보려고 한다.

더 나은 사람이 되는 법, 그로 인해 한 단계 더 높은 성공을 달성하는 방법에 대해 이야기한다. 이 순서를 잘 기억하라. 사람이 먼저 되어야 성공이 따라오는 법이다. 나를 레벨 10까지 끌어올리기 위해 매일 꾸준히 노력하면, 내가 진정으로 원하는, 또는 그 수준에 걸맞는 레벨 10의 삶을 창조할 수 있다.

나는 잠을 줄이라고 요구하지 않을 것이며, 1시간 일찍 일어나라고 잔소리하지도 않을 것이다. 미라클모닝은 어떤 라이프스타일에든 맞출 수 있다는 것을 명심하라. 1시간이 너무 길다면, 각 활동에 5분씩 할애하여 30분 만에 미라클모닝을 끝낼 수도 있다. 정 시간이 없다면, 1분씩 6분 만에 미라클모닝을 완료할 수도 있다 (13장 참조). 또 아침 시간에 수행하는 것이 도저히 맞지 않는다면, 아침이 아닌 다른 시간에 해도 된다.

불편함과 단점을 고려해보라. 아침에 30분 더 잠을 자는 것이, 진정으로 원하는 삶을 포기할 만큼 가치 있는 일인가? 아침에 조금 더 일찍 일어나는 것만으로도 바라는 삶을 달성할 수 있다면, 충분히 감수해볼 만한 도전 아닌가? 이 질문에 성급하게 대답할 필요는 없다. 질문을 마음속에 담고 다음 장을 읽어보자.

절망은 급격한 변화의 원재료다.

—윌리엄 버로스William S. Burroughs

03

The Miracle Morning

평균은 어떻게
성장을 제한하는가

인류 이야기는
자신을 헐값에 팔아넘긴 사람들의 이야기다.

— 에이브러햄 매슬로 Abraham Maslow

매일 아침 눈뜰 때마다 누구나 똑같은 유혹에 직면한다. 자신의 잠재력을 최대한 발휘하기보다는 적당한 수준에 안주하고 싶다는 유혹이다. 우리가 일상에서 직면하는 가장 큰 유혹이라고 해도 과언이 아닐 것이다. 마치 중력처럼 평범함으로 나를 끌어당기는 힘을 뚫고 일어나, 매일 아침 눈뜨는 것이 기쁘고 즐겁게 느껴지는 최고의 하루를 향해 나아가야 한다.

미국 사회보장국의 조사에 따르면, 사회초년생이었던 100명을 은퇴할 때까지 40년 동안 추적했을 때 부자가 되는 사람은 1명, 경제적 안정을 얻는 사람은 4명에 불과했다고 한다. 5명은 계속 일을 하고 있었는데 그 일을 원해서가 아니라 계속 돈을 벌어야 하기에 어쩔 수 없이 하는 것이었다. 36명은 이미 사망했고, 54명은 파산하여 친구나 가족, 정부에 의존하여 살아가고 있었다.

결론적으로 전체 인구에서 5퍼센트만이 경제적으로 걱정할 필요 없는 삶을 일구는 데 성공한다는 뜻이다. 나머지 95퍼센트는 평생 힘들게 먹고산다. 물론 돈이 성공의 유일한, 혹은 최선의 척도는 아니겠지만 돈이 안전, 안락, 생활 수준, 자유를 상징하는 것은 분명하다. 경제적으로 안정될 때 돈을 걱정하지 않고 삶에서 가장 중요한 또 다른 영역에 집중할 수 있다.

내가 미라클모닝을 처음 만들어 수행하기 시작했을 때 내 경제 상황은 엉망이었다. 당연히 나는 소득을 늘리는 데에 가장 집중했다. 2008년 경기 침체가 가장 극심했던 그 시기에 나는 두 달 만에 클라이언트를 2배로 늘리고 소득을 2배 이상 끌어올렸다.

재정 상태가 안정되고 난 뒤 나는 건강과 체력을 증진하는 데 집중했다. 우울감으로 인해 의욕이 계속 떨어지면서 건강과 체력이 나빠진 상태였기 때문이다. 식단을 바꾸고, 울트라마라톤에 도전하기로 결심했다. 당시의 나는 울트라마라톤을 뛸 수 있을 정도가 되면 체력이 레벨 10에 도달할 것이라고 생각했다.

두 달이 채 되지 않아, 정신 건강도 완전히 달라졌다. 농담처럼 들릴지도 모르겠지만 미라클모닝을 수행하는 첫날, 절망은 눈 녹듯 사라지고 희망으로 가득찼다. 물론 어슐라도 되살아나는 나를 보며 좋아했고 우리 관계도 달라졌다. 삶의 어느 한 영역을 개선하면, 다른 영역도 자연스럽게 좋아진다는 것을 분명히 알 수 있었다.

이러한 경험을 하고 난 뒤, 의문이 하나 생겼다. 반드시 답을 찾아내고 싶었다. 잠재력을 온전히 발휘하지 못한 채 낮은 수준에 머물며 안주하지 않으려면 어떻게 해야 할까? 레벨 10의 삶을 살기 위해서는 어떻게 해야 할까?

평범함에서 벗어나 잠재력을 발휘하는 3단계

'평범'이라는 말은 가치 중립적인 말처럼 보이지만 남을 깎아내리고자 할 때 사용하는 기분 나쁜 말로 들리는 경우가 많다. 물론 나는 이 책에서 '평범'이라는 말을 모욕감을 주고자 사용하는 것은 아니다. 어쨌든 이 책에서 계속 등장할 말이기에 잠깐 시간을 내어 이 말의 뜻을 명확하게 정의하고자 한다.

이 책에서 사용하는 '평범'이라는 말은 다른 사람과 비교하는 개념이 아니라, 잠재력을 완전히 발휘한 자신의 가장 나은 모습과 비교하는 개념이다. 우리가 늘 원하는 상태, 도달할 수 있는 궁극의 상태보다 부족한 수준에 안주하는 것을 뜻한다.

코넬대학교의 연구진은 임종을 앞둔 사람들 수천 명에게 지금까지 살면서 가장 크게 후회되는 것이 무엇인지 물었는데, 76퍼센트가 똑같은 대답을 했다고 한다.

"나의 이상적인 모습을 한 번도 세상에 펼쳐보지 못하고 죽는 것이 후회스럽군요."

4분의 3이나 되는 사람들이 생의 마지막에 이런 후회를 한다는 것이 정말 참담하다. 굳이 통계를 대지 않아도 자신이 소망하는 삶을 살고 싶어서 많은 이들이 허우적대는 모습을 쉽게 볼 수 있다. 심지어 사회적으로 영향력 있는 사람들이나 스스로 바라보는 자신에게서도 찾을 수 있다. 그들은 모두 속으로 이렇게 생각한다.

"나의 잠재력을 한껏 발휘하여 내가 원하는 삶을 살아갈 용기를 낼 수 있다면…."

하지만 레벨 10의 삶을 살고 있는 사람들, 아니 그런 삶을 살기 위해 노력하는 사람들은 정작 많지 않다. 오히려 부족한 수준에 안주하며 살아가는 사람이 훨씬 많다.

이 장에서는 평범함을 뛰어넘어 자신이 원하는 삶을 사는 사람들의 대열에 합류하게 만들어주는 단순하지만 결정적인 3단계 전략을 소개한다.

1단계: '95퍼센트'의 현실 인식하기

먼저 95퍼센트의 사람들은 진정으로 원하는 삶을 구현하지 못한다는 냉정한 현실을 인식해야 한다. 물론 우리 가족이나 친구들도 이러한 운명에서 자유롭지 않으며, 우리 자신도 마찬가지다. 이는 인과의 문제다. 남들과 다르게 생각하고 살겠다고 의도적으로 노력하지 않으면 남들과 똑같이 고단한 삶을 견디며 살아가는 길을 선택하는 것이라는 점을 명백히 알아야 한다. 자신의 잠재력을 실현하고 싶다면, 사랑하는 사람들도 그렇게 살 수 있도록 도와주고 싶다면, 지금부터라도 다른 선택을 해야 한다.

눈앞에 결과가 뻔히 보인다고 해도 인간은 쉬운 길을 선택한다. 다른 사람을 통제하는 것은 불가능하므로 자신을 통제하는 데 집중해야 한다. 그것이 다른 사람을 도울 수 있는 길이다. 긴급상황이 발생했을 때, 자신의 산소마스크부터 착용해야 한다는 것과 비슷하다. 먼저 자신을 보호해야 다른 사람도 도울 수 있다.

우리는 대부분 성공, 행복, 사랑, 성취, 건강, 금전 등 일상적으로 중요한 몇 가지 주제에 대해 고민한다. 하나씩 생각해보자.

신체

비만은 전염병이다. 암이나 심장병과 같은 치명적인 질환의 발생률도 계속 높아지고 있다. 많은 사람들이 과로에 시달리며, 커피나 에너지 드링크를 몇 잔씩 마시지 않고는 하루를 버티기 힘들어한다. 낮에는 그렇게 피곤해 하다가도 저녁이 되면 정신이 멀쩡해져 불면증으로 고생하는 사람들이 수백만 명에 달한다. 신체 에너지의 수준은 삶의 질에 결정적인 영향을 미친다. 에너지가 풍부할수록 더 행복하고 의욕이 넘치고 자신감이 솟구치고 생산성도 높아진다. 반대로 피곤하거나 지치거나 아플 때에는 우울해지고 의욕이 꺾이고 생산성도 떨어지기 때문에 삶에 큰 변화를 줄 수 없다. 바뀌지 않으면 안 된다.

정서와 감정

우리는 모두 좋은 기분과 만족감을 느끼며 삶을 즐기고 싶어 한다. 하지만 삶을 만끽하며 인생의 의미를 찾는 것은 점점 어려워지고 있다. 최근 여론조사에서는 미국 성인의 14퍼센트만이 '매우 행복하다'라고 답했다. 미국정신건강협회Mental Health America에 따르면 미국인의 46퍼센트는 살면서 한 번 이상 정신질환 진단을 받으며, 이 중 절반은 14세 이전에 진단받는다.

· 관계

삶의 질은 관계의 질에 크게 영향을 받는데, 안타깝게도 현대인은 그 어느 때보다 외로움, 고립감, 단절을 느낀다고 한다. 전체 결혼에서 절반 정도가 이혼으로 끝난다. 친구와 가족 앞에서 '기쁠 때나 슬플 때나' 서로 평생을 헌신하겠다고 약속한 많은 부부들이 그 서약을 지키기 위해 고통을 감내한다. 사회적으로도 그 어느 때보다 분열이 심각하다는 데 많은 사람들이 동의할 것이다. 그럴수록 서로 연결되고자 하는 열망은 더욱 커진다.

· 금전

오늘날 미국인들은 역사상 그 어느 때보다 많은 빚을 지고 있다. 필요한 만큼 돈을 버는 사람은 이제 찾아보기 힘들다. 버는 돈보다 쓰는 돈이 훨씬 많다. 당연히 저축할 여력은 없으며, 경제적 자유는커녕 청구서를 지불하는 것조차 벅차다.

전반적으로 불행하거나 만족스럽지 못하거나 어려움을 겪는 사람에게, 현재 상황이 꿈꾸던 삶이었는지 물어본다면 뭐라고 대답할까? 살아남기 위해 허우적대는 삶을 꿈꾸는 사람이 있을까? 당연히 없을 것이다! 여기서 잔인한 진실이 하나 있다. 사람들은 그토록 꿈꾸는 삶을 능동적으로 만들어내고자 노력하기보다는 그러한 삶이 우연히 자신을 찾아와주기만을 기다린다는 것이다.

이제 우리는 사회의 많은 사람들이 꿈꿨던 삶을 살고 있지 않다는 비참한 현실을 깨달았다. 다음 단계는 이유를 찾는 것이다. 그러한 운명에 빠지지 않기 위해, 혹은 이미 그런 운명 속에 빠졌다면 헤어나오기 위해 그 이유를 알아야 한다.

2단계: 평범함의 원인과 해법은 무엇일까?

두 번째 단계는 이 장에서 가장 많은 지면을 차지할 예정이다. 현재 자신의 모습과 소망하는 자신의 모습 사이에서 간극을 좁히려면, 먼저 무엇이 가로막고 있는지 알아야 한다. 우리를 평범함에 안주하게 만드는 7가지 장애물과 이를 극복하기 위한 7가지 솔루션을 제공한다. 이 중에서 자신의 상황과 일치하는 것이 있다면 즉각 적용해보기 바란다.

장애물1: 백미러 증후군

우리의 무의식은 과거를 끊임없이 되새기며 그것을 재창조하고자 하는데, 이러한 습성이 곧 자신을 한계 짓고 억압한다. 우리는 과거의 자신이 곧 현재의 자신이라고 착각하며 과거에 규정했던 한계에 기반하여 현재의 잠재력도 제한한다. 이러한 습성을 나는 과거를 계속 돌아본다는 의미에서 백미러 증후군Rearview Mirror Syndrom이라고 부르기로 했다. 우리가 잠재력을 발현하지 못하도록 가로막는 가장 큰 원인 중 하나다.

백미러 증후군은 모든 것을 과거의 경험을 통해 걸러낸다. 이 거울은 '아침에 몇 시에 일어날 것인가?' 같은 작은 선택뿐만 아니라 '어떤 목표를 세워야 하는가?' 같은 큰 선택을 내릴 때도 과거에 경험한 한계들로 제한선을 만들어낸다. 그래서 우리가 원하는 더 나은 삶이 지금 우리가 현재 살고 있는 삶과 어떻게 다른지 구분할 수 없게 만든다.

사람은 보통 하루에 5~6만 가지 생각을 한다고 한다. 문제는 생각들이 대부분 똑같거나 매우 비슷하다는 것이다. 이렇게 몇 가지 생각이 습관적으로 반복되면서 일정한 사고 패턴이 생겨나고, 매일 비슷한 감정과 기분을 느끼며 살아간다.

자신을 의심하는 것도, 두려움도, 분노도 결국 사고 패턴이 된다. 의식적으로 결정하고 지속적으로 노력하지 않으면 이러한 사고 패턴은 죽을 때까지 이어진다. 많은 사람들이 매일, 매월, 매년 삶에 허덕이며 힘들게 살아갈 수밖에 없는 것은 전혀 놀라운 일이 아니다.

낡고 닳아서 더 이상 쓸 수 없는 가방을 계속 가지고 다니면서 물건을 계속 흘리는 것처럼, 우리는 어제의 스트레스, 두려움, 걱정을 오늘도 가지고 다닌다. 새로운 기회가 눈앞에 와도 백미러를 먼저 보면서 과거의 나를 기준으로 가능성을 평가한다.

"아니, 나는 그런 일을 해본 적 없어. 그 정도 수준에 도달해본 적이 없잖아. 지금까지 계속 실패하기만 했다고."

역경에 처했을 때에도 우리는 백미러를 먼저 보면서 어떻게 대응할지 결정한다.

"그럼 그렇지. 이런 일은 늘 나한테 일어나는 거잖아. 그냥 포기하지 뭐. 일이 어려워질 때마다 늘 그렇게 해왔으니까."

솔루션1: 내 안에 숨어 있는 무한한 잠재력을 믿어라

과거의 한계를 넘어 더 넓은 세상으로 나가고 싶다면 심리적 백미러를 통해 자신의 가치와 능력을 가늠하는 행동을 멈춰야 한다. 나에게 내재한 무한한 잠재력을 렌즈 삼아 내가 앞으로 무엇을 할 수 있는지 봐야 한다. 먼저 마음가짐부터 긍정적으로 바꾸자.

나의 역량은 지나간 과거가 아니라 잠재력에서 솟아난다.

미라클모닝을 수행하다 보면, 이러한 사고의 틀이 자리 잡게 된다. 이는 습관에 젖은 무의식적인 사고 패턴을 새롭게 업그레이드하고 무의식을 새롭게 프로그래밍해줄 것이다. 결국 원하는 것을 더 많이 경험하고 생산해낼 수 있게 된다. 지난 과거가 어떠했든, 지금부터 내가 원하는 것이라면 무엇이든 만들어낼 수 있다는 자신감이 생겨날 것이다.

믿을 수 없으면 믿지 않아도 된다. 믿고 싶지 않을지도 모른다. 과거보다 나은 사람이 될 수 있다는 막연한 믿음을 나는 강요하지 않는다. 그러한 믿음이 억지처럼 느껴질 수도 있고 진정성 없는 사탕발림처럼 느껴질 수도 있다. 전혀 이상한 생각이 아니며 충분히 예상할 수 있는 반응이다. 하지만 미라클모닝을 수행하다 보면 머지않아 나를 규정짓던 과거의 한계에서 벗어나 영감을 주는 선택과 기회로 세상을 바라보게 될 것이다.

장애물2: 목적의 부재

"인생의 목적은 무엇입니까?"

사람들에게 이 질문을 던지면 대개 우스꽝스러운 표정을 짓거나 다음과 비슷한 대답을 할 것이다.

"글쎄… 몰라요. 그냥 하루하루 버티는 거죠."

삶의 목적은 우리가 매일 아침 일어나서 원하는 것을 성취하기 위해 하루 종일 바쁘게 살아가는 근본적인 **이유**다. 삶의 목적을 아는 사람은 매일 결단력 있는 행동을 취할 수 있는 명료한 사고력이 높다. 하지만 누구도 삶의 목적이 있어야 한다는 것을 가르쳐주지 않기에 실제로 목적을 가지고 있는 사람은 거의 없다.

삶의 목적은 살아가면서 고려해야 할 가장 중요한 요인이지만, 부모도 학교도 이에 대해서 가르쳐주지 않는다. 삶의 목적이 없으니 우리는 그저 하루하루를 버티며 가장 가기 쉬운 길을 쫓아가고, 단기적이고 일시적인 쾌락만 추구하며, 불편하거나 고통스러운 길은 무조건 피한다. 그 과정에서 우리가 성장하고 발전하는 데 도움이 되는 지혜와 통찰을 얻을 기회도 모조리 빠져나간다.

자신의 진짜 잠재력을 발현하고 싶다면 삶의 목적이 명확해야 한다. 이는 결국 삶의 목표와 방향이 확고해야 한다는 뜻이다. 삶의 목적은 일상의 생각과 행동을 이끌어가는 엔진이자 내비게이션이다. 삶의 목적은 의사결정을 훨씬 간소하게 만들어주고 올바른 방향을 향해 일관성 있게 밀고 나아갈 수 있도록 힘을 준다.

솔루션2: 삶의 목적을 선택하라

삶의 목적이라고 하니 왠지 거창한 말처럼 들릴 수도 있지만 겁먹을 필요는 없다. 처음부터 완벽한 삶의 목적을 떠올려야 한다는 부담에서 벗어나라. 앞으로 살면서 다듬어 나갈 수 있고, 언제든 바꾸고 싶을 때 바꿀 수도 있다. 살아가는 방식, 남을 대하는 태도를 삶의 목적으로 삼아도 된다. 어쨌든 그러한 사람이 되고 싶어서 매일 아침 눈이 번쩍 떠지고 그러한 방향으로 나아가려고 의욕을 불태울 수 있다면 충분하다.

가장 나은 내가 되고, 다른 사람도 그렇게 할 수 있도록 돕는다.
나에게 주어진 생을 매 순간 즐기며 타인에게 기쁨의 원천이 되자.

좀 더 구체적이고 소박한 것을 삶의 목표로 잡아도 된다. 무엇이든 상관없다.

우리 가족이 편안하게 살아갈 수 있는 경제적 안정을 달성하자.
수백만 명의 사람들이 마실 수 있도록 물을 깨끗하게 보호하겠다.

삶의 목적이 거창할 필요는 없다. 세상을 바꾸겠다는 것이 아니어도 된다. 삶의 목적은 매일 자신의 내면에 영감을 불어넣고 최선을 끌어내기 위한 것이지, 그 말대로 꼭 세상을 바꿔야만 성공하는 것은 아니다. 그럼에도 삶의 목적을 좇으며 사는 것은 대부분 다른 사람들에게 크게 영향을 미친다.

삶의 목적은 시간이 지나면서 바뀌거나 달라질 수 있다. 우리가 계속 성장하고 진화하기 때문에 변할 수밖에 없다. 오늘 정한 목적이 평생의 목적이 되는 것은 아니다. 그러한 사실을 알면 좀더 가볍게 결정할 수 있을 것이다. 삶의 목적을 선택하는 것은 옷을 입어보고 구입하는 것과 같다. 몸에 잘 맞는지, 어떤 느낌을 주는지 확인하고, 충분히 입어보면서 마음에 들지 않으면 바꿀 수 있다는 열린 마음을 가져야 한다. 예컨대 내가 지난 몇 년 동안 삶의 목적으로 삼았던 것들은 다음과 같다.

- 내가 아는 가장 긍정적인 사람이 되자. (19세)
- 나만의 이익을 따지지 말고 가능한 한 모든 사람의 삶에 가치를 더해주자. (25세)
- 내가 원하는 모든 것을 달성할 수 있는 사람이 되고, 남들도 그러한 사람이 될 수 있도록 도와주자. (29세)
- 나 자신의 의식을 높이는 것부터 시작하여, 한 번에 한 사람씩 인간성을 고양할 수 있도록 도와주자. (42세)

내가 찾아낸 삶의 목적은 모두 더 나은 내가 되고 또 남들도 그렇게 될 수 있도록 도와주는 것이다. 우리가 남들에게 줄 수 있는 가장 큰 선물은 잠재력을 실현할 수 있다는 모범을 보여줌으로써 남들도 할 수 있다는 믿음을 심어주는 것이라고 나는 생각한다. 세상 사람 모두 자신의 잠재력을 최대로 발휘하기 위해 노력하고, 주변 사람들도 그렇게 할 수 있도록 도와준다면 훨씬 행복하고 만족스럽고 생산적인 사회가 될 것이다. 물론 이것은 나의 생각일 뿐이다. 좋은 부모가 되는 것, 경제적 자유를 얻는 것이 삶의 목적일 수도 있다. 다시 말하지만 정답은 없다.

장애물3: 사건의 분리

우리를 평범하게 만드는 원인 중 하나는 '사건의 분리'라는 개념이다. 우리의 개별적인 선택과 행동이 그 특정 순간이나 상황에만 영향을 미친다고 생각하는 것이다. 이는 가장 널리 퍼져 있지만 명확하게 인식되지 않는 원인 중 하나다. 예컨대 운동을 빼먹거나 프로젝트를 자꾸 미루거나 패스트푸드를 먹으면서 '오늘 한 번쯤은 괜찮겠지'라고 생각한다. 운동을 한 번 빠지는 것은 오늘로 끝나고, 내일부터는 더 나은 선택을 할 수 있다고 자위한다. 하지만 이러한 판단은 큰 그림을 보지 못한 착각에 불과하다.

우리의 생각, 선택, 행동 하나하나는 우리가 어떤 사람이 될지를 결정하고 궁극적으로 우리 삶의 질을 결정한다. 그 모든 사건들이 궁극적으로 우리 삶의 질에 영향을 미친다. 하브 에커는 베스트셀러 《백만장자 시크릿》에서 다음과 같이 말한다.

한 가지 일을 어떻게 하는지 보면, 모든 일을 어떻게 할지 알 수 있다.

옳은 일 대신 쉬운 일을 선택할 때마다 우리의 정체성은 옳은 일 대신 쉬운 일을 하는 사람이 되어간다. 여기서 옳은 일이란 가치관에 부합하고 목표에 더 가까이 다가갈 수 있는 일이며, 쉬운 일이란 가치관에 부합하지 않고 목표를 향해 가는 길에서 벗어난 일을 말한다. 반면 지키고 싶지 않더라도 한 번 한 약속을 지키기로 선택하는 것은 인생에서 특별한 결과를 일궈내기 위한 특별한 수행이다(물론 이러한 수행을 좋아하는 사람은 많지 않다).

솔루션3: 지금의 선택이 미치는 영향을 따져보라

이제 개별 사건을 분리해서 생각하기보다는 큰 그림을 봐야 한다. 내가 하는 각각의 선택이 나라는 사람을 형성하고, 내가 만들어갈 수 있는 삶의 수준을 결정한다는 사실을 명심해야 한다. 이러한 관점으로 바라보는 순간 아침 풍경도 달라질 것이다. 아침에 울리는 알람을 끄고 다시 자고 싶은 유혹을 느낄 때 다음과 같이 생각하라.

"잠깐, 아침에 일어나지도 못할 만큼 절제력 없는 사람이 되고 싶지는 않잖아. _____ 하고 싶다면 지금 일어나야 해."

빈칸에는 자신이 추구하는 목표를 넣어보자. 부지런한 사람이 되고 싶다거나 목표 혹은 원하는 것은 뭐든지 달성하는 사람이 되고 싶다 등 무엇이든 가능하다. 지금 하고 있는 단편적인 일이 무엇인가를 묻는 것이 아니라, '지금 내가 어떤 사람이 되고 있는가?'라는 질문을 늘 던져라. 지금 하는 선택이 장차 내가 어떤 사람이 될지 결정한다.

장애물4: 책임감 부족

책임감은 내 행동이 다른 사람에게 미치는 결과를 민감하게 인지하는 것이다. 책임감과 성취가 밀접하게 연관되어 있다는 것은 분명한 사실이다. 기업의 CEO는 물론 운동선수나 다양한 분야에서 뛰어난 업적을 이룬 사람들은 대부분 책임감 수준이 매우 높다. 책임감은 특히 최선의 결과가 나올 것 같지 않은 상황에서 과

감한 행동을 하고 놀라운 결과를 이끌어낼 때 힘을 발휘한다. 책임감은 사람들의 능력을 최대한 끌어낸다.

누군가와 만나기로 약속을 해놓고 갑자기 나가고 싶지 않았던 때가 있는가? 함께 만나서 운동이나 외식을 하기로 해놓고 갑자기 기분이 내키지 않는다고 무작정 나가지 않을 수는 없다. 기다리는 사람이 있기 때문이다. 이처럼 책임감을 느낄 때 우리는 약속을 지키고 실천할 가능성이 훨씬 높다.

실제로 책임감은 우리 삶에 질서를 가져다준다. 책임감이 없었다면 우리는 지금의 진보와 개선과 업적을 결코 누릴 수 없었을 것이다. 문제는 책임지는 것이 귀찮다는 이유로 회피하거나 모른척하는 사람들이 있다는 것이다.

우리가 태어나서 20여 년 정도까지 성취한 긍정적인 결과는 대부분 부모님, 선생님 등 주변 어른들의 책임감 덕분이었다. 우리가 채소를 먹고, 숙제를 하고, 이를 닦고, 목욕을 하고, 적당한 시간에 잠자리에 드는 생활을 유지할 수 있었던 것은 어른들이 책임감을 갖고 우리를 돌봐주었기 때문이다. 그들의 책임감이 없었다면 우리는 영양실조에 걸리고, 교육받지 못하고, 수면 부족으로 제대로 성장하지 못하고, 더러운 아이가 되었을 것이다.

하지만 가끔은 자신을 키우고 돌본 어른들의 노고에 대해서도 내가 원한 것이 아니며 우리 의지와 무관하게 어른들이 일방적으로 베푼 것이니 전혀 고마워할 일이 아니라고 생각하는 어른으로 자라는 경우도 있다.

물론 부모에게 다음과 같이 요구하는 아이는 없을 것이다.

"엄마, 자기 전에 양치질하는 습관을 들일 수 있게 저에 대해 책임감을 느껴주세요."

자라면서 우리는 자연스럽게 부모의 지시에 반항하기도 한다. 그러다 약 20세가 되면서 갑자기 밀려오는 엄청난 자유를 만끽하며, 그동안 자신을 억눌렀던 모든 압박감을 떨쳐버리는 경우도 있다. 이러한 태도는 결국 우리를 평범함의 수렁 속으로 밀어넣는다. 무한정 게으름을 피우고, 미루고, 책임을 회피한다. 살아가는 데 필요한 최소한의 일만 겨우 할 뿐이다. 이런 상황에서는 무한한 잠재력이 깨어날 수 없다. 이 같은 생활 패턴이 습관으로 자리 잡지 않도록 주의해야 한다.

책을 읽는 것도 마찬가지다. 이 책을 읽고도 책에서 배운 내용을 실천에 옮기지 않는 사람이 있을 것이다. 그런다고 해서 누구도 책임을 묻지 않기 때문이다. 당장 삶을 바꿔줄 만한 정보가 가득한 책을 다 읽고 나서도, 아무 일 없었던 듯 다음 읽을 책으로 넘어간다. 물론 나도 그런 적이 있다. 그렇다면 어떻게 해야 책임감을 민감하게 느낄 수 있을까?

솔루션4: 책임감에 대한 인식을 재정립하자

이제 우리는 성공과 만족을 달성하기 위해 스스로 노력해야 하는 어른이 되었으니 책임감도 자신의 것으로 받아들여야 한다(그러기 싫다면 부모님 품으로 돌아가라). 책임감을 확고히 장착하기 위한 전략이 있다. 친구, 가족, 동료 등 약속을 꾸준히 지키도록 압박해줄 사람을 파트너로 삼는 것이다.

미라클모닝 루틴을 꾸준히 수행해 나가는 것처럼 자신의 삶에서 책임감을 최대한 활용하고자 한다면 먼저 책임감 파트너를 찾으면 된다. 지금부터 찾아보라. 16장에서 시작할 미라클모닝 30일 챌린지를 함께 수행하면서 서로 지지하고 격려해줄 수 있다. 일주일에 한두 번씩 만나서 매주 미라클모닝 수행 경험을 서로 공유하기만 해도 상당한 동기부여가 된다.

'내가 아는 사람 중에는 함께 할 만한 사람이 없는데….'

이런 생각이 든다면 주변 사람들이 정신적, 정서적으로 어떤 상태인지, 어떤 문제에 관심이 있는지, 얼마나 변화하고자 하는지 또는 좌절하고 있는지 스스로 잘 모른다는 말일 수 있다. 일대일로 하는 것보다 여럿이 함께 하는 것이 더 편하면 소규모 집단을 만드는 것도 좋은 방법이다. 나 역시 매주 화상 통화로 개개인의 목표를 얼마나 달성했는지 묻고 지지해주는 친구가 5명 있다. 이들은 모두 한 해동안 최고의 커리어를 달성했다.

주변에 파트너로 삼을 만한 사람이 없거나 그룹을 만들 사람이 정 없다면, 미라클모닝 커뮤니티에 가입하여 파트너를 찾을 수 있다. 커뮤니티에서는 무수히 일어나는 일이다. 쉽고 빠르게 책임감 파트너를 찾고 싶다면 이런 글을 게시하면 된다.

'이제 막《미라클모닝》을 읽기 시작한 사람입니다. 30일 챌린지를 함께 할 책임감 파트너를 찾고 있습니다. 저는 한국에 살고 있으니 관심 있는 분은 연락 주세요. 감사합니다!'

물론 미라클모닝 30일 챌린지를 혼자 해도 상관없다. 나도 처음에는 파트너 없이 혼자 시작했다. 하지만 책임감 파트너가 곁에 있으면 자꾸만 안주하고 싶어 하는 마음을 쉽게 뿌리칠 수 있고 더 수준 높은 결과를 향해 나아갈 수 있다. 따라서 성공을 촉진하는 가장 효과적인 방법이다. 책임감 파트너로 삼을 만한 사람들을 떠올려보고, 미라클모닝 수행을 함께 하자고 요청해보자.

장애물5: 평범한 주변 사람들

평범이라는 말이 또 나왔는데, 맥락을 기억하자. 평범하다는 것은 자신이 원하는 것을 성취하는 것보다 낮은 수준에 만족한다는 뜻이다. 우리는 일상적으로 평범함 속에서 허우적거리며 살아간다. 우리가 잘 인식하지 못하지만, 이러한 상황에 영향을 미치는 요인 중 하나가 바로 주변 사람들이다. 정신 건강, 삶의 질, 성공 수준 등 우리 삶의 거의 모든 측면에 엄청난 영향을 미친다.

짐 론은《시간 관리 7가지 법칙》에서 이렇게 말했다.

당신은 평균 5명의 사람과 당신 시간의 대부분을 보낸다.

물론 여기서 5명이라는 숫자는 다소 자의적일 수 있다. 만약 거의 모든 시간을 한 사람과 보낸다면, 그 사람의 사고방식, 감정 상태, 습관에 상당한 영향을 받을 것이다. 가장 많은 시간을 함께 보내는 사람이 전반적으로 정서가 안정되고 지적인 사람이라면, 나역시 정서적으로 안정되고 지적인 사람이 될 가능성이 높다. 함께하는 사람들이 모두 건강한 음식을 먹는 것을 중요한 가치로 여긴다면, 나 혼자 맥도날드를 즐겨 먹기는 힘들 것이다. 또 소득이 높고 돈을 잘 다룰 줄 아는 사람들과 많은 시간 어울린다면, 비록 내가 소득이 낮더라도 그들의 사고방식과 돈 버는 방법을 자연스럽게 배우면서 경제적 성공의 수준도 올라갈 것이다.

반대로, 많은 시간을 함께 보내는 사람들이 전반적으로 불안하고 비관적이며, 건강하지 않고, 늘 돈에 쪼들리며, 끊임없이 불평하고, 평범함(자신의 능력보다 낮은 수준)에 안주하는 사람이라면, 당신 역시 그런 사람이 될 것이다. 자신의 삶을 개선하는 데 관심이 없는 사람들과 늘 어울린다면 더 나은 삶을 살기 위해 도전할 생각조차 갖지 못할 것이다.

솔루션5: 새로운 사람들을 찾아나서라

생각이 비슷한 사람들, 즉 가치관을 공유하고 비슷한 길을 걷는 사람들을 적극적으로 찾는 것은 삶을 개선하는 가장 효과적인 방법 중 하나다. 자기와 자신의 삶을 개선하고 싶다고 아무리 마음먹어도, 그런 것에 관심이 없는 사람들에게만 둘러싸여 있다면 그것을 실천으로 옮기기는 힘들 수 있다. 특히 가족이나 연인이 그런 사람이라면 더욱 힘들 것이다.

다른 사람의 행동은 통제할 수 없지만 자신의 행동은 통제할 수 있다. 궁극적으로 말하자면 주변 사람들이 어떤 사람이든 어떤 삶을 살기로 선택하든 상관하지 말고, 내가 어떤 사람이 될 것인지 어떤 삶을 살 것인지 결정하면 된다. 주변 사람들이 나의 사고방식과 존재방식에 영향을 미치는 것 못지 않게, 내 모습도 주변 사람들에게 영향을 미친다. 결국 나 자신을 업그레이드하는 것은 주변 사람들을 업그레이드하는 것이다.

미라클모닝을 수행하고 의식을 고양하기 시작하면, 달라진 생각과 말과 행동이 저절로 드러나게 되고, 이러한 것들이 주변에 어떤 영향을 미치는지 인식하게 될 것이다. 의도적으로 그러한 선택을 할수록 비슷한 의식 수준을 가진 새로운 사람들이 눈에 띄고 자연스럽게 이끌릴 것이다. 물론 그런 사람들이 저절로 나를 찾아오지는 않는다. 나와 생각이 비슷하고 나의 개인적 발전에 도움을 줄 수 있는 사람들을 적극적으로 찾아나서야 한다. 긍정적이고 적극적인 사람, 나를 믿고 지지하고 격려해주는 사람, 곁에 있는 것만으로도 삶의 질을 높여주는 사람을 찾아보라.

불행은 동료를 얻고 싶어 한다는 말이 있듯이, 평범함도 마찬가지로 동료를 얻고 싶어 한다. 다른 사람의 두려움, 불안, 좌절이 나의 가능성을 억제하게 놔두지 마라. 우리가 끝까지 포기하지 말아야 할 것은 나에게 영향을 미치는 주변 사람들을 적극적이고 지속적으로 개선해나가는 것이다. 내 삶에 가치를 더해주고 내 장점을 최대한 끌어낼 수 있는 사람들을 계속 찾아라. 물론 나도 그들에게 그런 역할을 해줄 수 있어야 한다.

장애물6: 스스로의 자기계발 수준

사람은 누구나 자신의 잠재력을 실현하고 가장 의미 있는 삶을 창조하고 싶은 열망을 타고나지만 그러한 삶을 만들 수 있는 자질과 특성을 계발하기 위해 꾸준하게 노력하는 사람은 많지 않다. 우리가 건강, 행복, 사랑, 자신감, 경제적 안정, 사회적 지위를 자신이 진정으로 원하는 수준까지 끌어올리지 못하고 끊임없이 허우적거리는 것은 바로 이것 때문이다.

자기계발을 위해 따로 시간을 내야 한다. 그렇지 않으면 원치 않는 고통을 겪을 수 있다. 나에게 무수한 영감을 전해준 짐 론은 이런 말을 했다.

나의 성공은 나의 수준을 넘어서지 못한다. 성공은 내 수준에 맞춰 끌려오는 것이기 때문이다.

사실 이것이 미라클모닝의 핵심이다. 개인적인 자기계발을 일상적 실천으로 바꾸는 것이다.

솔루션6: 미라클모닝을 수행하라

자기계발이란 자신을 발전시켜나간다는 뜻이다. 자신의 현재 계발 수준은 현재의 마음가짐, 지식, 기술, 신념, 습관 등에 관한 전반적인 평가라 할 수 있다. 자기계발 루틴을 만들어 매일 실천하는 것은 원하는 삶을 창조하고 즐길 수 있는 사람이 되기 위해 배우고, 성장하고, 발전해나가고자 노력하는 것이다.

과거가 어떠했든 앞으로 더 나은 삶을 꿈꿀 수 있는 것은 자기계발을 통해 더 나은 사람이 되려고 노력하고 있기 때문이다. 핵심은 자기계발을 끊임없이 수행할 능력, 습관, 사고방식을 체화하는 것이다. 자기계발 시간을 매일 의식적으로 확보할 수 있는 가장 효과적인 방법이 바로 미라클모닝이다. 내가 발전할수록 나의 삶도 발전한다.

장애물7: 느긋함

잠재력을 실현하지 못하게 방해하는 또 다른 장애물은 무언가 바뀌야 한다는 절박함을 내면으로부터 느끼지 못하는 것이다. 절벽으로 내몰리지 않는 한 인간은 뭐든지 최대한 미루려고 한다.

우리는 '언젠가' 하겠다는 마음가짐으로 살아가는 경향이 있다. 낙관주의자라면 어떻게든 될 것이라는 믿음, 비관주의자라면 노력해봤자 헛수고라는 생각으로 모든 것을 미룬다. 어느 쪽이든, 이러한 마음가짐은 변화를 가로막는다. 미루는 습관은 잠재력을 펼치지 못하게 가로막는 것을 넘어서 결국 후회하는 삶으로 우리를 이끈다. 어느 날 잠에서 깨어났을 때 자신의 비참한 현실을 깨닫고 문득 놀랄 수도 있다. 내 인생이 어쩌다 이 지경이 된 것일까? 어쩌다 난 이 모양이 된 것일까?

'**언젠가**'는 절대 오지 않기 때문에 의미 있는 변화의 시간도 결코 오지 않는다.

솔루션7: 바로 오늘을 인생에서 가장 중요한 날로 만들라

무언가 후회해본 적이 있다면, 얼마나 고통스러운 감정인지 알 것이다. 성취할 수 있는 것보다 낮은 수준에서 만족하는 것을 선택한 결과다. 평범한 하루는 평범한 한 주가 되고 이는 다시 평범한 한 달과 평범한 한 해가 된다.

생각을 뒤집어야 한다. 바로 오늘이 내 삶에서 가장 중요한 순간이라고. 오늘 선택하는 것이 내일 나의 모습, 나의 역량을 결정한다. 오늘 좋은 선택을 하면 내일 더 좋은 선택을 할 수 있다!

오늘 하루 쉬고 게을리한다고 무슨 일이 일어나겠냐는 생각을 계속하면 내일, 다음 주, 다음 달, 내년에도 당신은 평범한 삶을 살게 된다. 레벨 10의 삶은 절대 오지 않는다. 그런 일은 결코 일어나지 않는다. 늘 깨어 있는 절박한 마음으로 오늘을 살아야 한다.

3단계: 이제 마지노선을 그어라

지금까지 우리가 평범함에 안주하는 7가지 원인과 이를 극복할 수 있는 방법에 대해 설명했다. 이제 내가 할 수 있는 것보다 낮은 수준에 안주할 수밖에 없도록 유도하는 요인들이 무엇인지 알 수 있을 것이다. 남들과 다르게 생각하고 살기로 결심하지 않는 한 우리도 자신이 원하는 삶을 만들지 못하고 평범함의 수렁에 빠져 허우적거리며 살 수밖에 없다.

평범함을 넘어서기 위한 세 번째 단계는 바로 오늘부터 달라질 것이라는 마음을 굳게 먹고 마지노선을 긋는 것이다. 더 이상 미뤄서는 안 된다. 내일도 아니고, 다음 주, 다음 달도 아니다. '언젠가'는 더더욱 아니다. 바로 오늘 할 일이다. 내가 할 수 있는 것보다 낮은 수준에 만족하지 않겠다고 결정한 순간, 인생 전체가 달라진다. 나의 선택, 나의 행동에 따라 앞으로 남은 삶 동안 내가 어떻게 될 것인지가 달라진다.

깨닫지 못할 수도 있지만 이미 당신의 의식은 고양되고 있다. 자신의 생각과 말, 행동이 자신과 주변 사람들에게 어떤 영향을 미치는지 인식하게 되었으며 그러한 요소들을 의도적으로 선택하기 시작할 것이다. 자신이 꿈꾸는 삶을 만들고 누리는 사람이 되기 위한 길 위에 이미 올라섰다.

이제 중요한 질문을 하나씩 떠올리며 흥미진진한 다음 여정으로 나아가보자.

인생에서 가장 슬픈 일은 마지막 순간에 삶을 돌아보며
더 나은 사람이 될 수 있었고, 더 많은 일을 할 수 있었고,
더 많은 것을 가질 수 있었다는 사실을 깨닫고 후회하는 것이다.

—로빈 샤르마Robin Sharma

04

The Miracle Morning

충만한 마음으로 잠자리에 들고 싶다면,
매일 아침 결심을 하면서 일어나야 한다.

—조지 로리머 George Lorimer

당신이 오늘 아침에
일어난 이유

하루를 여는 첫 번째 의식은 가장 중요하다.
그날 하루 당신의 마음가짐과 환경을 결정하기 때문이다.

— 에벤 페이건Eben Pagan

오늘 아침, 당신이 잠자리에서 일어나려고 애쓴 이유는 무엇인가? 아침마다 매일 일어나는 이유를 잠시 생각해보자. 따뜻하고 포근한 이불 속을 빠져나오는 이유는 무엇인가? 일어나고 싶어서? 아니면 일어나야만 하기 때문에?

사람들은 대부분, 매일 아침 끊임없이 울리는 알람 소리에 깨어 마지못해 이불 속에서 빠져나온다. 어딘가로 가야 하거나, 뭔가를 해야 하거나, 다른 사람의 요청 혹은 업무를 처리해야 하기 때문이다. 우리는 알람 버튼을 끄면서 일어나야만 하는 현실에 저항한다.

하지만 이러한 행동은 잠재의식에게 다음과 같은 신호를 보낸다.

잠자리에서 벌떡 일어나는 것도 힘겨워할 만큼 나는 자제력이 없는 사람이야. 인생을 바꿀 정도의 의지 같은 건 꿈도 꾸지 마.

원하는 만큼 누워 있다가 일어날 것인지, 잠자리에서 일어나 최적의 방식으로 하루를 시작할 것인지 선택할 수 있다면 사람들은 어떤 선택을 할까? (사람들은 대개 이것을 선택할 수 있다고 생각하지 않는다) 사람들은 대부분 누워 있는 것을 선택할 것이다.

당신은 왜 아침에 눈을 뜨기 힘들까?

'방심하면 진다'라는 말을 영어에서는 'You snooze, you lose.'라고 말하는데, 이 말을 단어 그대로 해석하면 '졸면 진다'라는 뜻이다. 아침에 일어나기 싫어서 잠자리에서 뒤척거리며 시간을 보내는 것은 곧 벌떡 일어나 정신을 차리고 우리가 원하는 삶을 만들어 나갈 기회를 날려 보내는 것이다.

'아, 벌써 아침이야! 일어나야 하는데… 일어나고 싶지 않아.'

알람 소리가 울릴 때 속으로 이렇게 말한다면 그것은 곧 다음과 같이 말하는 것이다.

'물론 스스로에게 삶을 개선하고 싶다고 말했지만 잠자리에 누워 있는 것만큼은 양보할 수 없지. 조금만 더 아무 생각없이 누워 있고 싶어.'

이러한 마음으로 하루를 시작한다면 자신의 삶을 개선하기 위해 아무리 노력한다고 해도 실패할 것이 뻔하다. 조금이라도 귀찮은 마음이 들면 차선책으로 빠질 준비가 되어 있기 때문이다.

알람을 반복적으로 끄는 것 역시 우리에게 생리적으로 영향을 준다. 프레스콧밸리 수면장애센터의 로버트 로젠버그Robert S. Rosenberg는 다음과 같이 말한다.

알람을 반복해서 끄는 것은 자신에게 2가지 부정적인 일을 하는 것이다. 잠을 조금 더 잘 수는 있겠지만 금방 깨야 하기 때문에 잠의 질이 떨어진다. 또한 새로운 수면 주기를 제대로 마무리하지 못하고 몽롱한 상태로 일어나야 한다. 이로 인해 하루 종일 멍한 상태가 지속될 수 있다.

알람 소리를 듣고 아침에 일어나기 위해 애쓰는 사람들은 대부분 아침이 하루 중 가장 힘든 시간이라고 말한다. 그들이 최대한 늦게 일어나고자 하는 것은 자신의 삶에서 어떤 부분 또는 전체에 스트레스를 느끼고 있기 때문이다. 가기 싫은 직장에 가야 하거나 만나기 싫은 사람을 만나야 할 수도 있다. 때로는 만성 우울증처럼 오기도 하는데, 구체적인 이유는 다양하겠지만 정신, 감정, 마음에 상당한 압박을 준다.

원인이 무엇이든 의욕과 목적이 충만한 아침을 맞이하지 못하는 사람은 정신 건강과 정서적 안녕이 위태로울 수 있다. 악순환의 고리에 빠지기 때문이다. 잠에서 깰 때부터 의욕이 없고, 하루 종일 스트레스로 점철된 생각과 감정 속에서 허덕이다가, 불안하고 우울한 기분으로 잠자리에 든다. 이렇게 우울함의 사이클 속으로 빨려 들어간다.

이럴 때 매일 아침 자기계발 의식을 수행하면, 의도, 목적, 자기 최적화로 무장하고 하루를 시작하기 때문에 우울함의 사이클에 제동이 걸린다. 아침에 일어나 마주해야 하는 일을 근심하면서 잠자리에 드는 대신, 삶을 개선할 수 있는 검증된 루틴으로 하루를 시작하기 때문에 매일 희망과 설렘 속에 잠자리에 들 수 있다.

아침 루틴은 삶의 난관을 뚫고 나갈 수 있는 든든한 범퍼 역할을 한다. 불안과 압박감에 휩싸여 눈을 뜨기보다, 정신적, 신체적, 감정적, 영적 상태를 최적으로 맞추고 하루를 시작하면 어떤 어려운 상황이 와도 헤쳐 나갈 수 있으며, 삶을 즐기고 목표를 훨씬 효과적으로 달성할 수 있다.

잠은 얼마나 자는 것이 좋을까?

《미라클모닝》 초판에서는 충분한 수면의 중요성에 대해 이야기하지 않은 채 두루뭉술하게 넘어갔다. 하지만 수면은 정신적, 육체적, 정서적 건강을 최적화해주는 가장 중요한 수단 중 하나다. 17장에서 좀 더 깊이 설명할 예정이지만, 여기서 잠깐 먼저 이야기하고자 한다.

우리 몸이 최상의 성능을 발휘하기 위해서는 몇 시간을 자는 것이 좋을까? 안타깝게도 수면 전문가들은 누구에게나 공통적으로 적용되는 시간은 없다고 말한다. 미국수면재단National Sleep Foundation 에서 제시하는 지침에 따르면 건강한 성인은 매일 7~9시간 정도를 자는 것이 좋다고 한다. 아기, 어린이, 청소년은 성장과 발달을 위해서 더 많은 시간을 자야 한다. 65세 이상 노인도 7~8시간 이상 잠을 자야 한다.

가장 적절한 수면 시간은 나이, 유전적 특성, 전반적인 건강 상태, 운동량, 식습관, 스트레스, 저녁 루틴가장 중요한 요인은 저녁 식사 시간을 비롯하여 다양한 변수에 따라 달라진다. 6~7시간 자는 것으로 충분한 사람도 있지만 8~9시간을 자야 하는 사람도 있다.

나이와 유전적 요인은 우리가 통제할 수 없는 것이지만 식습관,

운동, 저녁 루틴은 우리가 제어할 수 있다. 예컨대 방부제, 인공 조미료, 색소, 농약, 과도한 설탕이나 탄수화물이 들어간 음식, 가공식품 등으로 끼니를 채우는 사람은 그러한 음식의 해로운 작용에 대응하고 해독하기 위해 더 많이 자야 할 수 있다.

또한 저녁 식사를 한 지 1~2시간도 되지 않아 잠자리에 들면, 우리 몸은 소화하는 데에 계속해서 에너지를 써야 하기 때문에 편안하게 잠들기 어렵고 잠을 자는 동안 온전히 휴식을 취하고 활력을 충전하기 어렵다.

반면, 유기농 과일, 채소, 고기 등 건강에 좋고 영양이 풍부한 천연 식재료로 이루어진 식단을 섭취하면 잠을 조금 덜 자더라도 충분히 에너지를 보충하고 최적의 몸상태로 일어날 수 있다. 또한 잠자리에 들기 전 최소 몇 시간 정도의 간격을 두고 저녁 식사를 하면 우리 몸이 소화를 완전히 마친 뒤 잠을 자기 때문에 훨씬 가볍고 편안하게 휴식을 취하고 활력을 충전할 수 있다.

무수한 연구와 전문가들의 주장이 각기 다르기 때문에 사람마다 적절한 수면의 양이 얼마나 되는지 말하는 것은 어렵다. 대신 나의 개인적인 경험과 실험을 토대로 얻은 사실과 역사적으로 위대한 인물들의 수면 습관을 연구한 결과를 여기서 알려주고자 한다. 물론 여기서 말하고자 하는 나의 조언은 다소 논란이 있을 수 있다.

더 활기차게 일어나는 방법

적절한 수면 시간을 찾기 위해 나는 각각의 시간을 달리하여 스스로에게 실험을 했다. 그 결과 전혀 예상치 못한 사실을 발견했다. 아침에 느끼는 감정은 얼마나 잠을 자면 좋을지 또 아침에 기분이 어떠할지 생각하기에 따라 달라진다는 것이다. 다시 말해 아침에 일어날 때 느끼는 감정은 실제로 잠을 얼마나 잘 잤느냐 하는 것이 아니라 몇 시간을 자야 충분하고 아침에 어떤 느낌을 느끼려고 하는지에 따라 결정된다.

예컨대, 충분히 피로를 풀기 위해서는 8시간을 자야 한다고 생각하는 사람이 밤 12시에 자서 아침 6시에 일어나는 경우를 떠올려보자. 그는 이렇게 생각할 가능성이 높다.

'6시간밖에 못 자면 아침에 일어나기 힘들 것 같은데.'

그렇게 잠이 든 뒤, 알람이 울리고 일어나야 한다는 것을 깨닫는 순간 어떤 느낌이 들까? 의식 속으로 가장 먼저 스며드는 생각은 무엇일까? 거의 예외 없이 잠자리에 들기 직전에 했던 생각이다.

'아, 생각했던 대로네. 6시간밖에 못 자니 몸이 너무 피곤해.'

사실 이것은 자기실현이다. 자기파괴적 예언이 실현된 것이다. 아침에 피곤할 것이라고 자신에게 말함으로써, 피곤함을 느끼도록 스스로 설정하는 것이다. 체력을 회복하기 위해 8시간은 자야 한다고 생각한다면, 그렇게 하지 못했을 경우 늘 무기력할 것이다. 하지만 생각을 바꾸면 어떻게 될까?

혼히 '심신의학mind-body medicine' 또는 '생물 - 심리 - 사회 패러다임biopsychosocial paradigm'이라고 하는 의학 분야가 점차 발전하면서, 우리의 생각, 감정, 믿음, 태도가 서로 영향을 주고받을 수 있다는 연구 결과가 계속 나오고 있다. 신경회로를 통해 연결되어 있는 뇌와 몸이 신경전달물질과 호르몬 같은 화학적, 물리적 매개체를 통해 의사소통을 하는데, 이 매개체들은 뇌와 몸 사이에서 신호를 전달하며 호흡, 소화, 통증 감각부터 심박수, 생각, 감정에 이르기까지 일상적인 기능을 제어한다. 이는 우리의 생각과 감정이 곧 몸의 생리적 현상이며 신진대사에 실질적인 영향을 미친다는 것을 의미한다. 하지만 스트레스와 압박을 느끼며 잠자리에 들면 스트레스와 압박을 느끼며 잠에서 깬다는 것을 설명하기 위해 굳이 과학적 연구 결과까지 인용할 필요는 없을 것 같다.

개인적으로 나는 의식적이고 의도적으로 심신 연결을 활용하여 생리학적 힘을 발휘하는 경험을 여러 차례 했다. 교통사고를 당했을 때 다리와 골반이 여러 군데 골절되어 의사들은 내가 다시는 걷지 못할 것이라고 말했다. 그럼에도 나는 걸을 수 있다고 믿기로 결심했다. 나는 명상을 하며, 내 몸이 치유되어 걷는 모습을 머릿속에 그렸다. 흔들리지 않는 믿음과 낙천성으로 나는 다시 걸을 것이라고 확신했다. 교통사고가 일어나고 3주 뒤 다시 촬영한 엑스레이 검사에서 의사들은 놀랄 수밖에 없었다. 불가능하다고 생각했던 일이 일어난 것이다.

그날 오후 나는 자리에서 일어나 한 발짝씩 걷기 시작했다. 이후 나는 더더욱 심신의학에 관심을 갖고 공부하여 적용해보기 시작했다.

몇 년 전, 나는 암 치료로 유명한 외과의사이자 베스트셀러 작가인 버니 시겔Dr. Bernie Siegel을 인터뷰한 적이 있다. 40년이 넘는 세월 동안 수천 명의 암 환자를 치료한 그는 자신에게 치료를 받고 살아난 이들 사이에는 공통점이 있다고 말했다. 바로 마음가짐이다. 그들은 특히 자신에게 치유 능력이 있다는 확신이 있었다.

그가 치료한 환자들이 주로 통계적으로 살아남기 어려운 말기 암 환자들이라는 사실을 알면, 더욱 놀라울 수밖에 없다. 반대로 훨씬 덜 치명적인 암을 앓는 무수한 환자들이 스스로 치유될 수 있다는 믿음을 접고 안타깝게 세상을 떠나는 모습도 많이 보았다고 말했다.

과학적 연구, 많은 사람들과 내 자신의 경험을 바탕으로 자신 있게 말할 수 있다. 치유하기 불가능한 것처럼 보이는 치명적인 질병도 마음가짐으로 이겨낼 수 있다면, 전날의 생각이 수면의 질과 기상 시간의 감정에 영향을 주는 것이 뭐가 어렵겠는가? 이렇게 세운 가설을 검증하기 위해 나는 4시간부터 9시간까지 수면 시간을 바꿔가며 실험했다. 이 실험의 유일한 변수는 수면 시간에 따라 아침에 기분이 어떻게 다를지 설정한 것이었다. 먼저, 잠자리에 들기 전에 잠을 충분히 못 자서 아침에 일어났을 때 몸이 피곤할 것이라고 나 자신에게 되뇌었다. 이러한 믿음은 곧 자기실현적 예언이 되었다.

수면 시간	4시간	5시간	6시간
암시 내용	충분한 잠을 자지 못했기 때문에 아침에 피곤할 것 같다.		
결 과	피곤한 기상	피곤한 기상	(예상대로) 피곤한 기상

4시간 자고 일어났을 때, 피곤한 기분이 들었다.

5시간 자고 일어났을 때, 피곤한 기분이 들었다.

6시간을 자고 일어났을 때, 마찬가지로 피곤한 기분이 들었다.

7시간, 8시간, 심지어 9시간을 자도 아침에 알람이 울릴 때의 기분은 크게 달라지지 않았다. 잠이 부족해서 아침에 피곤할 것이라고 나 자신에게 말한 그대로의 기분이었다.

그런 다음 주문을 바꿔서 똑같은 실험을 진행했다. 몇 시간을 자든 아침에 눈을 뜰 때 활력과 흥분을 느낄 것이라고 확신하기 위해 다음의 내용을 되뇌었다.

"오늘 밤 _____시간 잠을 잘 수 있어 감사하다. 놀라운 능력을 가진 내 마음과 몸에게 작은 부탁을 하자면, _____시간 수면을 통해 엄청난 에너지를 만들 수 있기를 바란다. 내 생각이 생리 작용에 영향을 미친다는 것을 알고 있다. 내일 아침 활기차고 신나는 기분으로 일어나 미라클모닝을 수행해보자."

9시간, 8시간, 7시간, 6시간, 5시간, 4시간, 얼마를 자든 잠자리에 들기 전 이 문장을 암송하고 잠들었을 때에는 예외 없이 최상의 컨디션으로 깨어났다. 물론 믿기지 않을 수 있으니 여러분이 직접 실험해보기 바란다.

수면 시간	4시간	5시간	6시간
암시 내용	오늘 밤 나에게 _____ 시간이라는 충분한 잠을 주셔서 감사합니다.		
결　과	그 어느 때보다 좋은 컨디션!		

분명히 말하지만 나는 지금, 자기 암시를 하기만 하면 충분히 잠을 자지 않아도 된다고 말하는 것이 아니다. 일정 시간 이상 꾸준하게 숙면을 취하는 것은 우리 뇌와 몸이 최적의 상태를 유지하기 위한 매우 중요한 습관이다. 수면 부족은 신체적, 정신적, 정서적으로 치명적인 결과를 가져올 수 있다.

내가 여기서 말하고자 하는 것은 **잠자리에 들기 전 자신에게 암시하는 메시지에 따라 아침에 느끼는 감정이 달라진다**는 것이다. 몇 시간 자든 매일 아침 활기차고 신나게 깨어나는 것은 자신이 선택할 수 있는 일이므로 아침의 기분은 자신의 책임이다.

그렇다면 우리는 몇 시간을 자는 것이 좋을까? 알 수 없다.

17장에서 최적의 수면을 위한 취침 시간 루틴을 자세히 설명한다. 그 방법에 대해 더 깊이 알고 싶다면 숀 스티븐슨의 《스마트 슬리핑Sleep Smarter》를 읽어보기 바란다. 내가 좋아하는 책이자, 수면에 관하여 가장 잘 정리된 책이다.

매일 아침을 크리스마스처럼 일어나는 비결

지금까지 살면서 아침이 빨리 오기만 기다려졌던 때가 있었는가? 그토록 고대하던 학교에 처음 등교하는 날, 몇 달 동안 기다렸던 휴가를 떠나는 날, 새 직장에 처음 출근하는 날, 결혼식날, 생일날일 수도 있겠다. 개인적으로 나는 어릴 적 크리스마스 아침에 눈이 번쩍 떠졌다. 잠을 몇 시간 잤든 상관없었다. 각자 그런 날이 있었을 것이다.

그날이 어떤 날이든 아침이 왔을 때 어떤 기분이 느꼈는가? 잠자리에서 힘겹게 몸을 일으켜야 했는가? 그렇지는 않았을 것이다. 이런 날은 아침이 오기가 무섭게 일어나게 된다. 활력이 넘치고 신이 난다. 순식간에 이불에서 빠져나와 벌떡 일어선다. 곧바로 하루를 시작할 준비가 된다. 매일 아침 이렇게 일어날 수 있다면 우리 삶은 어떨지 상상해보라. 모두가 가능한 일이다.

미라클모닝은 이처럼 활기 넘치는 기분으로 잠에서 깨어나는 아침을 평생 매일 경험하고자 하는 것이다. 잠자리에 들기 전 마음을 가다듬고 단 몇 분을 투자하여 아침에 어떤 기분으로 일어날 것인지 의식적으로 결정하는 일만 하면 된다.

미라클모닝은 목표 의식을 가지고 하루를 시작하는 것이다. 살아야만 하는 하루가 아니라 진심으로 살고 싶은 하루를 만드는 일이다. 상상할 수 있는 것 중에 가장 특별하고, 만족스럽고, 풍요로운 삶을 창조해낼 수 있는 사람이 되기 위해 자기계발에 투자하는 것이다.

물론 자신이 아침형 인간이 아니라고 믿으며 지금까지 살아온 우리 앞에는 마지막 장애물이 여전히 존재할지도 모른다. 그것은 끝까지 뿌리치기 힘든 유혹…. 바로 알람 버튼이다.

05

The Miracle Morning

상쾌한 기상을 위한
5단계 전략

아침에 알람 버튼을 끄고 또 잔다는 것은

마치 '일어나기 싫으니

일어나는 것을 계속 반복하겠다'라고 말하는 것과 같다.

— 드미트리 마틴Demetri Martin

"안녕하세요, 저는 할 엘로드이고, 알람 중독에서 회복 중입니다. 마지막으로 알람 버튼을 끄고 다시 잠들었던 건 15년 3개월 12일 전입니다."

농담이 아니다. 실제로 이 장에서 설명할 5단계 전략을 몰랐다면 나는 아직도 알람 버튼을 끄며 아침에 뒤척거리고 늦잠을 자는 습관을 지금까지 버리지 못했을 것이다. 물론 아직까지 나는 아침형 인간이 아니라는 신념에도 사로잡혀 있었을 것이다. 이 잘못된 습관과 생각을 극복할 수 있는 방법에 대해 이야기해보자.

사실 일찍 일어나는 것을 진정으로 좋아하는 사람은 없다. 다만 일찍 일어났을 때 느끼는 상쾌함을 좋아하는 것이다. 운동도 마찬가지다. 사람들이 좋아하는 것은 운동 그 자체보다는 운동을 마친 뒤의 개운함이다.

새로운 습관을 들이는 일 역시 처음에는 유쾌하지 않고 힘들기만 하다. 하지만 습관이 완전히 자리 잡고 그 유용함을 경험하고 나면 몸이 적응하면서 유쾌해지고, 오히려 그렇게 하지 않기가 어렵게 느껴진다. 예컨대 아내는 오랫동안 쉬다가 다시 운동을 시작했다. 처음에는 너무나 힘들어했지만, 익숙해진 뒤에는 체육관에 가는 것이 즐거울 뿐만 아니라 기다려진다고 말한다. 나 역시 아침 일찍 일어나 미라클모닝을 수행하는 것이 너무 좋다. 오랜 시간 내 삶에 깊게 뿌리내렸고, 여전히 삶의 질을 높여주고 있기 때문이다. 이제 하루라도 거르는 것은 상상하기 어렵다.

일찍 일어나기 시작하면서 나는 한 가지를 깨달았다. 생산적이지 않은 저녁 시간을 매우 생산적인 아침 시간과 맞바꿀 수 있다는 것이다. 밤늦게까지 TV를 보거나, 소셜미디어를 뒤적이거나, 술을 마시거나, 정신을 멍하게 만드는 활동을 하는 대신 일찍 잠들고 일찍 일어나는 것은 하루 끝의 찌꺼기를 잘라내고 생산적인 아침의 이익을 얻는 것이다. 미라클모닝은 수면을 방해하지 않는다. 미라클모닝을 수행하면 잠자는 시간은 더 이상 시간 낭비가 아니며 하루 중 가장 소중한 자원이 된다.

아침에 일어나고자 하는 의욕을 높여라

전형적인 아침 풍경을 떠올려보자. 알람이 울리는 순간, 잠에서 깨어나 몸을 일으키게 만드는 의욕을 10점 만점으로 평가한다면 몇 점 정도 될까?

이 점수를 나는 기상의욕등급WUML: Wake-Up Motivation Level이라고 부른다. 완전히 하루를 시작할 준비가 된 상태를 10점이라고 하고 다시 잠드는 것을 1점이라고 해보자. 처음 눈을 떴을 때 대부분 1~2점에 머문다. 알람을 끄고 다시 잠들고 싶은 반수면 상태가 가장 자연스러운 수준이다. 수면에도 관성이 작동하기 때문이다.

결국 우리가 해결해야 할 문제는 아침에 눈을 떴을 때 최대한 빠르게 기상의욕등급을 1~2점에서 10점으로 끌어올리는 것이다.

그 해법은 한 번에 한 단계씩 끌어올리는 것이다.

기상의욕등급을 끌어올리기 위한 5단계 전략

아침에 눈을 떴을 때 알람을 끄고 다시 잠들지 않게 해주는 간단한 5단계 방법을 소개한다.

1단계: 잠자리에 들기 전 긍정적인 다짐과 암시를 하라

성공적인 아침을 맞기 위해 가장 먼저 기억해야 할 것은 다음 문장이다.

아침에 처음 떠오르는 생각은 잠들기 전에 마지막으로 했던 생각이다.

정신적, 감정적 상태도 마찬가지다. 걱정이나 스트레스나 압박 감을 느끼면서 잠들면 일어날 때도 유사한 생각과 감정을 느낄 확률이 높다. 잠들기 전의 상태는 잠을 자는 동안 무의식에 부담을 줄 뿐만 아니라 눈을 뜰 때 기분에도 영향을 미친다. 따라서 잠들 때 어떤 생각을 할지 의지를 갖고 선택해야 한다는 것은 충분히 근거가 있는 말이다.

좋은 기분으로 눈을 뜨기 위해서는 잠들기 전에 의식적으로 생각을 설정해 놓아야 한다. 자세한 방법은 17장에서 설명한다.

잠들기 전 하는 작업은 생각보다 큰 영향력을 발휘하기 때문에 절대 간과해서는 안 된다. 아침에 느끼는 기분은 대부분 잠을 자면서 느끼는 상태와 같고, 잠을 자는 동안 느끼는 상태는 자기 전의 상태와 같다. 이것은 과장이 아니다. 매일 밤 단 몇 분만 투자하면 활기차고 신나는 기분으로 아침에 눈을 뜰 수 있다.

2단계: 알람 시계를 최대한 멀리 두기

아침에 바로 일어나기 위한 가장 쉽고 효과적인 전략은 단순하다. 알람 시계를 잠자리에서 최대한 멀리 두는 것이다. 나는 화장실 세면대에 놓아둔다. 이렇게 하면 알람이 울리자마자 잠자리에서 일어나 즉시 움직일 수 있다. 몸을 움직이면 에너지가 생성되고, 알람을 끄기 위해 걸어가는 동안 자연스럽게 잠이 깬다.

이는 다른 관점에서도 접근할 수 있다. 어쨌든 잠자리에서 일어나 두 발로 서는 순간, 일어나고자 하는 의욕도 증가한다. 알람을 끄기 위해 걸어가야만 하는 동안 기상의욕등급은 1에서 2, 3으로 금방 올라간다. 그럼에도 여전히 하루를 시작할 준비가 되어 있지 않다고 느낀다면 다음 단계로 넘어가보자.

3단계: 양치질하기

3단계 이야기를 듣고 당신이 무엇이라고 말할지 알고 있다.

"지금 이를 닦으라고 한 거 맞지? 입안을 청결하게 하는 것이 아침에 일어나기 위한 해법이라는 거지?"

당신의 목소리가 들리는 것만 같다. 물론 꼭 양치질이 아니어도 좋다. 여기서 핵심은 아무 생각 없이 할 수 있는 활동을 하라는 것이다. 몸을 계속 움직이는 동안 정신이 깨어날 수 있는 시간을 주는 것이다.

알람을 끈 뒤 곧바로 세면대 앞에 서서 간단하게 양치질을 하라. 양치를 하는 동안 얼굴에 차가운 물을 뿌리면 더 빨리 잠이 달아날 것이다(따뜻한 물을 뿌려도 좋다). 이 단순한 활동은 몸이 적응할 수 있는 시간을 확보해준다. 그동안 기상의욕등급은 2~3에서 3~4로 올라갈 것이다. 입안이 상쾌해지면 기분도 더 좋아질 것이다. 이제 수분을 보충할 시간이다.

4단계: 물 한 잔 마시기

느끼지 못하는 사람도 있겠지만, 6~8시간 동안 물을 마시지 않으면 우리 몸은 약간의 탈수 증세를 보인다. 탈수증은 피로를 유발한다. 피곤함이 느껴질 때 우리에게 가장 필요한 것은 수면이 아니라 수분이다.

당연한 말이지만 잠을 자는 동안에는 물을 먹을 수 없다. 연구에 따르면 우리는 자는 동안 땀을 계속 흘리고, 숨을 내쉴 때마다 수증기를 배출한다. 따라서 최소한 1리터 정도의 수분이 몸에서 빠져나간다고 한다. 그러므로 잠에서 깨어나면 가능한 한 빨리 수분을 보충해주는 것이 좋다.

아침에 일어나자마자 커피를 마시는 사람도 있는데 이는 좋은 선택이 아니다. 커피는 이뇨 작용으로 인해 탈수 증세를 강화하기 때문에 오히려 수분 보충을 방해한다. 물론 아침 커피를 아예 포기하라는 말은 아니다. 물 한 잔을 먼저 가득 채워 마시고 난 다음에는 커피를 마셔도 무방하다.

수분을 보충하는 것만으로도 신진대사를 증진하는 데 큰 도움이 되지만, 여기에 활력을 더하고, 간을 해독하고, 더 나아가 몸무게를 감량하고 싶다면 물에 신선한 레몬주스를 탄 뒤 히말라야에서 나오는 천일염 한 꼬집을 넣어주면 좋다. 이 혼합물은 비타민C와 함께 최대 84가지 필수 미네랄과 전해질을 보충해주며, 면역력을 강화하고 원기를 회복하는 데 도움을 준다.

나는 아침에 일어나자마자 바로 마실 수 있도록 잠자리에 들기 직전 침대 옆 탁자 위에 물을 한 잔 올려놓는다. 아침에 이를 닦고 난 뒤 바로 절반 정도를 마시고, 나머지는 나눠서 마신다. 물 한 잔을 마시고 나면 기상의욕등급은 3~4에서 5~6으로 올라간다.

5단계: 운동복 입기

마지막으로 운동하기 편한 옷을 입는다. 이제 정신을 차리고 미라클모닝 루틴을 시작해야 하기 때문이다(미라클모닝 루틴 중에는 운동이 있다는 것을 기억하라). 주섬주섬 옷을 입는 동안 몸과 마음은 더 깨어나며 기상의욕등급은 6~7로 높아질 것이다. 이제 완전히 잠에서 깨어나 하루를 시작했다는 신호가 의식과 무의식에 명확하게 전달될 것이다.

● ▲

이 모든 단계를 실행하는 데에는 몇 분 정도 걸리겠지만, 기상의욕등급이 자연스럽게 올라가면서 정신은 또렷해지고 미라클모닝을 수행할 수 있는 에너지가 솟아난다. 알람이 울리자마자 자리에서 일어나 곧바로 미라클모닝을 수행하려 하다가는 실패할 확률이 높다. 기상의욕등급이 여전히 1에서 맴도는 상태로 수행을 하면 다시 잠들고 싶은 유혹에 넘어갈 확률이 높다.

미라클모닝 커뮤니티에서 공유되고 있는 꿀팁

많은 사람들이 5단계 전략의 도움을 받았지만 이것만이 유일한 해법은 아니다. 미라클모닝 커뮤니티의 회원들은 내가 제시한 루틴을 각자 상황에 맞게 최적화하고, 자신이 만들어낸 해법을 공유하면서 서로 지지하고 응원한다. 미라클모닝 커뮤니티에 올라온 몇 가지 유용한 요령을 소개한다.

진동 알람 사용하기

알람 소리로 다른 가족의 아침잠을 방해할 수 있는 경우에는 창의력을 발휘해야 한다. 그런 사람들을 위해 진동으로 울리는 알람 시계가 있다. 가장 기본적인 옵션은 2가지인데, 손목시계처럼 손에 차고 잘 수 있는 웨어러블 기기와 베개 밑에 넣어두는 진동팟이다. 온라인 검색창에서 진동 알람 시계를 검색하면 다양한 상품을 찾을 수 있다.

히터에 타이머 설정하기

아침에 너무 추워서 이불 속에서 나오기 힘들 때 유용한 팁이다. 커뮤니티의 한 회원이 침대 옆에 휴대용 히터를 두고 알람이 울리기 15분 전에 켜지도록 설정한 뒤 잠을 잔다는 팁을 공유했다. 그러면 잠에서 깨어났을 때 방 전체가 따뜻해서 이불 속으로 파고들고 싶은 유혹을 덜 느낀다. 실제로 이러한 장치는 큰 변화를 가져다주었다고 한다.

침대 옆에 카페인 두기

이 팁은 앞에서 설명한 내용과 다소 상반되기 때문에 꿀팁으로 넣을지 말지 고민했다. 하지만 최근 나도 회원들이 공유하는 팁을 반영하여 차를 마시기 시작했다. 분말로 되어 있는 유기농 자스민 녹차를 뜨거운 물 200밀리리터 정도에 타서 탁자 위에 놓아두고 잔다. 이 녹차에는 카페인이 45~55그램 정도 들어 있으며, 건강에 좋은 폴리페놀도 많고, 카페인과 결합하여 효과를 증폭시키는 아미노산 L-테아닌이 함유되어 있다. 연구에 따르면 집중력과 주의력을 높이는 데 효과가 있다고 한다.

알람이 울리면 나는 이 녹차부터 마신 다음 앞에서 설명한 5단계 전략을 수행한다. 그동안 몸속에 들어간 카페인이 활성화되면서 정신이 또렷해지고 활력이 높아진다. 나는 도움이 된다고 생각하는 것은 무엇이든 한다! 물론 수분을 충분히 보충한 다음에 커피를 마시는 것은 상관없다.

상쾌한 기상을 위한 전략은 자신의 상황에 맞게 수정해도 상관없다. 핵심은 기상의 욕등급이 자연스럽게 올라가도록 아무 생각 없이 쉽게 따라 할 수 있는 단계별 전략이어야 한다는 점이다. 단순하면서도 효과적이어야 한다.

망설일 필요 없다! 준비할 것도 없다. 오늘 밤부터 당장 실천해보라. 알람을 최대한 먼 곳에 놓아두고, 잠자리에 들기 전 긍정적인 확언을 암송하고, 일어나자마자 이를 닦고 나서 물을 한 잔 마시고, 운동복을 입으면 된다. 이제 미라클모닝 루틴에 대해서 자세히 알아보자.

06

The Miracle Morning

성공이란 내 수준에 맞게 끌리는 어떤 것이다.

—짐 론 Jim Rohn

운명을 바꾸는
미라클모닝 6단계 루틴

특별한 삶이란 가장 중요한 영역에서
매일매일 지속적인 개선을 이뤄내는 것이다.

—로빈 샤르마Robin Sharma

스트레스, 근심 걱정, 무력감, 좌절, 불만족과 같은 불쾌한 몇몇 단어들은 안타깝게도 평범한 사람들이 자신의 삶에 대해 자주 느끼는 감정을 묘사하는 단어들이다.

물론 삶이 힘든 사람도 있고, 자신이 처한 상황을 불공평하다고 느끼는 사람도 있을 것이다. 하지만 우리는 누구나 자신이 헤쳐나가야 할 몫을 타고나는 법이다. 곁에서 도와주고 지지해주는 가족이 있다면 좋겠지만 그런 운은 누구나 타고나는 것이 아니다. 기회 역시 누구에게나 똑같이 주어지지는 않는다.

하지만 누구든 자신의 능력을 최대한 구현하여 '최고의 나'가 될 수 있다. 물론 '최고의 나'의 형태는 사람마다 다르겠지만, 어쨌든 세상에서 내가 통제할 수 있는 유일한 것이라는 사실은 틀림없다. '나'는 시간과 에너지를 쏟아야 하는 유일한 대상이다.

시간을 되돌려 과거를 바꾸는 것은 불가능한 일이다. 그러한 노력은 시간과 에너지 낭비일 뿐이다. 내가 만들어낼 수 있는 유일하게 의미 있는 변화는 스스로의 잠재력을 최대한 발휘하는 것이다. 그건 지금 당장 시작할 수 있다.

현실과 이상의 괴리

현재의 나 그리고 **내가 이룰 수 있는 나** 사이에는 얼마나 차이가 있을까? **현재의 삶**과 **내가 살고 싶은 삶** 사이에는 얼마나 차이가 날까? 내가 도달하지 못한 수준의 성공을 일궈낸 사람을 보면서, 그들은 내가 모르는 어떤 **비법**을 알아서 성공한 것 아닐까 의심해본 적 있는가? 나도 그런 비법을 알았다면 그 사람 못지않은 성공을 했을지 모른다고 생각한 적 있는가?

우리는 대부분 '내가 이룰 수 있는 나'가 아닌 '현재의 나'로 살아간다. 의욕, 노력, 결과 부족에 허덕이며 늘 좌절을 익숙하게 느낀다. 내가 원하는 결과를 얻기 위해 어떤 행동을 해야 하는지는 알고 있지만 그것을 행동으로 옮기지는 못한다. 아는 것을 행동으로 옮기는 것이 옳다는 것은 알지만, 애써 무시하고 모른 척 살아간다. 그렇지 않은가?

물론 현실과 이상 사이의 괴리는 사람마다 그 크기가 다를 것이다. 능력을 최대한 발휘하기 위해 이미 최선을 다하고 있지만 최적의 방법을 찾지 못해 아직 효과를 보지 못한 사람도 있을 것이고, 반대로 자신의 능력을 시험해본 적이 없어서 무엇부터 시작해야 할지 모르는 사람도 있을 것이다. '내가 이룰 수 있는 나'가 되기 위해 거대한 협곡을 건너야 하는 사람도 있을 것이고, 협곡은 건넜지만 마지막 턱에 걸려서 절벽을 오르지 못하고 매달려 있는 사람도 있을 것이다. 어떤 상황에 있는 사람이든 '내가 이룰 수 있는 나'가 서 있는 봉우리에 오르기 위해서는 무언가 돌파구가 필요하다. 바로 그 돌파구가 되어줄 6가지 습관을 이 장에서 소개한다.

내게 주어진 삶을 구해낼 시간이 왔다

가장 효과적인 자기계발 방법, 내 삶을 가장 빠르게 변화시킬 수 있는 방법은 무엇일까? 단 하나만 고르기는 어려웠다. 나는 최대한 좁히고 좁혀 명상, 확언, 시각화, 독서, 기록하기, 운동을 꼽았다. 이 여섯 가지를 모두 수행할 수 있다면 얼마나 강력한 효과를 발휘할까? 상상하는 순간 환희가 느껴졌다.

이 책을 쓰면서 6가지 수행 방법을 하나로 묶어서 부를 수 있는 멋진 이름이 있으면 좋겠다고 생각했다. 어느 날, 어슐라에게 좋은 아이디어가 없을까 물었다. 고민하는 나를 보며 그녀는 즉각 해법을 제시했다. 그녀는 언제나 해결사 역할을 한다.

"동의어 사전에서 비슷한 말, 대체할 수 있는 말들을 늘어놓고, 앞글자를 따서 기억하기 쉬운 단어로 만들어 봐."

정말 멋진 아이디어였다. 그녀의 명석함을 칭찬하며 키스하고는 다시 컴퓨터로 돌아왔다. 동의어 사전을 들춰보면서 여러 가지 단어를 조합한 끝에 다음과 같은 목록을 만들어 냈다.

Life SAVERS

- **S**ilence 명상
- **A**ffirmations 확언
- **V**isualization 시각화
- **E**xercise 운동
- **R**eading 독서
- **S**cribing 기록하기

'구원자/아껴주는 것'을 의미하는 SAVERS라는 단어는 정말 기발하면서도 의미가 적절하다고 느껴졌다. 삶을 구해주는 6가지 자기계발 방법! 실제로 이 6가지 수행 방법은 문자 그대로 내가 그토록 갈망했던 삶을 살 수 있도록 구해준 구원자였다. 물론 이 6가지 항목은 새로운 것이 아니다. 우리 모두 알고 있는 것들이다. 하지만 세계에서 가장 성공한 삶을 산 무수한 사람들이 시대를 초월하여 입증한 방법이다. 이들 중 하나만이라도 지속적으로 수행하면 의식이 고양되고 더 나은 자신이 될 수 있다. 고대로부터 내려온 최고의 수행 방법 6가지를 모두 따라 하면 어떻게 될까? 자기계발과 변화의 속도가 훨씬 빨라질 것이다.

명상, 확언 암송, 시각화라는 단어에 어떤 선입견을 가진 사람도 있을 것이다. 특히 부정적인 인상을 받는 사람도 있을지 모른다. 하지만 그러한 인상에 속아서는 안 된다.

이 놀라운 수행 방법은 그동안 부적절하고 때로는 악의적인 방식으로 오용되어 왔다. 예컨대 '나는 부자다' 또는 '나는 행복하다'처럼 현실과 전혀 다른 사실을 긍정하는 것은 아무 효용이 없다. 자신을 속이는 것에 불과하지 않은가? 이러한 행동에 대해 의구심이 드는 것은 당연하다. 하지만 나는 이 책을 읽으면서 잠시 의심을 보류하고 열린 마음으로 조금만 인내해주기를 바란다. 내가 앞으로 제시할 6가지 방법은 반드시 결과로 이어지는 실용적이며 효과적인 수행이다.

미라클모닝의 가장 큰 장점 중 하나는 6가지 강력한 자기계발 방법을 언제 어디서나 아주 간단하고 쉽게 수행할 수 있다는 것이다. 매일 아침 1시간, 혹은 정말 시간이 없다면 딱 6분만 투자하면 된다. 참고로 미라클모닝 수행자 중 70퍼센트는 1시간을 투자하고, 20퍼센트는 30분을 투자하며, 나머지 10퍼센트는 상황에 따라 자유롭게 시간을 투자한다. 60분을 투자하든 6분을 투자하든, 중요한 것은 일어나자마자 자기계발 루틴 6가지를 모두 수행하고 하루를 시작하는 것이다.

다음 장부터는 6가지 자기계발 방법을 하나씩 설명하고, 이 모든 루틴들을 하나로 결합해서 훨씬 큰 잠재력을 끌어내는 법을 보여준다. 이 잠재력을 활용하여 삶의 모든 문제들을 변화하고 개선하고 완전히 바꿀 수 있다.

07

The Miracle Morning

1시간 침묵 속에서 배우는 것이
1년 동안 책에서 배울 수 있는 것보다 훨씬 많다.

—매튜 켈리|Matthew Kelly

삶의 목적을 찾는 침묵 명상
Life SAVERS-Silence

고요한 마음속에서 영혼은 더 밝은 길을 찾아내며,
우리 눈앞에 아른거리는 모호한 형상들은
수정 같은 명징함으로 다시 태어난다.

―마하트마 간디|Mahatma Gandhi

우리의 삶은 그 어느 때보다 시끄럽다. 눈을 뜨는 순간부터 잠자리에 들 때까지 우리는 대부분 과도한 자극에 노출되고 압도되어 산만한 상태로 살아간다.

SAVERS의 첫 번째 수행은 침묵 명상이다. 빠르게 변화하는 라이프 스타일에 대응하는 가장 중요한 수행이라 할 수 있다. 명상은 단순한 침묵이 아니라 의도적인 침묵이다. 그냥 시간을 보내기 위한 침묵이 아니라, 목적을 갖고 일정 시간 침묵하는 것이다. 의도적으로 침묵하는 동안 자기인식이 강화될 뿐만 아니라, 가장 심오한 통찰과 아이디어를 만날 수 있다.

과거에는 이 같은 조용한 사색의 순간을 일상 속에서 늘 경험할 수 있었다. 줄을 서서 기다리거나, 공항에 앉아 있거나, 산책을 하거나, 버스 안에서 창밖을 바라보면서 머릿속에서 들려오는 소리에 귀 기울일 수 있었다. 하지만 지금은 스마트폰으로 인해 사람들이 흔히 '심심함'이라고 부르는 고독을 즐길 기회가 거의 사라졌다. 문자 메시지를 보내고, 게임을 하고, 이메일을 확인하고, 동영상을 보고, 쇼핑을 하고, 소셜미디어를 무심코 스크롤한다. 이 디지털 기기 때문에 자신의 생각과 놀 수 있는 여유가 사라졌다. 안타깝게도 현대사회는 우리 삶에 깃들어 있던 평화롭고 목적이 있는 침묵의 심오한 가치와 혜택을 빼앗아버린 듯하다.

아침을 어떻게 시작하는가?

잠에서 깨어나자마자 하루를 살아낼 수 있는 힘을 쌓기 위해 중심을 잡고 정신적, 감정적, 영적으로 최적의 상태를 만드는 데 시간을 투자하는가? 아니면 뭔가 해야 할 일이 생길 때까지 자리에서 뒤척이면서 일어나자마자 스마트폰을 들여다보며 엄청난 외부 자극에 자신을 노출시키는가?

IDCInternational Data Corporation가 실시한 연구조사에 따르면 스마트폰 사용자의 80퍼센트가 잠에서 깬 지 15분 이내에 스마트폰부터 확인한다고 한다. 그중 대다수는 눈을 뜨자마자 스마트폰을 확인한다. 신경학 전문 정신과 의사 니콜 벤더스-하디Nikole Benders-Hadi 박사는 이렇게 경고한다.

눈을 뜨자마자 스마트폰을 들여다보는 행동은 스트레스 수준을 높일 뿐만 아니라 우리에게 세상에 압도당하는 느낌을 줄 확률이 높다.

일어나자마자 스마트폰을 들여다본다는 것은 아침부터 바쁘게 움직여야 한다는 뜻이거나 삶이 느슨하고 비생산적이이라는 뜻이다. 물론 2가지 모두 뒤섞여있을 수도 있다. 말하자면 일어나자마자 일상으로 곧바로 뛰어들거나 또는 일상에 바로 뛰어들지 못하고 허우적거린다는 것이다.

눈을 떴을 때 많은 사람들의 머릿속은 오늘 해야 할 일, 어제 끝내지 못한 일, 끝나지 않는 할 일 목록, 가야 할 목적지, 만나야 할 사람, 최근 배우자와 다툰 일 등에 대한 생각으로 가득 차 있다. 이런 것들은 대부분 스스로 통제할 수 없는 일이다. 따라서 우리는 자연스럽게 자신의 삶을 통제할 수 없다는 무기력함을 느끼고, 여기서 나오는 스트레스와 불안이 일상을 지배한다.

또 어떤 사람들에게는 아침에 일어나는 것 자체가 힘겨운 싸움일 수 있다. 아침에 눈을 떴을 때 몸이 찌뿌둥하고 나른하고 멍해서, 정신을 차리고 몸을 일으키기까지 시간이 걸릴 수 있다. 하지만 이는 하루를 시작하고 목표를 달성하는 가장 생산적인 방법과는 거리가 멀다.

다행스럽게도 아침을 맞이하는 더 좋은 방법이 있다. 미라클모닝은 마음을 차분하게 하고, 신경계를 진정시키고, 스트레스를 낮추고, 평화로운 느낌을 주고, 정신적, 감정적 안녕을 개선한다. 삶에서 가장 중요한 것에 집중할 수 있도록 지속적으로 명료한 사고를 하게 한다.

명상의 장점은 오래전부터 잘 알려져 왔다. '명상' 또는 '기도'의 형태로 역사상 위대한 업적을 남긴 사람들 중에는 의도적인 침묵을 활용하여 한계를 초월하고 놀라운 결과를 만들어 낸 이들이 많다. 트레버 블레이크는 《단순한 3단계Three Simple Steps》에서 다음과 같이 말한다.

자수성가한 사람들의 이야기를 읽으면서 나는 그들 대부분이 빡빡한 일정에서 빠져나와 조용히 앉아서 명상을 한다는 놀라운 사실을 깨달았다. 그들은 문제에 대한 고민을 멈췄을 때 오히려 가장 좋은 아이디어가 떠올랐다고 주장한다. 물론 이러한 과정을 설명하는 방식은 제각각 달랐지만 그것은 당시 사회적으로 용인되는 관념에 따라 다르게 풀어낸 것이다.

아이디어를 떠올리기 위해 사람들의 물결에서 빠져나와 격식과 일상을 멈출 수 있는 시간을 갖는다는 것이 공통점인데, 대개 그 시간은 이른 아침이었다.

의도적인 침묵을 위해 일반적으로 선택할 수 있는 활동으로는 다음과 같은 것들이 있다. 순서는 무작위로 나열했다.

- 명상
- 기도
- 감사
- 호흡
- 묵상

이러한 활동은 마음을 차분하게 하고, 내면에서 나오는 지혜를 받아들일 수 있는 공간을 열어준다. 그리고 앞으로 수행할 SAVERS의 효과를 더 민감하게 느끼고 경험할 수 있는 마음가짐을 만들어준다.

물론 이러한 활동 중 하나만 수행해도 좋지만, 나는 대부분 여러 활동을 결합하여 수행한다. 예컨대, 미라클모닝 루틴을 항상 감사하는 기도로 시작한 다음, 그날 기분에 따라 5분에서 20분 정도 명상을 한다. 명상은 대개 내 호흡에 집중하며 호흡을 쫓아가는 것으로 가볍게 시작하는데 그러다 보면 자연스럽게 마음도 차분해진다(명상하는 법은 뒤에서 자세히 설명한다).

한 가지 팁을 덧붙이자면 명상할 때 일기장을 곁에 두는 것이 좋다. 명상을 하다 보면 정신이 갑자기 명료해지면서 눈부신 아이디어가 번쩍일 때가 있는데 이는 내 삶에 매우 귀중한 통찰을 준다. 그것이 사라지기 전에 빨리 일기장에 기록해야 한다.

SAVERS는 침실이 아닌 다른 공간에서 하는 것이 좋다. 침대가 곁에 있으면, 조용히 앉아서 명상을 하다가도 조금씩 몸이 흐트러지면서 다시 누워 잠을 자고 싶은 유혹을 강하게 느낄 것이다. 이런 유혹을 떨쳐버리기 위해 나는 거실 소파에 앉아 미라클모닝을 수행한다. 나는 미라클모닝을 수행할 수 있는 최적의 환경으로 거실을 꾸며놓았다. 일기, 요가 매트, 긍정 확언, 지금 읽고 있는 책을 늘 같은 곳에 놓아두어 언제든 SAVERS에 몰입하고 집중할 수 있도록 준비해 놓는다.

명상하기

명상을 종교적인 수행이라고 생각하는 사람이 많지만 명상은 정신적, 정서적, 생리학적으로 상당히 장점이 많은 건강 수행법이다. 지금 이 글을 쓰면서 검색해보니, 명상이 건강에 이롭다는 것을 과학적으로 입증한 연구가 최소 1,400개 이상이다. 명상을 오래 하면 두뇌 활동, 신진대사, 혈압 등 다양한 신체 기능이 개선된다. 또한 스트레스와 불안을 낮춰주고, 육체적 고통을 완화하고, 더 깊이 잠을 잘 수 있도록 도와주고, 기분을 좋게 해주며, 주의력과 집중력을 향상시키고, 심지어 수명까지 늘려준다. 사실 내가 명상을 본격적으로 시작한 것은, 포춘 선정 500대 기업의 CEO들이 자신의 직업적, 경제적 성공을 명상 덕분이라고 말하는 기사를 우연히 읽고 난 뒤였다.

명상을 하는 방법과 기술은 물론 다양할 수 있는데 크게 보면 2가지 방식으로 구분할 수 있다. 가이드를 따르는 명상과 자기주도 명상이다. 가이드를 따르는 명상은 말 그대로 다른 사람의 지시를 따라 생각하고 집중하고 인식하는 것이다. 예전에는 이러한 가이드를 받기 위해 명상 교실을 찾아가야 했지만 지금은 유튜브에서 명상 가이드를 쉽게 찾을 수 있으며 캄Calm, 헤드스페이스

Headspace, 미라클모닝Miracle Morning 같은 스마트폰 앱을 활용해도 된다. 자기주도 명상은 이러한 가이드 없이 혼자 자유롭게 하는 명상이다.

지난 15년 동안 나는 수많은 종류의 명상을 탐구하고 실험하면서 가장 효과적인 방법을 찾아내기 위해 노력했다. 앞에서도 말했듯이 나의 최대 관심사는 실용적이고 실행 가능하며 눈에 보이는 결과를 만들어내는 것이다. 여기서는 명상을 한 번도 해보지 않은 사람도 쉽게 따라 할 수 있는 단계별 자기주도 명상을 소개한다.

감정 최적화 명상

많은 명상 기법이 마음을 또렷하게 하고, 생각을 관찰하고, 호흡을 따라가는 데 초점을 맞추는 반면 (물론 이것은 모두 효과적인 기법이다), 감정 최적화 명상Emotional Optimization Meditation은 경험하고자 하는 마음이나 감정 상태를 의식적으로 선택하려고 하는 명상이다. 원하는 감정 상태를 찾아낸 뒤 명상을 통해 그것을 신경계에 연결하는 것이다.

우리는 누구나 기분 좋고, 행복하고, 차분하고, 활기차고, 신나기를 원한다. 겸손, 감사하는 마음, 자신감과 의욕이 넘치는 상태를 유지하고 사랑받는 기분을 느끼고 싶어 한다. 문제는 이러한 내면의 느낌들이 외부 상황에 따라 너무나 쉽게 흔들린다는 것이다. 내면이 흔들리는 것은 사실, 우리 스스로 외부요인이 나에게 영향을 미치도록 허용하기 때문이다. 때로는 나를 향한 것이 아닌 외부요인에도 영향을 받는 경우가 많다. 따라서 이 명상은 외부요인 또는 지금까지 익숙해져 있던 과거의 느낌이 나에게 영향을 미치지 않도록 차단하고, 내가 원하는 느낌을 스스로 선택하는 것을 목표로 한다.

우리가 선택할 수 있는 감정 상태로는 내면의 평화, 해방감, 자기애, 용서, 포기, 자신감 등 다양할 수 있다. 또 살다 보면 상황에 따라 특별한 감정을 이끌어내야 할 때도 있다. 배우자와 말다툼을 하면 상대에 대한 사랑의 감정을 다시 불러일으키고 싶을 것이고, 중요한 발표를 앞두고 있다면 자신감을 끌어내고 싶을 것이고, 슬픈 일이 있을 때는 슬픔과 애도의 감정을 표현하고 싶을 것이다. 이처럼 특별한 상황을 제외하면 정신적, 정서적 안정을 전반적으로 향상시킬 수 있다.

어쨌든 감정 최적화 명상을 계속 하다 보면 전반적으로 정신적, 정서적 안정감이 업그레이드된다. 어떤 감정을 선택하든 감정 최적화 명상은 원하는 감정 상태를 강화하여 삶의 태도, 느낌, 경험의 기본값이 되도록 만들어준다. 최적의 감정 상태를 찾아 매일 꾸준히 명상을 하다 보면 그 상태가 편안해지고, 평소에도 그 편안함을 느끼고 유지하기가 훨씬 쉬워진다.

명상은 또한 무언가에 대해 끊임없이 집착하는 강박적인 욕구에서 벗어날 수 있는 기회를 준다. 우리 생각은 대부분 똑같은 것을 반복하며 비생산적으로 맴돌 때가 많다. 과거의 일을 되새기거나, 미래에 대해 걱정하거나, 문제에 대한 생각에 갇힌다. 이로 인해 우리는 현재에 집중하지 못한다. 삶은 언제나 현재진행형이라는 사실을 명심하라. 매 순간 집중할 수 있어야만 그것이 우리 삶의 경험이 된다. 따라서 과거에 얽매이거나 미래를 걱정하는 것은 현재를 온전하게 살지 못한다는 뜻이다. 명상은 문제에만 매달리는 집착을 벗어버리고 지금 누리고 있는 삶이라는 기적을 온전히 만끽할 수 있는 기회를 제공한다.

마지막으로 하고 싶은 말은, 수행의 효과에 대한 막연한 환상을 가져서는 안 된다는 것이다. 명상을 하기 위해 한 번 자리에 앉을 때마다 마음이 완전히 맑아지거나 심오한 경험을 할 것이라고 기대한다면 실망할 수밖에 없다. 이는 운동을 한 번 할 때마다 1킬로그램씩 빠질 것이라고 기대하는 것과 같다. 명상은 운동과 마찬가지로 점진적으로 자신을 단련시켜 나가는 것이다. 생각과 감정을 차분하게 만들고, 매 순간을 온전히 느끼고, 집중하는 능력을 개선하고, 정신적, 감정적 상태를 최적화하기 위한 운동이다.

명상을 제대로 하려면 명상에 적합한 환경을 미리 만들어두는 것이 좋다. 조용하고 편안한 자리를 찾아 앉아라. 소파나 의자에 똑바로 앉아도 좋고, 바닥에 가부좌를 하고 앉아도 좋다. 엉덩이 밑에 베개를 깔고 앉으면 척추가 살짝 높아지면서 등이 쭉 펴지고 좀 더 편하게 앉을 수 있다.

눈을 감아도 되고, 어느 한 물체를 응시해도 된다. 또한 얼마나 명상할 것인지 시간을 미리 정하는 것이 좋다. 타이머를 맞춰놓고 시간이 다 되면 조용하게 알람이 울리게 만들자. 명상을 한 번도 해본 적이 없다면 10분 정도로 시작하는 것이 좋다. 너무 무리하지 않고 마음을 안정시키기에 충분하다. 물론 더 오래 명상할 수 있다면 더 좋다.

감정 최적화 명상은 3단계로 나눠 수행할 수 있다. 명상에 들어가기에 앞서 다음 3단계를 반드시 숙지해야 한다.

1단계: 최적의 정신적, 감정적 상태 선택하기

이 명상의 목적은 의식적으로 최적의 정신적, 감정적 상태를 선택하고 조절하기 위한 것이다. 흔히 우리의 생각과 느낌이 외부요인에 의해 결정된다고 생각하지만, 그것은 외부요인에 영향을 받도록 우리가 스스로 허용하기 때문이다. 이 명상은 어떤 상황에서도 매 순간 어떤 감정을 느낄지 선택할 수 있는 힘이 스스로에게 있다는 것을 깨닫고 그 힘을 발휘하기 위한 수행이다. 먼저 이 질문에 답을 해보자.

지금 이 순간 나에게 가장 적합한 정신적, 감정적 상태는 무엇인가?

어떤 기분을 느끼고 싶은가? 오늘 할 일은 무엇이며, 자신과 다른 사람들에게 어떤 감정을 보여주는 것이 가장 최선일까?

때로는 내가 원하는 상태를 구현하기 전에 부정적인 상태를 떨쳐버려야 할 때도 있다. 상당한 압박을 받고 있거나 스트레스 혹은 무기력함을 느끼고 있다면 그 느낌을 자아내는 생각과 감정을 떨쳐낼 수 있도록 마음을 차분하게 가라앉히고 최적의 상태를 이뤄내야 한다. 이러한 경우 마음을 열고 '지금 해결해야 할 감정이 있는지' 스스로 되묻는 것이 좋다. 그런 감정이 있다면 최소한 명상을 하는 동안에는 기꺼이 놓아버려야 한다.

마찬가지로 자꾸 자신이 불행하다는 생각이 들 때는, 행복을 느끼면 수 있도록 스스로 격려해야 한다. 행복한 데에는 특별한 자격이나 이유가 없다. 누구든 행복할 권리가 있기 때문이다. 다른 누가 주는 권리가 아니라 오로지 자신만이 스스로에게 줄 수 있는 권리다. 삶이 힘들고, 불쾌하고, 고통스러울 때도 감사하는 마음에 초점을 맞추면 진정한 행복을 느낄 수 있다.

자신이 선택한 감정 상태를 느꼈다고 해도 처음에는 낯설거나, 진실되지 않거나, 어색하게 느껴질 수 있다. 예컨대, 행복감이나 자신감을 느껴본 지 꽤 오랜 시간이 지났다면, 그런 감정이 쉽게 떠오르지 않을 수도 있다. 그럴 때는 행복한 감정이 들게 만드는 무언가를 생각하거나 자신감을 느꼈던 마지막 순간을 떠올리면 도움이 된다. 운동과 마찬가지로 명상도 결과가 즉시 나타나지 않고 점진적으로 향상된다는 것을 명심하라. 잘 안 된다고 해도 계속하면 점점 쉬워질 것이다.

자신을 제한하지 말라. 내가 느끼고자 하는 감정을 느낄 자격이 나에게는 있다. 오늘은 어떤 기분을 원하는가? 최적의 정신적, 정서적 상태는 무엇인가? 너무 깊이 생각하지 않아도 된다. 도움이 되는 긍정적인 상태를 선택하고 그것을 경험할 수 있는 권한을 자신에게 부여하는 것에 불과하다. 명상을 하면서 그러한 상태를 유지하기 위해 주의를 기울이고 에너지를 집중해보자.

2단계: 호흡에 집중하여 마음 가라앉히기

명상을 할 때 대부분의 사람들에게 가장 큰 장애물은 마음속에서 끊임없이 일어나는 재잘거림이다. 이러한 소음을 잠재우는 데는 단순한 호흡 명상이 가장 효과적이다. 호흡에 집중하는 이유는 마음을 진정시키기 위해서다. 잡념에 쏠려 있는 의식을 현재에 집중할 수 있게 해준다.

명상을 시작하면 곧바로 호흡에 집중하자. 천천히 자연스럽게 숨을 쉰다. 코로 길게 천천히 숨을 들이마신 다음 길게 내쉰다. 내쉴 때는 코나 입 중에 더 편한 쪽으로 내쉰다. 호흡에 이름이나 숫자를 붙이는 것도 도움이 될 수 있다. 예컨대 들이쉴 때와 내쉴 때 마음속으로 다음과 같이 생각할 수 있다.

들이쉬고… 내쉬고… 들이쉬고… 내쉬고…

마찬가지로 숫자를 세도 된다. 들숨과 날숨을 한 번으로 셀 수도 있고, 따로 셀 수도 있다. 나는 들숨과 날숨을 따로 센다. 들이쉬는 것은 홀수, 내쉬는 것은 짝수가 된다. 일반적으로 스물까지 세면(그러니까 들숨과 날숨을 10세트 하고 나면) 마음이 한결 차분해지고 다음 단계로 넘어갈 준비가 된다.

처음에는 마음을 가라앉히는 것이 쉽지 않다. 그러나 그게 정상이다. 처음에 겪는 어려움은 나중에 돌아보면 내적 성장의 증거라는 사실을 알 수 있다. 호흡에 집중하여 계속 따라가다 보면 생각과 감정이 점차 차분해지는 것을 느낄 것이다.

핵심은 마음이 차분해지지 않는다고 짜증내거나 조급해하지 않는 것이다. 호흡에서 집중하지 못하여 다시 잡생각이 들끓어 오른다고 해도, 그러한 마음을 지긋이 관조하고 다시 호흡에 집중하도록 이끌면 된다. 생각의 흐름을 관조하고 주의의 방향을 옮기는 것은 명상을 통해 배워야 하는 기술이다. 여느 기술과 마찬가지로 연습할수록 쉬워진다.

16장에서 소개할 '삶을 바꾸는 미라클모닝 30일 챌린지'를 수행해보면, 자기도 모르는 사이에 이런 기술을 자연스럽게 익힐 수 있다는 사실을 깨닫게 될 것이다.

3단계: 최적의 감정 상태에서 명상하기

마음이 좀 더 차분하고 조용해지면 이제 내가 선택한 최적의 정신적, 감정적 상태가 되는 데 집중할 차례다. 이렇게 하기 위해서는 일반적으로 명상에서 이야기하는 것과 다르게, 마음을 비우기보다는 내가 체험하고 싶은 감정 상태를 유발하는 생각, 이미지, 긍정 등으로 마음을 채우는 것이 좋다. '감사하는 마음'을 갖고 싶으면 천천히, 차분하게, 깊은 호흡을 계속하면서 다음과 같은 문장을 마음속으로 되뇔 수 있다.

나는 감사할 것이 너무 많습니다. 지금 이 순간 내가 안전하게 살 수 있고, 명상할 수 있다는 사실에 감사합니다. 내 삶에 나를 사랑해주는 사람들 또 내가 사랑할 수 있는 사람들이 있다는 사실에 감사합니다. 내가 우주와 영적으로 소통할 수 있다는 사실에 감사합니다. 내 몸을 편히 눕힐 수 있는 집이 있고, 먹을 음식이 있고, 입을 옷이 있고, 그 밖에 많은 것들이 있음에 감사합니다. 끊임없는 도전을 통해 배우고, 성장하고, 더 나은 자신이 될 수 있다는 사실에 감사합니다. 나에게 어떤 일이 일어나든 바꿀 수 없는 것은 받아들이면서 마음의 평온을 찾고 최적의 정신적, 감정적 상태를 창조할 수 있다는 사실에 감사합니다.

이것은 면밀하게 작성한 주문은 아니지만(물론 주문으로 사용해도 손색없다) 집중하려는 대상을 어떻게 선택하고 정신적으로 최적의 상태를 만들어내고 의식을 집중하기 위해 마음속으로 어떤 생각을 어떻게 쏟아부어야 하는지 잘 보여준다.

호흡이나 자세, 표정과 같은 생리적 현상도 내가 원하는 감정 상태에 맞추면 좋다. 감사하는 마음을 갖고 싶으면 정말로 무언가에 대해 감사함을 느낄 때 하는 표정과 몸짓을 실제로 해보자. 아마도 미소가 살포시 지어질 것이다.

실험심리학 학술지에 실린 최근 연구에 따르면, 진짜 웃겨서 웃는 것이 아니더라도 웃는 행위 자체가 긍정적 사고와 관련된 뇌 화학 물질을 자극할 수 있다. 또 자신감이나 의욕을 높이고자 할 경우에는, 실제로 자신감이나 의욕이 넘칠 때 하는 행동처럼 똑바로 앉거나 서서 어깨를 활짝 펴고 숨을 쉬면 된다. 명상을 하면서 내가 경험하고자 하는 감정 상태를 완벽하게 구현할 수 있다.

명상을 하면서 내가 선택한 정서적 상태가 되기 위한 생각과 감정을 마음속에 계속 쏟아부어라. 생각이 흐트러지면 (이것은 지극히 정상적인 현상이다. 의식적으로 긍정적인 것을 떠올리면 우리 무의식은 즉각 그것과 반대되는 것을 떠올리기 때문이다) 그러한 생각의 흐름을 관조하고 내가 원하는 방향으로 되돌리기 위해 노력하면 된다. 다시 말하지만 명상을 계속 하다 보면 점점 자연스러워진다.

● ▲

지금까지 다양한 형태의 명상을 실험해보았지만 가장 효과를 본 명상은 감정 최적화 명상이다. 마음을 진정시켜주고, 일상에 어떤 일이 벌어지든 하루를 안정적인 상태에서 시작하게 해준다.

오래 수행하면 훨씬 쉬워지고, 더 큰 효과를 누릴 수 있다.

침묵 속에서 시간을 보내는 것은 평화로움 속에서 감사함을 경험하고 일상의 스트레스와 걱정에서 벗어날 수 있는 기회를 제공한다. 혼자서 명상하기 힘들다면 유튜브 등에서 무료로 제공하는 명상 가이드 오디오를 켜놓고 수행해도 된다.

나 역시 명상을 처음 시작할 때에는 명상 가이드의 도움을 받았다. 처음에는 아무 말도 하지 않고 앉아 있는 것이 너무나 어려웠다. 무엇에 집중하고 무엇을 버려야 하는지 안내하고, 명상하는 방법을 가르쳐주는 명상 가이드는 정말 큰 도움이 된다.

나는 가이드의 도움을 받으면서 조금씩 명상하는 요령을 터득했고 마침내 3~4주 정도 지난 뒤부터는 혼자서 할 수 있게 되었다. 그리고 드디어 생각이 자유롭게 흘러다닐 수 있게 하는 수준에 도달했다. 고요하게 생각을 관조하며 연연하지 않고 조용히 떠내려 보낼 수도 있다. 그러니 묵언 수행을 하거나 명상하는 것이 어렵게 느껴진다고 해서 낙심할 필요가 없다. 계속 노력하다 보면 그 결실이 얼마나 가치 있는 것인지 깨달을 날이 올 것이다.

08

The Miracle Morning

큰 소리로 스스로에게
다짐하는 확언
Life SAVERS-Affirmations

긍정의 반복은 믿음이 된다.
그 믿음이 깊은 확신으로 바뀌는 순간,
세상은 변하기 시작한다.

—무하마드 알리|Muhammad Ali

"나는 최고야!"

무하마드 알리는 이 말을 계속해서 되뇌었다. 그리고 실제로 그 말은 현실이 되었다. 우리 자신에게 반복적으로 하는 말은 우리 내면에서 현실이 되고, 그것이 우리 능력에 영향을 미쳐 실체가 있는 현실로 발현된다. 이처럼 확언 암송은 내가 삶에서 원하는 것을 성취할 수 있는 사람이라는 것을 분명하게 말로 표현함으로써 실제로 우리가 그런 사람이 되도록 도와주는 효과적인 방법이다.

우리 마음속에서는 쉴 새 없이 내적인 대화가 오간다. 문제는 우리가 생각하는 것이 대부분 무의식적이라는 것이다. 다시 말해 이러한 내적 대화는 내가 능동적이고 의도적으로 선택한 것이 아니다. 결국 과거에 우리가 경험한 한계가 머릿속에서 끊임없이 재생되고 있는 것이다. 나 자신과 주변 세계에 대한 과거의 믿음이 앞으로도 계속 이어질 확률을 높이는 것이다. 물론 이는 매우 '정상적인' 심리 현상이지만, 잠재력을 발휘하기 어렵게 만드는 가장 큰 장애물이 될 수도 있다.

헨리 포드는 이러한 말을 했다.

"할 수 있다고 생각하든, 할 수 없다고 생각하든, 당신은 무조건 옳다."

멘탈 프로그래밍

우리는 모두 무의식에서 늘 하던 방식대로 생각하고 믿고 행동하도록 프로그래밍이 되어 있다. 이러한 프로그래밍은 무수한 것들의 영향을 받은 결과다. 좋든 싫든 지금까지 살면서 경험한 일, 다른 사람들의 이야기, 내가 나 자신에게 말한 이야기가 모두 영향을 미친다. 어떤 프로그래밍은 상대적으로 쉽게 행복과 성공으로 이끌어주는 반면, 또 다른 어떤 프로그래밍은 삶을 필요 이상으로 어렵게 만들기도 한다.

나쁜 소식은 대다수 사람들이 후자의 프로그래밍을 내재하고 있다는 것이다. 과거의 두려움, 불안, 한계를 반복 및 재현함으로써 우리는 희생양으로 전락할 수도 있다. 내 잘못과 부족함에 계속 연연하면 죄책감과 부적절함에 시달릴 수밖에 없으며 마침내 내가 정말 원하는 성공을 누릴 자격이 없는 사람이라고 느끼게 된다. 따라서 내면의 대화를 의식적으로 설계하고 선택해야 한다.

좋은 소식은 이러한 프로그래밍을 언제든 바꾸거나 개선할 수 있다는 사실이다. 모든 두려움, 불안, 과거의 한계를 극복하고, 삶의 어떤 영역에서든 원하는 만큼 성공할 수 있도록 마음을 다시 프로그래밍할 수 있다.

나는 단지 기분을 좋게 만들기 위한 것이 아니라 의미 있는 결과를 도출할 수 있는 확언을 작성하는 비법을 알려주고자 한다. 단계별로 쉽게 따라 할 수 있는 간단하지만 강력한 비법이다. 내 삶에서 무엇을 성취하고 경험하기 위해 노력하고 있는지, 그것이 왜 나에게 꼭 필요한지, 그것을 달성하기 위해 구체적으로 어떤 행동을 해야 하는지 알아내서 말로 구체화하고 긍정하는 것이다. 이러한 긍정을 반복하다 보면 무의식은 자신이 하는 말을 믿기 시작하고, 그에 따라 행동하고, 마침내 그 결과가 현실로 다가오게 된다. 의도적으로 미래를 창조해낸다는 뜻이다.

가장 먼저 할 일은 긍정하는 문장을 작성하는 것이다. 종이에

펜으로 써도 되고 문서 프로그램으로 작성해도 된다. 글을 쓰게 되면 정교하게 언어를 다듬어야 하기 때문에 자신에게 꼭 맞고 필요한 확언을 쓰게 된다. 사람마다 원하는 결과가 다르고 자신에게 부과한 제약도 다르기에, 스스로 작성한 문장이어야 진정으로 공감할 수 있다. 글로 적는 것의 또 다른 좋은 점은 매일 반복해서 암송할 수 있다는 것이다. 반복을 통해 우리 마음은 새로운 현실의 가능성을 받아들이기 시작한다. 끊임없이 긍정을 반복하는 것은 삶에 진정한 변화를 가져오는 데 필요한 행동을 촉발한다.

그동안 확언이 작동하지 않은 이유

확언 암송을 제대로 수행했을 때, 우리의 생각과 행동을 변화시키는 효과가 매우 크다는 것은 분명한 사실이다. 물론 확언 암송에 대한 나쁜 인상도 있다. 아무리 잘 봐줘야 별다른 효과 없는 자기 최면에 불과하고, 나쁘게 보면 자기기만이다. 오랫동안 무수한 자기계발 조언자들이 좋은 의도로 '긍정의 힘'을 강조해왔겠지만 많은 사람들이 효과를 보지 못했으며, 오히려 실망과 좌절만 느끼게 되었을 뿐이다.

젊었을 때 나도 확언을 암송하는 것은 자기기만에 불과하다고 생각했다. 아무런 근거도 없이 사람들을 띄워주고 한순간 기분 좋게 만들어주는 달콤한 속임수에 불과하다고 생각했다. 결과를 중시하는 사람들 눈에는, 불안을 감추기 위해 기분 좋은 말을 반복하는 행동이 아무런 효과도 없는 미신적 행위에 불과했다.

내가 '긍정의 힘'을 실생활에서 처음으로 경험한 것은 친구 맷 리코어와 함께 살 때였다. 맷은 매일 샤워를 할 때마다 무언가 큰 소리로 외쳤다. 처음에는 나를 부르는 줄 알고 욕실 앞에 가서 귀 기울였는데, 혼잣말을 하는 것이었다.

"내 운명은 내가 통제할 수 있다! 나는 성공할 자격이 있다! 목표를 달성하고, 내가 꿈꾸는 삶을 창조하기 위해 오늘 해야 할 일에 최선을 다할 것이다!"

정말 이상한 놈이라고 생각했다. 이렇게 자신을 긍정하는 말을 되뇌며 자기암시를 하는 행동은 1990년대 SNL에서 본 것이 전부였다. 한 등장인물이 거울을 바라보면서 자신에게 이런 말을 반복했다.

"난 충분히 괜찮아! 난 충분히 똑똑해! 물론 사실이지. 사람들은 나를 좋아해!"

우스꽝스러운 장면이었기 때문에, 그런 행동의 효과에 대해서는 진지하게 생각하지 않았다.

다행스럽게 맷은 그 행동의 효과에 대해 잘 알고 있었다. 유명한 자기계발 강사 토니 로빈스Tony Robbins의 오랜 학생이었던 그는 수년 동안 확언 암송을 활용하여 무의식을 세심하게 프로그래밍했고, 놀라운 수준의 성공을 이끌어냈다. 자수성가한 백만장자가 되어 25세에 그는 이미 집 5채를 소유했다. 그는 자신이 무엇을 하고 있는지 분명히 알고 있었다.

그때 좀 더 관심을 기울였다면 그가 샤워 중에 고함치는 것과 그의 성공 사이의 연관성을 추적해보았을지도 모른다. 어쨌든 나는 그의 집에서 방 하나를 빌려 쓰는 세입자에 불과했다. 안타깝게도 확언 암송이 개인적 변화를 이끌어내는 가장 강력한 도구 중 하나라는 사실을 깨닫는 데 몇 년이 더 걸렸다.

자기계발에 관심을 갖게 되면서 나는 확언 암송이 자기 변화를 위한 최적의 방법이라는 것을 알게 되었다. 확언을 반복하여 암송하다 보면 그것을 완벽하게 믿게 되는 순간이 오는데, 그 순간 인생이 바뀐다는 것이다. 자신이 게으르다고 믿고 자란 사람에게(내가 그랬다) 아주 그럴듯한 약속처럼 보였다. 나는 아무것도 할 필요가 없었다. 확언을 암송하는 것만으로 모든 것이 완성될 테니까.

하지만 머지않아 모든 환상이 깨졌다. 대다수의 사람들이 마주치는 벽에 나도 부딪힌 것이다. 자기계발 분야의 선구자들이 일반적으로 가르치는 것을 그대로 따라 했으나, 아무 일도 일어나지 않았다. 계속 반복한 그 위대한 삶은 내 앞에 나타나지 않았다. 사실 긍정을 위해 사용한 현재형 문장을, 나는 무의식적으로 진실하지 않다고 생각하고 있었다.

그러던 어느 날 문득 깨달음이 왔다. 문제는, 확언 암송 자체에 있는 것이 아니었다. 잘못 이해하고, 잘못 가르치고, 잘못 사용했던 것이다. 마침내 나는 문제를 크게 2가지로 좁혔다. 이로써 접근 방식을 완전히 바꾸고 긍정을 통해 실용적이고 실행 가능하며 끊임없이 손에 잡히는 측정 가능한 결과를 생성하도록 설계했다.

나는 진실에서 우러나오는 결과중심적인 확언 암송을 미라클모닝에 적용할 수 있도록 비법을 소개하고자 한다. 무의식을 다시 프로그래밍함으로써 의식적 행동의 방향을 다잡을 수 있도록 설계된 고도의 자기계발 전략이다. 그 전에 먼저 잠시 이 2가지 결함이 무엇인지, 또 그로 인해 발생하는 문제가 무엇인지 살펴보고자 한다.

문제1: 거짓말은 효과가 없다

- "나는 백만장자다." → 정말?
- "나는 체지방률이 7퍼센트다." → 진짜?
- "올해 목표는 모두 이루었다." → 그래?

자신의 목표를 이미 이루었거나, 극복했거나, 성취했다고 표현하는 확언은 대부분 효과가 없다. 이것은 우리가 실현하고 싶은 것이 이미 이루어졌다고 반복해서 말함으로써 긍정한다는 것인데, 사실은 우리 자신을 속이는 것이다. 깊은 내면에서 동의하지 못하는 확언은 거짓일 뿐이다.

진실하지 않은 긍정을 반복해서 말할 때마다, 우리 무의식은 저항하고 거부한다. 진정으로 그렇게 믿지 않으면서 말로만 "나는 부자다" "나는 행복하다"라고 긍정하는 것은 불필요한 내적 갈등만 더 유발할 뿐이다.

망상에 빠진 사람이 아닌 한, 자신에게 반복적으로 거짓말을 하는 것은 결코 최적의 전략이 될 수 없다. 진실은 언제나 승리하기 때문이다.

문제2: 수동적 표현은 의미 있는 결과로 이어지지 않는다

확언을 암송하는 행동은 대개 기분을 잠깐 좋게 만들어줄 목적으로 사용된다. 아무런 노력도 하지 않고서 우리가 원하는 것을 얻을 수 있다고 공허한 약속을 하는 것이다. 예컨대 수많은 영적인 지도자들이나 자기계발 조언자들이 돈에 대하여 다음과 같은 확언을 반복해서 암송하라고 말한다.

자석에 끌려오듯 돈이 나에게 끌려온다.
힘들이지 않아도 많은 돈이 나에게 흘러들어온다.

돈 버는 것이 그렇게 쉬운 일이라면 나는 벌써 백만장자가 되었을 것이다! 우리가 시간을 투자하여 확언을 암송하는 것은 실제로 의미 있는 결과를 얻고자 하는 것이지, 잠깐 기분이 좋아지는 망상을 경험하고자 하는 것이 아니다. 금전 상황이 개선된다는 확언을 암송하는 것은 실제로 수입이 늘거나 은행 계좌의 잔고가 불어나는 것을 보고 싶다는 뜻이다.

체중 감량에 대한 확언을 반복하여 암송한다면 체중계에 오를 때마다 차이를 눈으로 볼 수 있어야 하고, 결혼 생활에 대한 확언을 암송한다면 실제로 관계가 개선되고 있다는 것을 배우자가 느끼기를 (더 나아가 그에 대해 보답해주기를) 원한다는 뜻이다.

구체적인 결과를 얻기 위해서는 확언만 외쳐서는 안 되고 그것이 행동으로 이어져야 한다. 따라서 수동적, 피동적으로 표현하는 확언은 아무 효과가 없다.

미라클모닝 결과중심적 확언 만들기 3단계

삶의 다양한 영역을 개선할 수 있는 확언을 만드는 것은 어렵지 않다. 어떻게 만들어야 하는지 이해하기만 하면 된다. 다음 3단계를 따라 하면, 실용적이고 실행 가능하며 결과중심적인 확언을 만들어낼 수 있다. 핵심은 무의식을 효과적으로 다시 프로그래밍하고 의식의 방향을 바꿈으로써 목표를 달성하고 원하는 삶의 변화를 만들어낼 수 있는 행동으로 이어져야 한다.

1단계: 나는 무엇을 얻고자 노력하는가?

내가 무엇을 원하는지를 묻는 것이 아니다. 우리가 원하는 것은 무수히 많을 수 있지만, 노력하는 것만 얻을 수 있다. 우리가 목표를 달성할 수 있는지, 삶에 의미 있는 변화를 만들어낼 수 있는지 판가름하는 가장 중요한 요소는 바로 노력이다. 아무리 오랜 시간이 걸리더라도 포기하지 않고 매달릴 수 있는가? 무언가 얻고자 한다면, 길은 생기기 마련이다. 하지만 사람들은 대부분 자신이 이미 충분한 노력을 쏟고 있다고 착각한다. 결국 어떤 변화도 일어나지 않는다.

매일 스스로 노력하는 것을 반복적으로 긍정하는 것은 최선을 다해 노력하는 상태를 유지시키고 동시에 그 노력의 수준을 계속 높여준다. 따라서 확언을 만들려면 먼저 달성하고자 하는 결과(목표, 성과, 개선 등)와 그것을 달성하기 위해 해야 하는 행동(활동, 습관, 의식 등)을 명확하게 말로 표현해야 한다. 결과와 행동이 어떻게 다른지 예를 들어 좀 더 쉽게 설명하면 다음과 같다.

- 결과: 10킬로그램 감량
- 행동: 주 5일 운동하기

이러한 확언을 글로 쓴다면 다음과 같은 형식이 될 것이다.

나는 무슨 일이 있어도 _____을 하기 위해 노력한다. 다른 선택은 없다!

자신이 어떤 일에 노력을 쏟고 있는지 긍정하는 말을 계속 반복하면, 자연스럽게 그 일에 더 많은 노력을 쏟게 된다.

위의 예시에서 볼 수 있듯이 확언은 반드시 느낌표로 끝나야 한다. 이 문장을 소리 내 읽을 때마다 감정적으로 고무되어야 하며 스스로 확신에 차야 한다. 진정한 바람을 담은 말은 허투루 나올 수 있는 것이 아니다. 확언을 더욱 고조되고 확신에 차서 말할 수 있다면 그 효과는 더욱 좋을 것이다.

Action! 직접 적용해보자

삶에서 간절하게 이루고 싶은 것, 변화시키고 싶은 것은 무엇인가? 그동안 미뤄두기만 한 중요한 목표가 있는가? 살면서 늘 고통과 좌절만 안겨주었던 것이 있는가? 바꾸고자 무수히 노력했지만 여전히 성공하지 못한 것이 있는가?

먼저 내가 달성하고자 하는 의미 있는 결과나 행동을 구체적으로 적어라. 여러 차례 도전했지만 실패한 것, 그것만 바꾸면 삶이 크게 나아질 수 있는 것, 지금 이미 바꾸기 위해 노력하고 있는 것은 무엇인가? 어떻게 바꿔야 하는지 몰라도 상관없고, 또 실패할까 겁이 나는 것도 상관없다.

확언은 일기장이나 종이에 손으로 써도 좋지만, 컴퓨터나 스마트폰의 메모장 등에 적는 것을 추천한다. 디지털 문서로 사용하는 것을 추천하는 이유는 언제든 확언을 수정하고 업데이트할 수 있기 때문이다. 앞으로 계속해서 배우고 성장하고 발전해 나가면서 확언도 계속 진화할 것이다.

현실로 만들어내기 위해 노력해야 할 의미 있는 결과나 행동을 찾아낸 뒤 앞에서 제시한 예시 문장에 빈칸을 채워 자신만의 확언을 만들자.

나는 무슨 일이 있어도 _____을 하기 위해 노력한다. 다른 선택은 없다!

빈칸에 무엇을 채우든 상관없다. 내가 무엇을 원하는지 확신이 서지 않거나 선택하기가 어렵게 느껴진다면 자기 자신을 검열하고 있을 확률이 높다. 내가 원하는 것을 좇아 노력할 수 있는 능력이 나에게 있는지 확신하지 못하는 사람도 있을 것이다. 전혀 이상한 태도가 아니다. 하지만 무엇이든 모든 것을 알아야만 시작할 수 있는 것은 아니다.

실제로 무작정 결심부터 하고 나서 그 해결 방법을 떠올린 경험이 있을 것이다. 방법은 차차 터득하면 된다. 확언을 작성하는 것은 삶의 목표와 방향을 잡는 첫 단계에 불과하다. 그것을 매일 암송하다 보면 막연하던 방법도 점점 명확해지고 더 나은 방법이 떠오를 수도 있다. 명심하라. 궁하면 통한다.

2단계: 그것은 왜 나에게 중요한가?

앞에서 작성한 확언을 뒷받침하고 지지하고 강화하기 위해, 그것이 나에게 왜 중요한지 생각해보자. 타당하고 설득력 있는 의미와 이유는 확언을 계속 암송하고 그것을 실현하기 위한 노력을 하도록 강렬한 동기를 부여한다. 이러한 노력이 나에게 의미 있는 이유는 무엇일까? 나에게 꼭 필요한 이유는 무엇일까? 나 혹은 소중한 주변 사람들의 삶을 어떤 방식으로 향상시킬까? 그 노력을 쏟아야 하는 이유가 강렬하게 느껴질수록 끝까지 밀고 나갈 수 있는 힘은 커진다.

Action! 직접 적용해보자

확언을 계속 작성해보자. 1단계 예시문 밑에 이러한 노력이 나에게 중요한 이유를 하나씩 나열해보자. 이 노력이 나에게 의미 있고 꼭 필요한 이유는 무엇일까? 나와 주변 사람들의 삶을 어떤 방식으로 향상시킬까? 어떤 어려움이 있더라도 그것을 해야만 하는 강렬한 이유/효과는 무엇일까?

내가 _____ 을 하기 위해 노력하는 이유는:

- _____ [의미 있는 이유/효과 ①]
- _____ [의미 있는 이유/효과 ②]
- _____ [의미 있는 이유/효과 ③]

이러한 이유는 지극히 개인적인 것이기에 다른 사람과 굳이 공유할 필요는 없다. 또, 이것은 초안에 불과하다는 것을 기억하라. 확언은 언제든 수정할 수 있다. 완벽하게 만들어야 한다는 부담은 갖지 않아도 된다. 좀 부족해도 상관없다. 확언이 없는 것보다는 훨씬 낫다.

3단계: 어떤 행동을 언제 취할 것인가?

내가 얻고자 노력하는 결과와 그것이 나에게 왜 중요한지 적는다고 해도 그러한 결과를 얻기 위해 어떤 행동을 할 것인지 쓰지 않으면 아무런 소용이 없다. 노력하지 않아도 확언만 외우면 그 결과가 저절로 일어날 것이라고 생각하는 것은 자신의 무의식을 속이는 것이며, 오히려 방해가 될 수 있다.

세 번째이자 마지막 단계에서는 자신이 꿈꾸는 결과를 달성하기 위해 무엇을 해야 하는지 스스로 묻고, 그 노력을 기울이기 위해 구체적으로 어떤 행동을 해야 하는지, 그 행동을 언제, 얼마나 자주 할 것인지 명확하게 진술해야 한다. 이 단계는 어렵지 않게 수행할 수 있다. 원하는 결과를 얻기 위해 무엇을 해야 하는지 우리는 대부분 알고 있기 때문이다. 알고 있으면서도 실천하지 않을 뿐이다.

컷코에서 근무한 지 6년째이자 마지막 해였을 때, 내가 달성했던 최고 매출 기록의 2배를 달성하겠다는 야심찬 목표를 세웠다. 매출과 소득을 2배로 늘리겠다는 목표는 사실 과도한 것처럼 보였지만 잠재고객에게 전화하는 횟수를 2배로 늘리기만 하면 달성할 수 있다는 것을 알고 있었다. 통화 횟수를 2배로 늘리면 예약 스케줄도 2배로 늘어난다는 뜻이고, 이론적으로는 매출도 2배로 늘어날 것이었다.

이전에 최고 매출을 기록했던 해에 하루 평균 10건 정도 통화를 했기 때문에, 이제 하루에 20번 통화를 하면 매출도 2배로 늘어날 것이다. 무엇을 해야 하는지는 알고 있었지만, 그것을 실행에 옮기려고 노력한 적은 없다. 그래서 나는 무슨 일이 있어도 매일 아침 8시부터 9시 사이에 20통씩 전화하기 위해 노력했다. 꼬박 1년 동안 나는 그 결심을 지켰다. 매출은 2배 이상 올랐고, 내 소득도 2배 이상 올랐다.

하지만 이처럼 방법이 명확한 경우는 많지 않다. 무엇을 어떻게 해야 할지 애매한 상황이거나 감조차 잡기 힘들 때도 있을 것이다. 그럴 때 가장 먼저 해야 할 일은, 어떤 행동을 하는 것이 좋을지 판단할 수 있는 일정을 짜는 것이다. 예컨대 자신만의 사업을 시작하고 싶거나 불행한 결혼 생활을 개선하고 싶은데 무엇을 어떻게 해야 할지 감이 잡히지 않는 상황이라면 우선 방법을 찾기 위한 시간을 내야 한다.

쉽게 방법이 떠오르지 않는다면 구글에 '사업을 시작하는 방법'이나 '불행한 결혼 생활을 개선하는 방법'을 검색해보라. 온갖 주제에 관한 무궁무진한 정보들이 쏟아질 것이다(글, 동영상, 팟캐스트 등). 좀 더 깊이 탐구해보고 싶다면 이미 그 분야를 경험한 사람들이나 전문가들이 쓴 책을 읽어보자. 그리고 사례에서 목표달성을 위해 우리가 취할 수 있는 구체적인 행동을 살펴보자.

\<예시\>

소득을 늘리고 가족에게 경제적 안정을 제공하려고 꾸준히 노력하려면 나는 다음과 같은 행동을 계획적으로 실천해야 한다.

- 많은 돈을 버는 방법에 관한 책을 매일 읽고 따라 할 수 있는 효과적인 전략을 습득한다.
- 지역의 비즈니스 네트워크 그룹을 찾아가 가입한다.
- 매주 5일 동안 아침 8~9시까지 잠재고객 20명에게 전화를 건다.

꾸준히 최상의 건강 상태를 유지하기 위해 나는 다음과 같은 행동을 계획적으로 실천해야 한다.

- 간헐적 단식을 실천하고, 아침은 설탕이 적게 들어간 유기농 식물성 스무디로 대체한다.
- 매일 아침 미라클모닝을 수행하면서 10분 동안 운동한다. 날씨가 좋을 때는 저녁을 먹고 난 뒤 10분 동안 산책한다.
- 잠들기 전 음식이 완전히 소화될 수 있도록 잠자리에 들기 3~4시간 전에 저녁 식사를 마친다.

좋은 남편이 되기 위한 노력을 꾸준히 수행하기 위해 나는 다음과 같은 행동을 계획적으로 실천해야 한다.

- 매일 아침 결혼에 관한 책을 읽고, 좋은 배우자가 되는 방법을 배운다.
- 매일 아침, 아내의 삶을 나아지게 하거나 편안하게 해주는 일을 하나

이상 찾아낸다(꽃을 주거나 카드 써서 보내기, 마사지 해주기, 사랑의 쪽지 쓰기, 함께 산책하기, 설거지하기, 아이들을 유치원에 데려다주기, 함께 보드게임 하기, 앉아서 대화하기, 저녁마다 대화하기, 좋아하는 TV쇼 함께 보기 등).

- 한 달에 두 번, 수요일 저녁에 데이트를 하며 연애 시절의 감정을 되살린다.

Action! 직접 적용해보자

세 번째이자 마지막 단계에서 주의해야 할 점은 다음과 같다.

- 반복 순환하는 행동도 있고(매주 5일 동안, 아침 8~9시까지 잠재고객 20명에게 전화 걸기), 순차적으로 진행되는 행동도 있다(1단계, 2단계, 3단계).
- 어떤 행동을 하는 것이 좋을지 확신이 서지 않을 때는, 가능한 행동부터 시작하고 더 적절한 행동을 발견했을 때 수정하면 된다. 모든 것을 알아야만 시작할 수 있는 것이 아니다. 그런 잘못된 생각 때문에 많은 사람들이 아예 시작도 하지 않는다.
- 행동은 최대한 간단하게 유지하라. 부담을 느낄 정도로 행동 목록이 많아서는 안 된다.

행동은 구체적일수록 좋다. 행동을 언제 시작하고 종료할지, 얼마나 자주 할지 명확하게 진술한다.

> **목표를 달성을 위해 나는 정확한 시간/빈도에 맞춰 다음 행동을 꾸준히 실천한다.**
>
> ☐
> ....
> ☐
> ....
> ☐
> ....

모든 단계 종합하기

목표를 달성하거나 삶의 어떤 측면을 개선하고자 할 때 핵심은 자신의 능력을 할애하여 노력하겠다고 다짐하고 내키지 않을 때에도 그것을 계속 이어나가는 것이다. 미라클모닝의 결과중심적 확언 암송은 삶에서 성취하거나 개선하고 싶은 것이 무엇인지, 또 그러한 노력이 왜 그토록 중요한지, 노력을 이어나가기 위해 구체적으로 어떤 행동을 언제할지 분명히 자각하고 꾸준히 일깨워주기 위해 고안된 것이다.

내 경험에 비추어볼 때, 확언 암송은 가장 효과적인 자기계발 방법이다. 물론 앞에서도 말했듯이 이 책에서 설명한 방식으로 접근할 때 그렇다는 말이다. 확언 암송은 현재와 미래를 정확하게 설계할 수 있도록 도와준다. 개선하고 싶은 삶의 영역, 달성하고 싶은 삶의 목표를 하나 선택한 다음, 앞에서 설명한 3단계에 따라 확언을 작성하여 매일 암송해보자.

확언의 효과를 극대화하는 팁

자신만의 확언을 만들어보자

긍정의 가장 기본적인 목적은 삶에서 구현하고 싶은 것, 또는 삶의 일부로 만들고 싶은 것을 주기적으로 일깨워주는 것이다. 내가 제시한 결과지향적 확언은 내가 무엇을 위해 노력하는지, 왜 그런 노력이 필요한지, 그런 노력을 달성하기 위해 구체적으로 어떤 행동을 해야 하는지 일깨워준다. 하지만 진심에서 나오는 것이라면 어떠한 확언이든 유용하다. 예컨대 다음과 같은 것도 좋다.

- 나는 행복해지기로 선택했다.
- 나는 내가 바꿀 수 없는 것에 집착하지 않는다.

- 나는 내가 원하는 삶을 만들어낼 수 있는 사람이 되기 위해 필요한 지식과 정보는 반드시 습득할 것이다.

사실 내가 가장 좋아하는 확언 중 하나는 이러한 예시를 전혀 따르지 않는다.

나는 지구상 그 누구 못지않게 탁월한 삶을 구현할 수 있는 능력, 가치, 자격이 있는 사람이다. 나는 그것을 오늘 행동으로 증명할 것이다.

이 확언은 우리가 무엇을 열정적으로 추구하든 누구나 똑같은 가치와 자격과 능력을 타고났다는 가장 기초적인 사실을 일깨워줌으로써 불안과 가면 증후군imposter syndrome(자신이 가진 기술, 재능, 성취에 비해 능력이 부족하다고 생각하며, 그것이 탄로날까 봐 두려워하는 심리. 자신이 가면을 쓰고 남을 속이는 사기꾼일 수 있다고 자책하기 때문에 '가면 증후군' 혹은 '사기꾼 증후군'으로도 불린다. - 옮긴이)을 극복할 수 있는 힘을 준다. 물론 앞에서 설명한 3단계 예시를 활용하여 확언을 만드는 것을 추천하지만, 이보다 더 나은 문장을 만들어낼 수 있다면 그것을 사용해도 된다.

목표를 달성하고 삶을 개선하고 결과를 만들어내는 데 도움이 되는 문장이라면 상관없다. 중요하다고 생각하는 것, 늘 기억하고 싶은 것을 확언에 담아도 된다.

확언을 수시로 업데이트하자

계속 배우고, 성장하고, 발전해나가면서 긍정하는 내용도 진화한다. 따라서 확언은 계속 바뀔 수 있다는 것을 명심하라. 삶의 일부로 만들고 싶은 목표, 꿈, 습관, 철학이 생긴다면 이를 뒷받침할 확언을 만들어보자.

목표를 달성했거나 새로운 습관 혹은 철학이 삶에 완전히 녹아들었다면 그것을 매일 긍정할 필요가 없다. 그럴 때에는 확언에서 그 부분을 뺄 수도 있다. 또한 확언을 정기적으로 업데이트 해주는 것이 좋다. 그래야 식상하거나 지루해지지 않는다. 따라서 확언은 디지털 문서로 작성하는 것이 좋다. 언제든 자유롭게 수정할 수 있기 때문이다.

매일 확언을 암송하자

확언은 자주 읽어야 한다. 최소한 하루에 한 번 이상 읽는 것이 좋다. 확언을 읽거나 암송하는 것은 운동과 같다. 가끔 암송하면 가끔만 효과가 있을 뿐이다. 일상적인 루틴이 되어야만 눈에 보이는 효과가 나타난다. 확언을 자주 암송할수록 무의식은 빠르게 프로그래밍되고 습관적인 사고 패턴이 업그레이드된다. 이러한 변화에 따라 기분(유쾌함을 느끼는 상태)이 달라지고 하고 싶은 일(생산하는 결과)이 달라진다.

감정을 담아 확언을 암송하자

확언을 소리 내 암송하든 머릿속으로 하든 진실한 감정을 담아서 해야 한다. 그래야만 더 확신하고 헌신할 수 있다. 미라클모닝의 확언은 단순히 읽기 위한 문장이 아니다. 원하는 결과를 달성하는 데 필요한 신념, 관점, 노력을 나의 정체성 속에 심어줌으로써 무의식을 프로그래밍하는 동시에, 의식적인 면에서는 그것을 달성하기 위한 행동에 가장 우선적으로 집중하기 위한 것이다. 따라서 확언을 별다른 감정 없이 기계적으로 반복하기만 해서는 효과를 보지 못한다. 처음에는 어색하더라도 마음에서 우러나는 감정을 담아보자. 그래야 열정이 솟아나고 결심이 더 단단해진다. 또 확언을 암송할 때마다 그러한 감정이 자연스럽게 생겨난다.

물론 이런 행동이 어색하게 느껴지는 사람도 있을 것이다. 또 좌절과 우울 같은 부정적인 정서에 지속적으로 노출된 경우에는 확언을 작성하고 암송하는 것이 어려울 수 있다. 이런 경우에는 감정 최적화 명상이 큰 도움을 줄 것이다. 미라클모닝 루틴을 명상으로 시작하는 것은 바로 이런 이유 때문이다. 감정 최적화 명상을 수행하면서 우리의 정서적 상태는 최상의 경지에 도달한다. 다시 말하지만 감정 최적화 명상을 수행할 때 경험하고 싶은 감정적 상태에 집중하면서 다음과 같이 자문해보자.

"마지막으로 그런 기분을 느낀 게 언제였는가? 어떤 느낌이었는가? 지금 그런 기분이 든다면 나는 어떤 모습일까? 나는 어떤 생각을 할까? 나 자신에게 뭐라고 말할까? 나는 무엇을 해야 할까? 어떻게 실행할까?"

그런 다음, 그 감정이 지금 고조되고 있다고 상상하면서 생각하고, 말하고, 행동해야 한다. 매일 미라클모닝을 할 때마다 이런 과정을 반복하자. 계속 하다 보면, 자연스럽게 마음에서 우러나오는 감정을 경험할 수 있을 것이다.

내가 성공했다는 확신을 무의식 속에 밀어넣는 것은
매우 어려운 일이다. 하지만 긍정을 하면 단번에 이뤄진다.

─플로렌스 스코벨 신Florence Scovel Shinn

09

The Miracle Morning

사물을 있는 그대로가 아니라 원하는 대로 보라.

—로버트 콜리어Robert Collier

행동과 결과를
상상해서 그리는 시각화
Life SAVERS-Visualization

보통 사람들은 가능한 것만 믿는다.
비범한 사람들은 가능한 것, 그럴듯한 것이 아니라
불가능한 것을 시각화함으로써
그것을 가능하게 만들어내기 시작한다.

― 셰리 카터-스콧 Cherie Carter-Scott

1954년 5월 6일 로저 배니스터Roger Bannister는 1마일(약 1.6킬로미터)을 4분 이내에, 정확히 말해서 3분 59초 4에 주파한 최초의 마라토너가 되었다. 배니스터 이전에는 1마일을 4분 이내에 주파한 사람이 없었고 이는 인간의 생리적 한계를 넘어서는 것이라고 여겨졌다.

불가능해보이던 이 위업을 어떻게 달성했는지 묻자 배니스터는 훈련의 일환으로 목표를 달성하는 자신의 모습을 끊임없이 시각화하여 자기 몸과 마음에 확신을 심어주었다고 말했다. 이것은 시각화를 활용하여 최고의 성과를 내는 방법을 보여주는 여러 사례 중 하나일 뿐이다.

흔히 '멘탈 리허설mental rehearsal(심적 시연)'이라고도 하는 시각화는 우리가 달성하고 싶은 것, 경험하고 싶은 것을 정확하게 상상한 다음, 그것을 이루기 위해 무엇을 해야 하는지 정교하게 마음속으로 리허설해서 부족한 부분을 보완하게 하는 최적의 정서적 상태를 만드는 과정이다. 운동선수나 공연을 하는 사람들은 멘탈 리허설을 활용하여 최선을 다해 준비할 뿐만 아니라 실전에서 최고의 기량을 발휘한다.

우리 역시 자신도 모르는 사이에 멘탈 리허설을 자주 활용한다. 문제는 성공에 방해가 되는 방식으로 활용한다는 것이다. 특히 하고 싶지 않은 불쾌한 일이나 어려운 일을 떠올릴 때마다 부정적인 감정을 리허설한다.

'오늘 퇴근 후 헬스장에 가야 하는데… 정말 가기 싫다'라고 생각할 경우 퇴근 시간이 다가왔을 때 이미 무의식적으로 연습했던 마음가짐과 감정에 따라 자신의 행동을 결정할 확률이 높다. '해야 할 일'을 하지 않는 것을 끊임없이 마음속으로 리허설하면서 결국 '하지 않는' 선택을 하는 것이다. 이 과정 자체가 무의식적인 습관이 되어 우리 삶의 기회들을 빼앗는다.

이처럼 시각화는 파괴적인 습관으로 우리를 이끌기도 하지만 이러한 습관을 깨는 해독제 역시 시각화다. 매일 아침 단 몇 분만 투자하면 된다. 하지만 확언 암송과 마찬가지로, 시각화 역시 잘못된 방식으로 실행하면 역효과가 날 수 있다.

시각화와 비전보드의 문제점

2006년 베스트셀러 《시크릿》이 출간된 뒤, 시각화는 선풍적인 인기를 끌었다. 하지만 이 책은 자신이 원하는 것을 시각화하라고 말할 뿐, 그러한 것을 얻기 위해 노력하는 자신의 모습을 구체적으로 떠올리라고 말하지는 않았다. 좋은 집, 좋은 차, 건강한 몸, 꿈꾸는 삶의 모습을 그려보고 또 실물 사진을 오려서 벽에 붙여놓으라고 말한다. 이렇게 하면 우리가 원하는 것을 무엇이든 **끌어당길 수 있다**고. 그런 시각화가 과연 효과가 있을까? 어떤 결과로 이어질까?

물론 비전보드를 만드는 일은 주말에 가족과 즐거운 시간을 보낼 수 있는 한때의 소일거리일 수 있다. 또 내가 되고 싶은 것, 갖고 싶은 것, 하고 싶은 것을 이미지로 구체화하는 것이 아예 무의미하지는 않을 것이다. 하지만 그런 시각화는 별다른 효과가 없다. 벽에 사진을 잔뜩 붙여 놓기만 하면 꿈꾸던 결과가 마술처럼 현실이 되어 나타날 것이라는 허황된 믿음만 심어준다. 심하면 망상으로 발전할 수도 있다.

시각화의 좋은 점

엘리트 운동선수나 공연하는 사람들이 최고의 기량을 발휘하기 위해 시각화를 자주 사용한다고 알려져 있지만, 올림픽에 출전하거나 브로드웨이에서 공연하는 사람이 아니더라도 시각화는 큰 도움이 된다. 우리의 성공을 가로막는 가장 큰 장애물을 넘어서는 데 도움을 주기 때문이다. 성취하고 싶은 것을 얻기 위해 뭔가 해야할 일이 있음에도 귀찮고 나태한 마음이 들 때 특히 효과적이다.

영감, 의욕 혹은 에너지가 떨어질 때, 나태해지고 싶은 유혹이 밀려온다. 감정에 휩쓸리다 보면 자꾸 모든 것을 미루게 된다. 아무것도 하지 않거나 늘 해오던 대로 하는 것이 훨씬 쉽기 때문이다. 하지만 이러한 유혹을 극복하고, 할 일을 미루지 않기 위한 결단력과 의욕을 키우는 데 필요한 동기를 지속적으로 생성할 수만 있다면 잠재력을 최대한 발휘하고 목표를 달성하는 데 방해되는 요소는 거의 없다.

이처럼 기분에 휩쓸리지 않고 마음먹은 것을 굳건히 밀고 나갈 결단력과 의욕이 필요할 때, 시각화가 큰 도움이 된다. 내가 직접 경험한 구체적인 방법이 있다.

나는 어릴 적부터 달리기를 싫어했다. 단순히 싫은 정도가 아니라 혐오할 정도였다. 내가 기억하는 한, 달리기는 무조건 피하고 싶은 행동이었다. 고등학교 체육 시간에 1마일 달리기를 억지로 했던 것이 아직도 기억에 생생하다. 하지만 2009년 초, 미라클 모닝을 시작한 지 6개월쯤 되었을 때, 운동 중에 무엇을 최고 목표로 삼을까 고민했다. 나는 바로 마라톤을 떠올렸다. 그 당시 마침 마라톤 거리의 2배를 뛰는 울트라마라톤을 완주한 친구가 2명이나 있었다. 친구들도 뛰는데, 나라고 못할 것 없다는 근거 없는 자신감이 생겼다. 고등학교 체육 시간에 고작 1.6킬로미터를 뛰어본 것이 전부인 내가 약 84킬로미터를 뛰겠다고 마음먹은 것이다. 어쨌든 정신적으로나 육체적으로 계속 발전해서 과거의 나를 넘어서야 한다고 생각했다.

울트라마라톤을 뛰겠다고 목표를 잡기는 했지만, 사실 속으로는 걱정이 되었다. 당시 나는 프론트-로 재단Front-Row Foundation이라는 자선단체의 이사였는데, 그해 10월 애틀랜틱시티 마라톤에서 연례기금 모금 행사를 개최하기로 되어 있었다. 6개월이라는 여유가 있던 셈이다. 흔들리는 마음을 다잡는 차원에서 나는 울트라마라톤에 참가하여 완주하는 방식으로 재단의 기금을 마련하겠다고 공개적으로 선언했다. 그런 다음, 달리기에 대한 거부감을 극복하기 위해 시각화 전략을 활용하기 시작했다.

먼저 내가 꿈꾸는 결과, 즉 애틀랜틱시티 마라톤의 결승선을 통과하는 장면을 약 60초 동안 시각화하며 어떤 기분이 들지 상상해 보았다. 이것은 2가지 장점이 있었다.

- 결과가 어떨지 명확하게 그려졌다. 또한 시각화할 때마다 불가능해 보였던 결과가 점점 현실처럼 느껴졌다.
- 그 비전을 현실로 만들고 싶다는 욕구를 자극하고 동기를 부여하는 데 큰 도움이 되었다.

그다음 나는 그러한 결과를 향해 나아가기 위해 오늘 무엇을 해야 하는지 눈을 감고 시각화했다.

아침 7시 정각, 거실 테이블 위에 놓여 있는 스마트폰에 알람이 울리면 나는 소파에서 일어나 침실로 들어가 옷장 앞에서 러닝복으로 갈아입고, 다시 거실로 나와 현관문을 열고 나가는 모습을 그렸다. 눈앞에 펼쳐진 인도를 바라보고 미소 지으며 확신과 열정에 차 이렇게 혼잣말을 하는 것이다.

"오늘도 신나게 달려볼까? 그러면 나는 '최고의 나'가 될 수 있어!"

그때 느껴질 감정을 반복하며, 실제 상황인 것처럼 연기했다. 고개가 저절로 끄덕여졌고, 달리기 전 설렘에서 오는 생리적 현상이 실제로 일어났다.

나는 달리기 위해 억지로 내 감정을 조작하거나 압박하지 않았다. 목표를 달성하기 위해 오늘 해야 하는 행동을 마음속으로 리허설하면서, 자연스럽게 그 행동을 빨리 실행하고 싶게 만드는 감정을 만들어냈을 뿐이다. 단 몇 분만에 그러한 행동을 하지 않고는 못 배기는 최적의 감정 상태가 되었던 것이다.

시각화 수행의 효과는 대단했다. 아침 7시에 알람이 울렸을 때, 알람을 끄면서 '아 귀찮아. 오늘 하루만 건너뛰면 안 될까?' 같은 생각은 조금도 들지 않았다. 그것은 내가 리허설했던 것이 아니기 때문이다. 대신 알람이 울리자마자 아침에 시각화했던 것 그대로, 아무 저항 없이 거의 자동으로 움직였다. 곧바로 일어나 침실에 들어가 옷을 갈아입고, 거실을 가로질러 현관문을 열고 나갔다. 인도가 보이자마자 그날 아침에 상상했던 긍정적인 감정들이 쏟아져나왔다. 심지어 머릿속에서 아침에 상상했던 말이 그대로 재생되었다.

"오늘도 신나게 달려볼까? 그러면 나는 '최고의 나'가 될 수 있어!"

그렇게 나는 평생 그토록 피하기만 했던 일을 갑자기 할 수 있게, 아니 할 수밖에 없게 되었다. 이것이 바로 시각화의 힘이며 가장 1차적인 효과다.

미라클모닝 3단계 시각화 수행법

SAVERS를 수행하는 순서가 특별히 정해져 있는 것은 아니지만, 확언을 암송한 다음 바로 시각화를 하는 것이 좋다. 확언을 암송하면서 오늘 무슨 행동을 해야 하는지 확인하고, 그 행동을 실천하는 자신의 모습을 곧바로 시각화할 수 있기 때문이다. 시각화를 수행하는 방법은 다음 3단계로 구분할 수 있다.

1단계 : 마음가짐 준비하기

마음가짐은 어떤 경험을 시작하는 분위기를 결정한다. 따라서 시각화의 주요한 목적과 장점 및 효과가 무엇인지 알아야 한다.

- 자신이 꿈꾸는 결과를 달성하는 것이 어떤 느낌일지 보고 느끼면, 이를 달성하기 위해 무엇을 해야 하는지 분명하게 인지

할 수 있으며 자연스럽게 그것을 수행하고자 하는 의욕이 솟아난다.

- 꿈꾸는 결과를 달성하기 위해 지금 해야 하는 행동을 머릿속으로 리허설한다.
- 이러한 시각화를 하는 동안 의욕은 최고조에 이르며, 망설임이나 나태함이 끼어들 틈 없이 해야 할 일을 마음먹은 시간에 해낼 수밖에 없는 강인한 실천력이 생겨난다.

시각화 수행은 특별히 어렵지 않다. 하지만 자신의 두려움이나 불안 같은 정신적, 정서적 어려움으로 인해 시각화를 어려워하거나 성공을 마음속에 그리는 것을 불편하게 느끼는 사람도 있다. 또한 자신의 목표를 추구하는 것에 대해 다른 사람들이 어떻게 볼까, 또는 사랑하는 사람들을 뒤처지게 만들지 않을까 하는 생각에 죄책감을 느끼는 사람도 있다.

마리안 윌리엄슨의 베스트셀러 《사랑으로의 회귀A Return to Love》에 나오는 유명한 문장은 시각화할 때 정신적, 정서적 불편을 느끼는 사람들에게 깊은 울림을 준다.

"우리 내면 가장 깊은 곳에 자리 잡고 있는 두려움은 우리가 부족하다는 것이 아니라 한없이 강하다는 것입니다. 우리를 가장 두렵게 하는 것은 어둠이 아니라 빛입니다. 우리는 스스로 묻습니다. '내가 뭔데 똑똑하고, 훌륭하고, 재능 있고, 멋질 수가 있겠어?' 도대체 그것이 당신이면 안 되는 이유는 무엇입니까? …(중략)… 작은 꿈은 세상에 도움이 되지 않습니다. 주변 사람들을 불안하지 않게 하기 위해서 위축되는 것으로는 세상에 어떠한 빛도 비출 수 없습니다.

우리는 누구나 어린아이처럼 빛나는 존재입니다. …(중략)… 우리 중 일부만이 아니라 모든 사람이 그렇습니다. 우리 내면의 빛을 비추는 행동이 남들도 그렇게 하도록 이끌어줍니다. 우리가 두려움에서 벗어나는 모습만으로도 다른 사람들을 해방시킬 수 있습니다."

사랑하는 사람들, 당신이 이끄는 사람들에게 줄 수 있는 가장 큰 선물은 자신의 잠재력을 실현하기 위해 지속적으로 노력하는 모습을 보여주는 것이다. 그것을 본 다른 사람들도 똑같이 당신을 따라할 것이다.

이제 두려움, 불안, 다른 사람의 시선에 대한 걱정은 잠시 접어두고 가능성에 집중해야 할 시간이다. 당신이 진정으로 원하는 것은 무엇인가? 스스로 정한 한계가 있다면 모두 잊어버려라. 과거로 돌아가 바꿀 수는 없지만, 지금부터는 모든 것을 바꿀 수 있다.

그 누구보다 당신이 원하는 것을 만들어낼 수 있는 능력, 자격, 가치를 당신은 가지고 있다. 행복, 건강, 경제적 안정을 누릴 자격이 있다. 이제 그러한 자신의 모습을 시각화해 보자.

편안한 자세로 똑바로 앉아라. 의자든 소파든 바닥이든 어디든 좋다. 심호흡을 한다. 눈을 감고 마음을 비우고 시각화할 준비를 하자.

2단계: 이상적인 결과 시각화하기

원하는 것을 경험하는 자신의 모습을 시각화하면 감정이 고조되고 영혼이 충만해지며 비전을 향해 더 나아갈 수 있다. 원하는 것을 더 생생하게 볼수록, 목표를 달성했을 때 느껴질 감정을 지금 강렬하게 경험할수록, 목표 달성의 가능성이 현실로 다가온다.

따라서 목표를 분명하게 염두에 두고 시작하자. 달성하고 싶은 목표는 무엇인가? 결실을 바라는 개선 사항이나 성과는 무엇인가?

책 쓰기, 사업 시작하기, 세계 여행 등 일생에 이루고 싶은 꿈일 수도 있다. 몸무게 10킬로그램 감량, 결혼 생활 개선, 소득 증대, 즐겁고 행복하게 살아가기 등 단기적, 장기적 목표일 수도 있다. 또는 사람들에게 다정하게 인사하기처럼 단순하고 즉각적인 목표일 수도 있다. 어떤 결과를 꿈꾸든 시각화는 그것을 실현할 수 있는 강력한 정신 상태를 마련해주는 멘탈 리허설이다.

삶의 어떤 영역에서든 내가 원하는 결과가 무엇인지 생각해보고, 그것을 달성했을 때 내가 어떤 모습이고 어떤 감정을 느낄지 눈을 감고 상상해보자. 그 순간 느낄 수 있는 가슴 벅찬 기쁨을 생생하게 그려보자. 나는 애틀랜틱시티 마라톤 결승선을 통과하는 순간을 상상했다. 건강이 좋아지는 순간, 사업이 잘 되어 더 큰 사무실로 이사 가는 순간, 사랑하는 사람과 애정 어린 관계를 맺는 순간, 그 어떤 것을 목표로 하든 그 순간을 구체적으로 상상해보자.

이상적인 결과를 시각화할 때는 최대한 생생하게 떠올려야 한다. 비전의 세세한 부분을 모두 보고, 느끼고, 듣고, 만지고, 맛보고, 냄새를 맡아봐야 한다. 시각화의 효과를 극대화하려면 모든 감각을 활용해야 한다. 핵심은 목표를 성취하는 자신의 모습을 보면서 꾸준한 노력 끝에 비전을 현실로 만들어낼 때의 기분이 얼마나 좋은지 경험하는 것이다. 비전을 더 생생하게 만들수록 더 현실적으로 느껴질 것이고, 그것을 현실로 만들기 위한 행동을 실천에 옮기고 싶은 열정도 더 강렬해질 것이다.

3단계: 실천하는 모습 시각화하기

몇 분 동안 집중해서 꿈꾸는 결과를 명확하게 머릿속에 상상했다면, 이제 그 결과를 달성하기 위해서 무엇을 해야 하는지 판단하고 실천하는 모습을 마음속으로 리허설하자. 이 단계는 우리 앞에 놓인 큰 장애물을 넘어서기 위한 가장 중요한 작업이다. 귀찮고 나태해지고 싶은 마음이 들더라도 지금 내가 해야 할 일을 반드시 하게 만드는 과정이다. 이 장애물만 극복할 수 있다면 사실상 마음먹은 것은 무엇이든 해낼 수 있다.

실컷 목표를 세우고 결심하고 난 뒤에도 우리가 그것을 쉽사리 포기해버리는 이유는 무엇일까? 크게 2가지 이유가 있다. 첫 번째로는 마음을 먹었지만 사실 그것을 해낼 자신이 없어서 불안과 두려움을 느끼기 때문이다. 두 번째는 그것을 하는 것보다 하지 않는 것이 훨씬 편하기 때문이다.

바로 이러한 불안이나 유혹을 떨쳐내기 위한 가장 효과적인 방법이 바로 시각화다. 오늘 하기로 마음먹었던 실천을 행동으로 옮기는 자신의 모습을 마음속으로 그려봄으로써, 현실에서 열정적으로 수행할 수 있는 최적의 정신 상태를 만들어낼 수 있다.

시각화 방법은 단순하다. 눈을 감고 오늘 해야 할 일을 하고 있는 모습을 마음속에 그려보면 된다. 운동, 일, 공부, 글쓰기, 전화하기, 사람들을 긍정적으로 대하기 등 무엇이든 좋다. 그것을 즐거운 마음으로 수행하는 자신의 모습을 상상하라. 러닝머신 위에서 미소 지으며 달리는 자신의 모습을 그려보라. 계획한 운동을 끝까지 완수했다는 뿌듯함과 자신감에서 오는 만족감을 느껴보라. 진지한 얼굴로 전화를 거는 자신의 모습, 열심히 보고서를 작성하고 있는 나를 그려보자. 오랫동안 계획해왔던 프로젝트가 한 단계 한 단계 진행되는 모습, 가족과 주변 사람들을 향해 사랑을 담아 친근하게 인사하는 모습을 상상해보자. 꿈꾸는 결과를 달성하기 위해 오늘 해야 할 일을 최적의 마음가짐으로 실천하는 자신의 모습을 시각화하라.

10

The Miracle Morning

몸과 마음의 균형을
맞추는 운동
Life SAVERS-Exercise

운동할 시간을 내지 않으면,
아파서 누워 있는 데에 시간을 내야 할 것이다.

—로빈 샤르마Robin Sharma

운동이 건강을 유지하고, 근력을 키우고, 지구력을 향상시킨다는 사실은 누구나 알고 있지만, 아침에 운동하는 것이 얼마나 좋은지 아는 사람은 많지 않을 것이다. 아침 운동의 장점은 무시하고 넘기기 어려울 만큼 상당히 크다. 잠에서 막 깨어나 멍한 상태를 빠르게 벗어나 정신을 추스르고 또렷하게 집중력을 강화하고, 에너지를 높은 수준으로 끌어올려 하루 종일 유지할 수 있게 해준다. 일어나자마자 하는 운동은 기분을 상쾌하게 하고 업무 처리 능력을 최적화시킨다.

단 몇 분만이라도 일어나서 바로 운동을 하면, 몸에 혈액과 산소가 돌기 시작하고, 에너지와 인지 기능이 향상되며, 사고력과 집중력이 높아진다. 운동하는 시간이 늦어질수록 생산성에 미치는 긍정적인 영향력은 줄어든다.

또한, 공복 상태일 때 운동하는 것은 밥을 먹고 난 뒤 운동하는 것보다 체지방을 더 많이 태운다고 한다. 밤새 잠자는 동안 우리 몸이 좋아하는 에너지원인 탄수화물은 대개 바닥나기 때문이다. 케임브리지대학은 연구를 통해 다음과 같이 말한다.

공복 상태에서 저강도나 중강도 유산소 운동을 하면, 탄수화물을 섭취한 뒤 운동했을 때보다도 지방 산화도가 훨씬 높은 것으로 나타났다.

아침에 일어나자마자 헬스장에 가거나, 본격적인 운동을 하라는 것이 아니다. 몇 분 정도 가볍게 몸을 움직여 심박수를 높이기만 해도 상당한 효과가 있다.

최근 나는 자기계발 전문가이자 베스트셀러 작가이고 기업가인 에벤 페이건Eben Pagan의 인터뷰를 보았다. 진행자 토니 로빈슨은 그에게 당신이 성공할 수 있었던 가장 중요한 요인이 무엇이냐고 물었다. 그의 대답을 듣자마자 나는 귀가 쫑긋해졌다.

"저는 매일 아침 나만의 성공 루틴으로 하루를 시작합니다. 그것이 성공을 이끌어준 가장 중요한 열쇠라고 생각합니다."

곧바로 이어서 아침 운동의 중요성에 대해 말했다.

"매일 아침 심박수를 올리고, 혈액 순환을 자극하고, 폐에 산소를 한가득 채워야 합니다. 낮이나 저녁에 운동하는 것만으로는 충분하지 않습니다. 아침에 일어나서 최소 10~20분 정도는 양팔 벌려 뛰기 같은 유산소 운동을 하는 것이 좋습니다."

그렇다면 각자의 미라클모닝 루틴에서 운동은 얼마나 시간을 차지해야 할까? 다음 장에서 설명하겠지만, 문자 그대로 60초만 투자해도 아침 운동의 장점을 충분히 경험할 수 있다. 지금은 아침 운동으로 무엇을 할지만 정하면 된다. 양팔 벌려 뛰기, 웨이트 트레이닝, 요가, 빠르게 걷기, 달리기, 자전거 타기 등 무엇을 선택해도 상관없다. 중요한 것은 미라클모닝을 수행하는 동안 몸을 움직여 몸과 뇌에 혈액과 산소가 순환하게 만들어 최고의 상태를 경험하는 것이다.

아침을 기적으로 만드는 운동으로서의 요가

먼저 말하지만 나는 요가에 재능이 있는 사람이 아니다. 하지만 앞으로 평생 한 종류의 운동만 해야 한다면, 나는 망설임 없이 요가를 선택할 것이다. 요가는 우리 몸 전체를 자극하는 완벽한 운동이기 때문이다. 요가는 스트레칭, 근력 운동, 심혈관 훈련, 호흡 훈련, 더 나아가 명상까지 완벽하게 포괄한다. 정신, 몸, 영혼을 동시에 이롭게 한다는 점에서 이보다 완벽한 운동은 없을 것이다.

나는 미라클모닝과 함께 요가를 시작해 지금까지 계속 하고 있다. 내가 가장 좋아하는 요가 강사는 세계적으로 유명한 요가 전문가이자 작가인 다샤마Dashama다. 그녀는 내가 지금껏 만나본 요가 강사 중 가장 성실하고 유쾌한 선생님일 뿐만 아니라 매우 실용적인 요가를 가르친다.

요가를 수련하고 가르치는 데에만 1만 시간 이상을 투자한 진정한 요가의 달인으로서, 요가에 대해 간단하게 소개해달라고 요청했다.

·

요가는 우리 삶의 신체적, 정신적, 정서적, 영적인 측면에 적용되는 다면적 과학입니다. 이 책에 요가를 소개할 짧은 글을 써달라는 요청을 받았을 때, 미라클모닝과 요가가 완벽하게 잘 어울린다고 느꼈습니다. 우리 삶에 기적을 만드는 데 요가가 큰 도움을 줄 수 있다는 것을 나는 개인적 경험을 통해 잘 압니다. 나뿐만 아니라 나에게 가르침을 받은 전 세계의 무수한 사람들이 비슷한 경험을 하는 것을 목격했습니다.

기억해야 할 중요한 사실은 요가를 다양한 형태로 수행할 수 있다는 것입니다. 조용히 앉아서 명상하고, 호흡을 통해 폐활량을 늘리고, 등을 활처럼 구부려 가슴을 펴는 것뿐 아니라 삶의 여러 측면에 도움을 줄 수 있는 다양한 수련법이 있습니다. 핵심은 치료가 필요한 부분에 따라 어떤 수련을 해야 하는지, 자아의 균형을 유지하기 위해 동작을 어떻게 활용해야 하는지 아는 것입니다.

꾸준한 요가 수련은 다양한 삶의 질을 높여줍니다. 조화롭지 못한 것을 치유할 수 있고, 정체됐거나 막혀 있는 에너지를 풀어 자연스럽게 순환하도록 도와줍니다. 준비가 되었다고 생각되면 과감하게 도전해보시기 바랍니다.

축복과 사랑을 보내며, 다샤마

집에서도 편안하게 요가를 할 수 있다. 유튜브에 검색하면 무수한 요가 강사들이 제공하는 가이드 동영상을 찾을 수 있으니 그저 따라 하기만 하면 된다.

각자의 상황에 맞게 운동을 조절한다

　매일 운동하는 것이 건강과 활력을 높여준다는 사실은 누구나 알고 있지만 운동을 미루고 게을리할 핑계를 찾는 것은 너무나 쉽다. 사람들이 운동하지 않는 이유로 가장 흔한 것이 '시간이 없다'는 것과 '너무 피곤하다'는 것이다. 아마도 여러분도 그런 변명을 하며 운동을 그만둔 적이 있을 것이다.

　그래서 미라클모닝에 운동을 넣은 것이다. 다른 일을 하다가 운동할 시간을 뺏길 염려도 없고, 피곤하지도 않다. 운동을 하지 않을 핑계는 미라클모닝에 존재하지 않는다. 미라클모닝은 운동을 일상적인 습관으로 만드는 가장 확실한 방법이다. 이제 매일 신체적, 정신적, 정서적으로 최고의 상태를 유지할 수 있을 것이다.

　주의: 물론 이런 상황에 해당하지 않기를 바라지만, 통증 혹은 불편함을 느끼거나 신체적 장애가 있는 경우에는 먼저 의사와 상담을 하고 나서 운동 계획을 세우기 바란다. 개인의 상황에 맞게 운동 루틴을 수정하거나 생략할 수도 있다.

11

The Miracle Morning

오늘 리더reader는, 내일의 리더leader다.

—마거릿 풀러Margaret Fuller

세상의 모든 지식을 읽어내는 독서
Life SAVERS-Reading

운동이 신체에 영향을 미치는 것과 같이
독서는 정신에 영향을 미치며, 기도는 영혼에 영향을 미친다.
나라는 사람은 내가 읽는 책에 따라 달라진다.

— 매튜 켈리|Matthew Kelly

경험은 우리의 가장 큰 스승이라고 한다. 하지만 여기서 말하는 경험은 나의 직접 경험뿐 아니라 타인의 경험에서 조금씩 모으는 것도 포함한다. 간접 경험의 중요성까지 고려한다면 SAVERS의 다섯 번째 루틴인 독서는, 삶의 다양한 영역을 개선하고 최적화하는 데 필요한 지식과 관점 그리고 전략을 얻는 가장 효과적이고 효율적인 방법이다.

한 가지 분명히 말하고 싶은 것은, 여기서 독서란 내가 열망하는 것을 이미 달성한 사람이 쓴 논픽션을 읽는 것을 말한다. 이미 발명해낸 바퀴를 다시 발명하는 것은 시간 낭비다. 목표를 달성한 사람의 행동을 그대로 따라 할 수 있다면 나도 훨씬 빠르게 목표를 달성할 수 있다. 우리가 생각할 수 있는 거의 모든 주제와 관련하여 이미 무수히 많은 책이 존재하기 때문에 독서를 통해 얻을 수 있는 지식에는 한계가 없다.

더 행복해지고, 건강해지고, 부유해지고 싶은가? 새로운 사업을 시작하거나 마라톤을 뛰고 싶은가? 더 나은 부모가 되고 싶은가? 그런 일을 이미 해본 사람들이 쓴 책이 서점에 무수히 준비되어 있다. 그런 일을 어떻게 해야 하는지 자세히 가르쳐준다. 시행착오를 줄여줄 뿐만 아니라 성공의 속도를 더욱 높여준다.

얼마나 오랫동안 읽어야 할까?

SAVERS를 수행하는 데 시간을 얼마나 할애해야 하는지는 다음 장에서 살펴본다. 하지만 독서에는 최소한 10분 이상 할애해야 한다고 생각한다. 개인적으로 나는 독서에 20분을 할당한다(그리고 잠들기 전 10~20분 정도 또 읽는다). 하지만 인생을 바꾸는 데에는 거대한 아이디어 하나만 있어도 충분하다고 생각하기 때문에 양보다 질을 추구한다. 적게 읽을수록 좋다고 생각한다.

독서 시간이 비교적 충분하지 않다고 생각할 수도 있겠지만, 간단히 계산해보면 이 시간만으로도 우리가 얼마나 많은 책을 읽을 수 있는지 쉽게 알 수 있다. 독서 속도는 사람마다 다르겠지만, 넉

넉히 잡아 1분에 1쪽 정도는 충분히 읽을 수 있다.

이제 계산해보자. 하루에 10쪽씩 읽으면 1년에 3,650쪽을 읽을 수 있다. 200쪽짜리 책 18권이다. 이제 물어보자. 앞으로 12개월 동안 자기계발서 또는 역량 계발과 관련된 책을 18권 읽을 자신이 있는가? 그 책을 읽고 나면 지식과 능력, 자신감이 충분히 높아질 것이라고 생각하는가? 나의 삶이 새로워지고 개선될 것이라고 생각하는가? 물론이다! 아무리 바쁜 사람이라고 해도 하루에 10분조차 투자하기 힘든 사람은 없을 것이다. 하지만 그 적은 시간이 삶을, 사람을 변화시킬 것이다.

무엇을 읽어야 할까?

어떤 책을 읽을 것인지는 추구하는 목표에 따라 달라질 것이다. 사람들에게 인생에서 추구하는 것이 무엇이냐고 물었을 때 일반적으로 가장 많이 나오는 대답은 '행복'이다. 사람마다 다를 수 있겠지만 나 역시 행복해지고 인생을 즐기기 위해 노력한다. 그러한 노력에 도움을 준 책을 몇 권 소개한다.

- 《아무것도 하지 않고도 모든 것을 얻는 법》
- 《행복의 특권》
- 《달라이 라마의 행복론》
- 《네 가지 질문》
- 《상처 받지 않는 영혼》
- 《될 일은 된다》
- 《얽매이지 않는 삶Living Untethered》

사람들에게 무엇을 원하느냐고 물으면 당연히 가장 많이 나오는 대답은 '더 많은 돈'이다. 경제 상황을 개선하고 싶을 때 도움이 되는 책들을 소개한다.

- 《생각하라 그리고 부자가 되어라》
- 《백만장자 시크릿》
- 《돈의 연금술》
- 《미라클모닝 밀리어네어》
- 《기적의 매출을 위한 미라클모닝》

한없이 사랑스럽고 조화롭고 서로 지지해주는 관계를 회복하고 싶은가? 이 주제에 관한 책은 앞으로 10년 내내 읽어도 다 읽을 수 없을 만큼 무수히 많다. 내가 추천하는 책은 다음과 같다.

- 《5가지 사랑의 언어》
- 《행복한 결혼을 위한 7원칙》
- 《그녀의 매일을 선택하라Choose Her Every Day》
- 《부부 관계를 개선하고자 함께 노력하는 이들을 위한 책The Miracle Morning for Couples》
- 《부부 관계를 개선하고자 홀로 노력하는 사람을 위한 책The Miracle Morning for Transforming Your Relationship》

더 행복해지고, 더 많은 돈을 벌고, 부부 관계를 개선하고, 자신감을 키우고, 더 나은 부모가 되고, 그밖의 다양한 영역에서 변화를 경험하고 싶다면 서점을 방문하자. 관심 있는 주제에 관한 보석같은 조언을 담은 수많은 책을 찾을 수 있다. 탄소배출량이 걱정되거나 돈을 절약하려는 사람들은 가까운 도서관을 이용할 수도 있다.

독서의 가치를 극대화하는 팁

책을 읽는 목적을 분명히 인식한다

책을 읽기 전에 왜 이 책을 읽는지 스스로 질문하자. 무엇을 얻고자 하는가? 책에서 배운 내용을 어떻게 실천할 것인가? 그 답을 마음에 새기고 책을 읽어라. 지금 잠깐 눈을 감고 이 책을 왜 읽는지 생각해보기 바란다. 무엇을 얻고자 하는가? 더 중요한 질문은, 이 책을 모두 읽고 나서 배운 내용을 실천할 각오가 되어 있는가 하는 것이다.

종교 경전을 읽는다

미라클모닝을 수행하는 사람들 중에는 독서 시간에 자신이 믿는 종교의 경전, 즉 성경, 불경, 코란, 타나크 같은 책을 읽는 사람들이 많다.

책에 표시한다

책 앞머리에서 이 책을 읽으면서 밑줄을 긋고, 동그라미를 치고, 강조 표시를 하고, 책끝의 모서리를 접고, 여백에 메모하라고 조언했다. 그렇게 해야만 자신이 읽는 책의 내용을 최대한 흡수하고 활용할 수 있다. 앞에서 읽었던 부분을 언제든 다시 찾아볼 수 있고, 빠르게 핵심만 훑어볼 수도 있고, 책을 읽으면서 떠올린 아이디어도 쉽게 복기할 수 있다.

완전히 자기 것으로 만들기 위해 반복해서 읽는다

유용한 자기계발서는 여러 번 다시 읽으면 좋다. 책을 한 번 읽고서 그 가치를 내면화하기는 매우 힘들다. 한 번만 읽어서는 책에 담긴 아이디어에 살짝 노출되기만 할 뿐이어서 자신의 것으로 만들기 위해서는 반복해야 한다. 그래야 그 책에 담긴 아이디어, 전략, 기술이 무의식에 뿌리내리며 우리 삶에 통합된다.

나는 내 삶에 정말로 큰 영향을 미칠 것이라고 여겨지는 책은, 모두 읽고 난 뒤 곧바로 다시 읽는다. 밑줄, 동그라미, 강조 표시한 부분만 다시 읽는 경우도 있다. 그럼에도 또다시 읽고 싶은 책은, 책장에 특별한 공간을 만들어 꽂아 놓는다. 그 책들은 1년 동안 수시로 꺼내서 읽는다.

한 번 읽은 책을 다시 읽는 것은 수행과 비슷하다. 처음 책을 읽을 때만큼 재미있지 않기 때문이다. 반복하는 것은 지루하거나 싫증나기 쉽다. 이것이 바로, 어떤 것을 마스터하는 것이 어려운 이유다. 따라서 우리는 더더욱 책을 반복해서 읽어야 한다. 이 과정을 통해 우리는 더 높은 자기 수련의 경지로 올라설 수 있다.

우선 이 책으로 시도해보는 것은 어떨까? 이 책을 다 읽고 나면 곧바로 처음부터 다시 읽어보자. 배운 내용을 더 깊이 새길 수 있고, 미라클모닝을 마스터할 수 있을 것이다.

12

The Miracle Morning

생각을 손으로 정리하는 기록
Life SAVERS-Scribing

무엇을 쓰든 종이 위에 자신의 말을 쏟아내는 것은,
돈 한 푼 쓰지 않고 마음을 치유하는 방법이다.

—다이애나 라브Diana Raab

기록하기는 SAVERS의 마지막 루틴으로, 여기서 말하는 '기록'은 '일지'에 가깝다. 나는 미라클모닝을 수행하는 동안 5~10분을 할애하여 머릿속에 떠오르는 것들을 글로 적는다. 글쓰기가 어색하게 느껴질 수도 있지만 실제로 해보면 다른 방식으로는 얻을 수 없는 귀중한 통찰력을 가질 수 있게 된다. 새로운 아이디어, 통찰, 혁신, 깨달음, 성공, 교훈을 글로 기록할 수 있을 뿐만 아니라 다양한 기회, 개인의 성장과 발전을 글로 남길 수 있다.

이러한 기록하기의 효과는 오래전부터 알고 있었고 그래서 몇 번 시도해보기도 했지만 꾸준히 이어나가기는 어려웠다. 일상적인 루틴으로 만들기 어려웠기 때문이다. 침대 머리맡에 일기장을 놓아두기는 했지만 밤늦게 집에 들어와서 일기를 쓰려고 할 때마다 너무 피곤하고 귀찮다는 생각에 거의 쓰지 못했다. 일기장은 거의 공백으로 남아 있었다. 책장에는 그렇게 몇 장 쓰다 만 일기장이 여러 권 꽂혀 있다.

돈을 투자한 만큼 일기도 더 열심히 쓰지 않을까 하는 생각에 새 일기장, 더 비싼 일기장을 샀다. 언뜻 보기에는 그럴듯한 전략 같아 보였지만 안타깝게도 나의 소박한 바람은 늘 실패했고 책장에는 비싼 일기장만 계속 늘어났다.

하지만 미라클모닝을 시작하고 나서 첫날부터 매일 일기를 쓸 시간을 마련해 놓으니, 꾸준히 쓸 수 있게 되었다. 그리고 내가 가장 좋아하는 습관이 되었다. 이제 일기 쓰기는 내 삶에서 가장 만족스럽고 성취감을 주는 습관으로 자리 잡았다. 떠다니는 생각을 의식적으로 방향을 잡아 글로 남길 수 있을 뿐만 아니라, 예전에 쓴 일기들을 다시 읽어보며 의미 있는 경험들을 되돌아보고 강렬한 통찰을 얻을 수 있다.

현재의 나와 꿈꾸는 나 사이의 간격

6장을 시작하면서 SAVERS는 현재의 나와 꿈꾸는 나 사이의 괴리를 줄이기 위한 수행 방법이라고 말했었다. 인간은 자연스럽게 이러한 격차에 초점을 맞출 수밖에 없다. 현재 내가 처한 상황과 앞으로 달성하고 싶은 상황, 지금까지 내가 이룬 성취와 앞으로 이루고 싶은 성취, 현재 내 모습과 앞으로 되고 싶은 이상적인 내 모습 사이의 격차에 더욱 초점을 맞추기 마련이다.

문제는 이러한 격차에만 집중하게 되면 자신감과 자아상을 해칠 수 있으며, 내가 부족하다는 느낌, 지금까진 이룬 업적이 보잘 것 없다는 느낌, 늘 뒤처진다는 느낌을 받는다는 것이다.

특히 성취도가 높은 사람일수록 이러한 격차에 초점을 맞추는 경향이 강하다. 끊임없이 자신의 업적을 폄하하거나 최소화하고, 자신이 저지른 조그만 실수에도 자책한다. 자신의 부족함에 늘 불만을 느낀다.

역설적인 사실은, 성취도가 높은 사람들이 그토록 높은 성취를 할 수 있었던 이유가 바로 이러한 격차에 초점을 맞추기 때문이다. 격차를 좁히고자 하는 끝없는 열망은 탁월함을 추구하며 끊임없이 나아가도록 이끌어주는 힘이 된다. 물론 격차에 대한 인지가 나의 부족함을 부각하기보다는 '내 잠재력을 실현하기 위해 열정적으로 최선을 다한다'라는 생각을 북돋는다면 건전하고 생산적인 힘이 될 것이다. 하지만 안타깝게도 그런 경우는 별로 없다. 평균적인 사람들 심지어 높은 성취를 이룬 사람일지라도 격차에 초점을 맞추는 사람들은 부정적으로 반응하는 경향이 강하다.

삶의 거의 모든 영역에서 레벨 10의 성공을 달성하고 유지해 나가는 사람들은 자신이 가진 것에 매우 감사하고, 자신이 이룬 업적을 긍정하며, 자신의 현재 삶에 만족하면서 평화롭게 지낸다. 그들은 이렇게 생각한다.

'나는 지금 이 순간 최선을 다하고 있으며, 동시에 더 잘할 수 있으며 분명히 더 잘할 것이다.'

자신을 긍정하면서도 더 노력하겠다고 조화롭게 사고하는 것이다. 이러한 균형 잡힌 자기 평가는 자신의 능력이나 소유물, 노력이 부족하다는 생각을 하지 않게 하며, 동시에 잠재적인 격차를 줄이기 위해 끊임없이 노력하도록 이끈다.

반면 격차에만 초점을 맞추는 사람은 하루, 한 주, 한 달, 한 해가 지난 뒤 자신이 얼마나 발전을 이뤘는지 공정하게 평가하지 못한다. 예컨대, 하루에 해야 할 일이 10개 있을 때 그중 6개를 해냈다면 어떨까? 격차에만 초점을 맞추는 사람들은 4개를 하지 못했다는 이유만으로 아무것도 이루지 못했다고 생각한다.

대다수는 하루에 수십, 수백 가지 일을 제대로 해내더라도 몇 가지는 실수할 수 있다. 이런 상황에서 사람들은 어떤 것을 계속 떠올릴까? 제대로 해낸 수백 가지 일을 떠올리는 것이 더 합리적이지 않을까? 당연히 그것이 더 유쾌하다.

지금까지 이야기한 내용이 일기를 쓰는 것과 무슨 관련이 있을까? 매일 일기를 쓰면서 자신이 성취한 것, 감사한 것, 더 잘하기 위해 노력해야 하는 것을 의식적으로 정리할 수 있다. 이러한 작업을 체계적이고 전략적으로 진행해 나가며 하루하루 삶의 여정을 즐기고, 앞으로 나아질 모습에 기대감을 느끼고, 꿈꾸는 결과를 더욱 명확하게 그려봄으로써 더 빨리 성취할 수 있게 된다.

나의 첫 번째 일기장 훑어보기

미라클모닝을 시작하고 매일 일기를 쓴 지 1년 정도가 지났을 때, 일기 쓰기의 좋은 점을 또 하나 발견했다. 지난 일기를 훑어볼 수 있다는 것이다. 한 해가 끝나는 마지막 주에 나는 한 해 동안 쓴 일기를 모두 읽었다.

지난 한 해 하루하루를 돌아보며 기억하고 다시 반추할 수 있었다. 매일 아침을 시작할 때 나의 마음가짐이 어떠했는지 다시 돌아보니, 한 해 동안 내가 상당히 성장했다는 사실을 깨달을 수 있었다. 지난 12개월 동안 나의 행동, 활동, 진행 상황을 돌아보는 것은 내가 많은 것을 성취했다는 사실을 음미할 수 있는 기회가 되었다. 무엇보다도 그동안 잊고 지냈던 매일의 교훈들을 다시 훑어볼 수 있었다.

또한 이전에 경험했던 것보다 훨씬 깊은 감사를 2가지 차원에서 경험했다. 그것은 마치 영화 〈백 투 더 퓨처〉에서 주인공이 1981년으로 돌아가 드로리안에서 내리는 모습과 비슷했다. 지난 1년간의 일기를 읽으면서 한 해 동안 얼마나 많은 경험을 하고 교훈을 얻고 성취를 이뤘는지 되돌아보며 나에게 도움을 주었던 사람들을 되새겨볼 수 있었고, 동시에 내가 얼마나 먼 길을 걸어왔는지 느낄 수 있었다. 이 모든 것은 놀라웠고 다소 초현실적인 기분을 안겨주었으며 이 순간 모든 것에 감사함을 느끼게 했다. 이러한 경험을 여러분들에게 알려줄 수 있다는 것이 너무나 기쁘다.

그래서 나는 지난 일기를 훑어보는 것으로 얻을 수 있는 효과를 좀 더 구체화할 수 있는 방법을 궁리했다. 나는 빈 종이 한 장을 꺼내 가운데에 선을 그어 반으로 나눈 뒤, 왼쪽 맨 위에는 '지금까지 배운 교훈', 오른쪽 맨 위에는 '새로운 결심'이라고 썼다. 지난 일기를 읽으면서 가치 있다고 여겨지는 교훈을 정리하여 왼쪽 칸에 쓰고, 그 교훈을 현실 속에 반영하여 구현하기 위한 실천 방법을 오른쪽 칸에 쓴다. 이 작업은 지금껏 나에게 큰 도움을 주었다.

SAVERS 총정리

뭐든 처음에는 어렵기 마련이다. 어떤 습관이든 편안해지려면 시간이 필요하다. SAVERS 역시 꾸준히 수행하다 보면 익숙해지고 자연스러워질 것이다. 첫날 수행한 명상은 정말 엉망이었다. 핀볼 기계 속에서 종잡을 수 없이 튀어오르는 은색 구슬처럼 온갖 생각이 걷잡을 수 없이 휘몰아쳤다. 하지만 지금은 명상하는 것을 좋아한다. 요가 첫날 역시 마찬가지였다. 유연하지도 않은 몸으로 자세도 못 잡고 어색하고 불편하기만 했다. 물 밖에 튀어나온 물고기처럼 버둥거렸다. 하지만 지금 요가는 내가 가장 좋아하는 운동이 되었으며, 계속할 수 있다는 것만으로도 감사하다.

SAVERS 중 하나라도 실천할 자신이 없다고 생각하는 사람에게는 알레이나 캐시의 경험담이 상당히 도움을 줄 것이다.

SAVERS를 한 번에 하나씩 연마하는 데 집중하세요. 예컨대 명상에 자신이 없다면 유튜브 동영상이나 앱의 도움을 받아보세요. 또는 관련 커뮤니티 속 다른 사람들의 조언을 참고하거나 직접 도움을 요청해보세요. 그러면 1~2주 안에 자신감이 생길 거예요. 이런 식으로 하나씩 섭렵해 나가면 자신감이 붙을 겁니다. SAVERS에 익숙해지면 이러한 개별적인 수행에 더 이상 신경 쓰지 않고도 균형을 맞추며 즐길 수 있게 됩니다.

미라클모닝을 통해 경제 상황을 개선했다는 경험을 공유한 크리스토퍼 모스카리노는 다음과 같이 말한다.

소박하게 시작하세요! SAVERS 중 1~2가지만, 혹은 한 가지를 5분씩 해도 됩니다. 점차 시간을 늘려 나가세요. 목표가 원래보다 1시간 일찍 일어나는 것이라면, 처음에는 15분, 그다음 날은 30분, 이런 식으로 조금씩 시간을 당겨보세요. 소박하게 시작해서 유지해 나가기만 하면 됩니다. 그러다 보면 어느새 미라클모닝을 꾸준히 실천할 수 있는 경지에 도달할 것입니다.

어쨌든 지금까지 설명한 미라클모닝의 가장 표준적인 루틴은 다음과 같다.

- **S**ilence 명상 (10분)
- **A**ffirmations 확언 (10분)

- Visualization 시각화 (5분)

- Exercise 운동 (10분)

- Reading 독서 (20분)

- Scribing 기록 (5분)

물론 구체적인 수행 방법이나 순서는 개인의 취향이나 조건에 맞게 수정할 수 있다. 예컨대 혈액 순환을 원활하게 하고 주의력을 높이기 위해 운동부터 시작하는 것을 좋아하는 사람도 있을 것이다. 반대로 땀을 흘리는 것이 싫어서 운동을 맨 끝에 하고 싶은 사람도 있을 것이다. 개인적으로 나는 잠에서 깨어나 서서히 정신을 차리고 자연스럽게 정신적, 감정적 상태를 최적화할 수 있도록 명상부터 시작하는 것을 선호한다. 13장에서 미라클모닝 수행법을 자신에 맞게 수정하는 방법에 대해 좀 더 자세하게 설명한다.

이제 내일 아침부터 SAVERS를 수행해보자. 지금부터 이러한 수행 방법에 익숙해지면 16장 '삶을 바꾸는 미라클모닝 30일 챌린지'를 곧바로 시작할 수 있다. 아직도 미라클모닝을 수행할 적절한 시간을 내지 못해 겁을 내는 사람들이 있을지 모른다. 걱정할 필요 없다. 다음 장에서 미라클모닝 6단계 루틴을 단 6분 만에 모두 수행할 수 있는 방법을 설명하고 있다.

아이디어는 언제, 어디서나 나올 수 있다.

다만 머릿속에 메모를 하면, 잉크가 매우 빨리 휘발돼 버린다.

— 롤프 스미스Rolf Smith

13

The Miracle Morning

시간이 부족한 날을 위한
6분 미라클모닝

일찍 일어날 시간이 없어요.

―익명의 누군가

"바쁜가? 신기하네. 나만 그런 줄 알았어."

미라클모닝을 처음 접했을 때 사람들이 가장 많이 떠올리는 고민은, 지금도 이미 바쁜데 또 다른 일정을 어떻게 추가하느냐는 것이다. 물론 미라클모닝을 수련하면 차분함, 집중력, 생산성이 올라가고 일상적인 업무를 처리할 수 있는 능력도 올라가기에 삶은 오히려 단순해진다. 하지만 살다 보면 미라클모닝을 위해 30~60분이라는 시간을 온전히 할애할 수 없는 아침도 있을 것이다.

무언가를 하기 위해 얼마나 시간을 투자해야 할까 물어보면, 많은 사람들이 전부 아니면 전무라고 대답하는 경향이 있다. 나 역시 미라클모닝을 처음 시작할 때 똑같이 그렇게 생각했다. 계획한 시간을 다 채우지 못할 바에는 그냥 안 하는 것이 낫다고. 하지만 이런 생각은 틀렸다. 특히 자기계발과 관련한 것이라면 가만히 있는 것보다는 뭐라도 하는 것이 언제나 좋다.

어느 날 아침 일찍 약속이 있어서 그날은 미라클모닝을 생략하기로 마음먹었다. 모든 준비를 마치고 옷을 차려입고 나가려고 시계를 봤더니 15분 정도 여유가 있었다. 순간적으로 SAVERS를 1분씩만 하면 어떨까 하는 생각이 들었다.

나는 소파에 앉아 휴대전화에 타이머를 설정하고 미라클모닝을 시작했다. 이것이 6분 미라클모닝을 처음 시도한 날이다. 매일 아침 6분을 다음과 같이 시작한다고 상상해보자.

1분: 명상(Silence)

바쁜 하루를 정신없이 쫓기듯 서두르며 시작하는 것보다는, 딱 1분 동안만 차분히 앉아서 평화롭게 삶의 목적을 새기며 침묵의 시간을 즐겨보라. 아무도, 아무것도 신경 쓰지 말고 앉아서 천천히 심호흡을 하라. 감사할 일을 생각하거나 오늘 하루가 무사히 흘러가기를 빌어도 좋고 마음을 비우고 명상을 해도 좋다. 조용히 앉아 있으면 현재의 순간에 온전히 집중할 수 있다. 마음을 차분하게 가라앉히고 몸을 이완시키고 스트레스가 완전히 빠져나가게 만들자.

2분: 확언(**A**ffirmations)

미라클모닝 확언을 집중하여 암송한다. 인생에서 달성하고 싶은 신나는 목표, 그것이 나에게 중요한 이유, 원하는 것을 달성하기 위해 취해야 할 행동을 명확하게 표현한 확언은 삶의 목표를 다시금 상기시켜줄 것이다. 확언을 읽으며 나에게 중요한 것이 무엇이고 그것을 실현하고자 하는 나의 의욕이 얼마나 큰지, 그것을 위해 오늘 무엇부터 해야 하는지 분명하게 느낄 수 있을 것이다.

3분: 시각화(**V**isualization)

눈을 감고, 목표를 달성하기 위해 오늘 해야 할 일을 그려보자. 완벽한 하루를 시각화하라. 즐겁게 일하고, 사랑하는 사람들과 웃고 떠들고, 계획했던 일을 모두 달성한 자신의 모습을 상상한다. 최고의 내 모습을 눈으로 보고, 모든 일을 이루었을 때 느낄 환희를 미리 경험한다. 하루 중에 느낄 수 있는 최고의 감정 상태를 마음속으로 리허설해본다. 이러한 작업은 나의 숨은 능력과 자신감을 끌어올릴 것이다.

4분: 기록(**S**cribing)

자신의 삶에서 감사한 일을 한 가지 적은 뒤, 가슴에 손을 얹고 감사함을 깊이 느낀다. 30초를 남겨놓고, 레벨 10의 목표를 향해 나아가기 위해 오늘 수행해야 할 최우선 과제를 글로 쓴다. 이렇게 쓴 60초 일기는 정서적으로 충만함을 안겨주고 최고의 생산성을 끌어낼 것이다.

5분: 독서(Reading)

읽던 책을 펼쳐 1분 동안 삶에 적용할 수 있는 유용한 내용을 배운다. 세상을 새로운 시각으로 바라볼 수 있는 새로운 관점을 얻을 수도 있다. 일상에 적용할 수 있는 요령, 또는 일의 성과나 인간관계를 개선할 수 있는 실질적인 조언을 배울 수도 있다. 새로운 깨달음은 내 삶을 개선할 수 있다는 확신을 안겨줄 것이다.

6분: 운동(Exercise)

이제 마지막으로 일어서서 60초 동안 몸을 움직이며 운동을 한다. 제자리 뛰기나 양팔 벌려 뛰기를 해도 좋고, 팔 굽혀 펴기나 윗몸 일으키기를 해도 좋다. 1분 운동으로 땀은 나지 않을 수 있지만, 심박수가 올라가고 에너지가 샘솟고 뇌로 가는 혈액과 산소의 양이 늘어나 주의력과 집중력이 증진될 것이다.

매일 아침 일어나자마자 6분을 이렇게 활용한다면 기분이 어떨까? 그날 하루, 나아가 전체 삶의 질이 높아지지 않을까?

분명히 말하지만, SAVERS에 60분을 투자할 때 가장 효과가 좋다. 하지만 그럴 여유가 없을 때에는 30분, 정 시간이 없을 때에는 6분만이라도 투자하기 바란다. 자기계발 속도를 높여주고, 신체적, 정신적 컨디션을 최적화하여 하루를 시작할 수 있는 강력한 프레임워크가 되어줄 것이다.

또한, 6분 미라클모닝은 '시간이 없다'는 핑계도 댈 수 없다. 시간이 있든 없든 미라클모닝을 꾸준히 실천하여 일상적인 습관으로 만들라.

우리는 누구나 행복해지기를 원한다.

그리고 우리는 누구나 어떻게 하면 행복해지는지 알고 있다.

하지만 우리는 그렇게 하지 않는다. 왜 그럴까? 단순하다.

너무 바쁘기 때문이다. 뭘 하느라 바쁜가?

행복해지려고 바쁘다.

—매튜 켈리Matthew Kelly

14

The Miracle Morning

나만의 미라클모닝
루틴 만들기

미라클모닝은 놀라워요.
제 삶에 새로운 차원의 명확성, 집중력,
에너지를 불어넣었어요.

— 케이티 히니Katie Heaney

미라클모닝은 상황에 맞게 수정할 수 있다. 몇 시에 일어날 것인지, SAVERS 중에서 몇 가지만 골라서 수행할 것인지, 시간을 어떻게 배분할 것인지 등 모든 것을 자신에 맞게 수정할 수 있다. 자신의 생활 패턴에 따르고, 목표를 달성하는 데 도움이 될 수 있도록 조정하는 데 제한이 없다.

이 장에서는 미라클모닝을 자신에게 맞게 수정할 수 있는 몇 가지 아이디어와 전략을 설명한다. 또한 언제, 무엇을 아침 식사로 먹는 것이 좋은지, 자신의 목표와 꿈에 맞게 변주할 수 있는 방법은 무엇인지, 주말에도 일찍 일어나야 하는지, 자꾸 미루는 습관을 어떻게 극복할 수 있는지 조언한다.

또한 직업 및 생활 패턴, 우선순위, 라이프스타일 등에 따라 다르게 설계한 실제 미라클모닝 루틴도 소개한다.

미라클모닝 루틴을 유연하게 적용하라

물론 기이하게 들릴 수도 있겠지만, 미라클모닝을 꼭 아침에 수행할 필요는 없다.

어라? 하고 생각하는 사람들이 있을 것이다. 물론 지금까지 설명했듯이 아침 일찍 일어나 하루를 상쾌하게 시작하는 것이 가장 좋다. 하지만 직업이나 라이프스타일 때문에 아침에 시간을 낼 수 없는 사람도 있다. 밤새 교대근무를 하고 낮에 자는 사람은 매일 밤 9시에 잠드는 사람과 활동 시간대가 다를 수밖에 없다.

사람마다 활동 시간이 다를 수 있겠지만, 미라클모닝의 핵심은 남들보다 일찍 일어나 하루의 첫 일과를 자기계발에 투자하는 것이다. 밤 10시부터 새벽 6시까지 트럭을 운전하거나 병원에서 근무한 뒤, 집에 돌아와 오후 2시까지 잠을 잔다면, 그보다 30분 빨리 일어나 미라클모닝을 수행할 수 있다. 중요한 것은, 하루를 언제 시작하든 SAVERS 수행을 통해 신체적, 정신적, 정서적, 영적으로 최상의 컨디션을 만든 뒤 일과를 시작하는 것이다.

나아가 당직 의사나 간호사, 밤에 자꾸 깨는 갓난아기를 돌보는 부모처럼, 잠을 설치거나 쪽잠을 자거나 일정을 통제할 수 없는 사람도 있을 수 있다. 이러한 사람들은 미라클모닝을 수행하기 어렵다고 생각할 수 있지만, 전혀 그렇지 않다. SAVERS는 고대로부터 오랜 시간 동안 입증된 6가지 자기계발 방법이며, 언제 수행하든 효과가 있다는 것을 명심하라.

미라클모닝 커뮤니티에는 신생아를 둔 엄마들이 아기가 잠든 사이에 SAVERS를 하나씩 쪼개서 수행한다는 이야기, 밤에 근무하는 뉴욕의 직장인이 지하철을 타고 가는 와중에 SAVERS를 수행하는 경험담도 볼 수 있다. 미라클모닝을 수행하겠다고 마음만 먹으면 방법은 어떻게든 찾을 수 있다.

한 해 동안 미라클모닝을 꾸준히 실천한 두 아이의 엄마 몰리 매튜스의 경험담을 들어보자.

"저는 1년 전쯤 성공한 멘토들의 강력한 추천으로 미라클모닝을 알게 되었습니다. 두 아이를 키우는 전업주부라서 집안일을 처리하는 것만으로도 늘 허우적대느라 지치고 피곤했죠. 마침내 30~40분 정도 일찍 일어나 SAVERS를 5분씩 수행하기 시작했어요. 시작하자마자 하루 일과가 훨씬 가뿐해진다는 것을 느낄 수 있었습니다. 활력이 솟고 정신도 더 맑아지면서 더 나은 엄마가 된 듯한 기분이 들더군요. 정신 건강도 좋아지고 전반적인 행복감이 드라마틱하게 개선되었어요! 그 이후 SAVERS를 수행하는 시간을 늘렸어요. 물론 아이들이 깨는 바람에 모든 수행을 완벽하게 마무리하지 못하는 경우도 많았지만, 아침 일찍 나만을 위한 시간을 갖는 것만으로도 큰 차이를 느낄 수 있었습니다. 그리고 아침에 마무리하지 못한 수행은 아이들이 낮잠 잘 때 다시 합니다. 지금은 아이들을 돌보면서 틈틈이 2가지 일을 부업으로 하는데, 지치기는커녕 삶에 대한 열정과 기쁨이 더욱 커졌습니다! 미라클모닝을 만난 건 정말 행운이에요!"

이처럼 미라클모닝으로 하루를 시작하는 것도 좋지만 시간, 순서, 기간에 구애받지 않고 매일 빠짐없이 실천하는 것이 더욱 중요하다. 지속적으로 성장하고 발전하며 삶에서 원하는 것을 얻고 경험할 수 있는 사람이 되도록 도와줄 것이다.

주말은 어떻게 할까?

이 책을 쓰기 위해 자료를 조사하던 중 오프라 윈프리의 말 한마디가 내게 깊은 인상을 남겼다.

"토요일 아침에 일찍 일어나면 아주 가벼운 마음으로 업무를 처리하는 기분이 듭니다. 평일에는 시간에 쫓기는 듯한 압박감이 있지만 토요일에는 그런 걸 느낄 수 없습니다. 남들이 모두 자고 있는 시간에 혼자 아침 일찍 일어나면 하루를 계획하거나, 좀 더 가벼운 마음으로 활동할 수 있는 여유가 생깁니다."

나도 처음에는 월요일부터 금요일까지만 미라클모닝을 수행하고 주말은 쉬었다. 하지만 머지않아 아침에 SAVERS를 수행한 날은 기분이 좋고, 성취감과 생산성이 높지만, 늦잠을 자고 일어난 날은 대개 하루 종일 무기력하고 집중력도 떨어지면서 비생산적으로 시간을 낭비한다는 사실을 깨달았다.

직접 경험해보자. 처음에는 주중에만 미라클모닝을 수행하고 주말에는 쉰다. 머지않아 토요일과 일요일을 낭비한다는 생각이 들 것이다. 주말에도 미라클모닝으로 하루를 시작해보면, 주말을 얼마나 보람차게 보낼 수 있는지 금방 깨달을 것이다.

아침은 언제, 무엇을, 왜 먹어야 할까?

미라클모닝을 수행하면 아침밥은 언제 먹어야 할까 궁금한 사람도 있을 것이다. 사실 언제 먹느냐 하는 것뿐만 아니라 무엇을,

왜 먹느냐가 훨씬 중요한 질문일 수 있다.

언제 먹어야 할까?

음식을 소화하는 과정에는 상당히 많은 에너지가 소모된다. 많이 먹을수록 소화해야 하는 음식의 양이 많아지고 체력도 더 많이 소모된다. 따라서 미라클모닝을 수행하기 전에 밥을 먹으면 혈액이 위장에 몰려 정신적, 신체적 상태를 가장 좋게 끌어올리기 힘들다. 공복 상태에서 SAVERS를 수행해야 피가 뇌로 흘러든다.

아침에 일어나자마자 무언가를 먹고 싶은 생각이 든다면 신선한 과일이나 스무디처럼 소화가 잘 되는 가벼운 음식을 조금 먹어라. 뇌에 연료를 공급해주는 건강한 지방을 첨가하면 더욱 좋다. 자세한 내용은 잠시 뒤 설명할 예정이다.

왜 먹어야 할까?

음식을 먹는 이유에 대해 생각해보자. 식료품점에서 장을 보거나 레스토랑에서 메뉴를 고를 때 어떤 기준으로 선택하는가? 맛, 식감, 편의성, 건강, 에너지, 아니면 장수하는 데 도움이 되는 것?

사람들이 음식을 선택하는 기준은 대부분 맛과 더불어 한 차원 더 깊은 수준에서 작용하는 정서적 애착이라고 한다.

"왜 그 아이스크림을 먹나요?"

"왜 그 음료수를 마시나요?"

"왜 마트에서 그 치킨을 사왔나요?"

누군가에게 이렇게 물으면 다음과 같이 답할 것이다.

"음, 좋아하거든요!"

"맛이 좋아서요!"

"왠지 먹고 싶어서요!"

어떤 답변이든 '맛'에 더하여 정서적 쾌락을 진술한다. 이 음식이 건강에 얼마나 도움이 되느냐, 또는 음식을 통해 얼마나 에너지를 얻을 수 있느냐 하는 기준으로 설명하지 않는다.

내가 말하고자 하는 요점은 이것이다. 더 많은 에너지를 원하고, 건강하고 질병 없는 삶을 바란다면, 음식을 먹는 이유를 생각해보자. 이것은 매우 중요한 질문이다.

맛보다 건강이나 에너지, 또는 영양학적 효과에 더 신경을 써서 의식적으로 무엇을 먹을 것인지 선택하라는 뜻이다. 물론 건강과 에너지만을 위해 맛없는 음식을 먹으라는 말은 아니다. 맛도 중요하지만, 영양도 고려하라는 뜻이다. 매일 풍부한 에너지로 최상의 컨디션을 유지하며 건강하게 오래 살고 싶다면 건강에 도움이 되는 영양가 높은 음식을 섭취해야 한다.

무엇을 먹어야 하는가?

무엇을 '먹어야' 하는지 이야기하기 전에 무엇을 '마셔야' 하는지 이야기해보자. 5장에서 설명한 대로, 일어나자마자 물을 마셔야 한다. 컵에 한가득 채운 물 한 잔을 마시면 수분을 보충하고 활력을 되찾을 수 있다.

여기에 갓 짜낸 레몬즙을 타서 소금을 조금 뿌려 먹으면 더 좋다고 말했다. 천일염은 칼륨과 나트륨 수치의 균형을 맞춰준다. 칼륨과 나트륨은 물에 녹으면 이온이 되는데, 이온은 신경망, 심혈관, 세포의 건강에 매우 중요한 역할을 한다. 또한 레몬즙은 우리 몸을 알칼리성으로 바꿔준다. 우리가 먹는 음식들이 대부분 산성이기 때문에 우리 몸의 균형을 잡아주는 것이다.

그렇다면 이제 무엇을 먹어야 할까? 유기농 과일과 채소 같은 신선한 음식과 뇌에 좋은, 건강한 지방이 풍부한 음식을 먹어야 한다. 그래야 에너지를 보완하고 질병을 피하고 정신적, 정서적, 신체적 건강을 개선할 수 있다.

나는 일어나자마자 물 한 잔을 마신 뒤 건강 식품 매장에서 쉽게 구할 수 있는 유기농 코코넛오일 한 스푼을 먹는다. 코코넛오일은 약간의 배고픔을 달래주고 두뇌에 시동을 걸 수 있는 최소한의 연료를 공급하여 미라클모닝을 수행할 수 있도록 도와준다.

　아침 7시 30분쯤 어슐라가 아이들의 등교 준비를 도와주는 동안 나는 스무디를 만든다. 미라클모닝 슈퍼푸드 스무디라고 이름을 붙인 이 주스는 건강한 지방을 함유한 유기농 피칸과 치아씨드, 면역력을 높여주는 베리와 시금치, 각성 효과를 내는 카카오닙스, 카페인과 폴리페놀이 풍부한 유기농 말차를 섞어서 만들고, 그 위에 유기농 식물성 바닐라 단백질 파우더를 뿌린다. 가끔씩 재료를 바꿔 새로운 맛을 내기도 한다.

　노파심에서 말하자면 믹서를 돌릴 때는 뚜껑이 꽉 잠겼는지 꼼꼼히 확인해야 한다. 언젠가 믹서기 뚜껑이 튀어나가는 바람에 주방 전체가 스무디로 범벅된 적이 있다. 물론 그날은 나에게 미라클모닝은 아니었다!

　예로부터 '먹는 것이 곧 나다'라는 말이 있다. 내 몸을 돌보는 만큼, 몸이 나를 돌본다. 나는 여기에도 80 대 20 법칙을 적용할 것을 추천한다. 먹는 음식 중 80퍼센트만 건강식으로 유지하면, 나머지 20퍼센트는 먹고 싶은 것을 먹어도 좋다는 뜻이다.

나는 일어나서 10~12시간 동안 유기농 식물성 식단을 유지한다. 아침은 스무디, 점심은 샐러드, 간식은 유기농 견과류를 먹는다. 이것만으로도 몸과 뇌에 풍부한 에너지를 공급할 수 있다. 하지만 저녁에는 고기를 즐긴다. 자연 방목하여 키운 닭과 소, 자연산 생선 등 질 좋은 육류를 유기농 채소와 곁들여 먹는다. 한마디로 낮에는 비건, 밤에는 팔레오Paleolithic(구석기 시대) 식단을 유지하는 것이다.

SAVERS를 활용하여 목표와 꿈을 달성하는 법

많은 사람들이 목표나 변화를 꿈꾼다. 하지만 창업이나 책 쓰기 같은 목표는 대개 시간이 없다는 이유로 계속 미루기만 할 뿐, 제대로 도전도 못하고 세월만 보내는 경우가 많다. 미라클모닝은 이러한 목표를 달성하고 원하는 변화를 끌어낼 수 있는 길을 열어준다. SAVERS를 활용하여, 목표를 향해 나아가기 위해 매일 무엇을 실천해야 하는지 분명하게 자각하고 그것들을 행동으로 옮길 수 있는 힘을 얻을 수 있다.

명상(Silence)

명상을 통해 자신의 목표가 무엇인지 깊이 생각하고 목표를 달성하는 데 도움이 되는 정신적, 감정적 상태를 구체화하자.

확언(Affirmations)

앞에서 배운 예시 문장을 활용하여 확언을 만들라. 확언에는 자신의 핵심 목표와 꿈, 그것을 달성하기 위해 끊임없이 노력하겠다는 각오, 결과를 반드시 얻겠다는 강한 의지가 담겨 있어야 한다. 확언을 매일 암송하면 일상의 우선순위를 상기하고, 목표를 달성하기 위해 무엇을 해야 하는지 인지할 수 있다.

시각화(Visualization)

목표를 달성하기 위해 노력하는 과정을 아무런 힘도 들이지 않고 즐기면서 실천하는 자신의 모습을 그려보라. 내가 울트라마라톤을 준비하면서 사용한 시각화 방법을 소개한다. 목표를 달성한 뒤 내가 어떤 모습일지 명확하게 그려보라. 시각화하면서 느낀 최적의 감정 상태를 기억하면 더더욱 열정이 솟아오를 것이다. 비전이 더 생생하고 강렬할수록 목표를 위해 오늘 해야 할 일을 실천하고자 하는 욕구와 의욕은 더욱 커질 것이다.

운동(Exercise)

목표 달성을 위한 미라클모닝 루틴에서 피트니스와 연관된 목표가 아니라면 운동은 사실 직접적으로 관련이 없을 수도 있다. 다만 운동을 하면서 자신이 추구하는 목표와 관련된 팟캐스트나 오디오북을 들을 수 있다. 실제로 내 친구 중에는 자신의 확언을 녹음하여 러닝머신에서 뛰면서 듣는 사람도 있다.

독서(Reading)

목표를 이루는 데 도움이 되는 글이나 책을 선택하여 읽어라. 결혼 생활을 개선하거나 더 많은 돈을 벌고 싶다면, 그 주제에 대한 책을 읽을 때 성공할 가능성이 훨씬 높아진다. 경기 침체기에 파산하고 빚더미에 올라앉았을 때 미라클모닝을 시작한 나는, 마이클 포트의 《자신에 대해 확실하게 기록하라Book Yourself Solid》를 읽었다. 더 많은 고객을 확보하여 경제 상황을 개선하는 데 상당한 도움을 주었다.

기록(Scribing)

마지막으로, 기록하는 시간에는 목표에만 온전히 집중할 수 있다. 브레인스토밍을 통해 목표를 달성하기 위한 다양한 방법을 떠올려보자. 나의 우선순위를 글로 명확하게 써보자. 목표를 향해 얼마나 나아갔는지 평가해보자. 자신의 노력을 돌아보고, 접근 방식이 잘못되지는 않았는지 파악해봐야 한다.

결혼 생활 개선, 소득 증대, 체중 감량, 암 극복, 블로그 만들기, 경력 전환, 창업 등 목표가 무엇이든 매일 수행하는 SAVERS 루틴은 늘 최선을 다하도록 이끌어주고, 목표를 달성할 수 있도록 도와줄 것이다.

미라클모닝을 늘 새롭게, 재미있게, 신나게!

지난 15년 동안 나는 아마 4,500번 정도 미라클모닝 루틴을 수행했을 것이다. 그 과정에서 미라클모닝 루틴을 계속 바꿀 수 있다는 사실을 깨달았다. 지금도 매일 SAVERS를 실천하고 있으며, 이 6가지 루틴이 주는 효과를 경험하고 있기에 이 루틴 자체를 바꿀 생각은 전혀 없다. 하지만 지루하거나 식상해지지 않도록 주기적으로 약간의 변화를 주는 것도 필요하다.

예를 들어 아침 운동 루틴을 매달 바꿀 수 있다. 또는 명상을 하는 방식이나 명상 가이드를 바꿔볼 수 있다. 확언 또한 앞에서도 설명했듯이, 배우고 성장하고 의식이 고양되어감에 따라 현재 상황을 반영하여 계속 업데이트해야 한다. 독서 역시 1권씩 완독할 때마다 새로운 책으로 바꿀 수 있다.

미라클모닝은 일정, 상황, 우선순위에 따라 수정할 수도 있다. 나는 강연 일정이 잡힐 때마다 시각화를 활용하여 멘탈 리허설을 한다. 여행을 하거나 호텔에 머물 때는 달라지는 환경에 따라 미라클모닝 루틴을 조정한다. 예컨대 늦은 밤에 열리는 콘퍼런스나 워크숍에 참여할 때는 기상 시간을 조금 늦추기도 한다. 지금 이책을 집필하는 동안에는(지금은 원고를 쓰는 것이 나의 가장 큰 목표다) 책을 완성하기 위해 SAVERS를 집중적으로 활용하고 있다.

지금까지 살펴보았듯이 미라클모닝은 언제든 자신의 라이프 스타일에 맞게 디자인하고, 최적화하고, 수정할 수 있다.

나만의 미라클모닝 루틴을 만들자

사람들은 누구나 새로워지고 싶은 욕구를 갖고 태어난다. 그래서 미라클모닝을 늘 신선하고 새롭게 유지해야 한다. 영업담당자로 일할 때 나는, 맨날 똑같은 일만 반복하여 지루하다고 나의 멘토에게 불평한 적이 있다. 그는 이렇게 대답했다.

"지루한 것은 누구의 잘못이지? 그리고 그걸 재미있게 만드는 것은 누구 책임이지?"

대답을 듣는 순간 나는 머리를 한 대 얻어맞은 것 같았다. 책임에 대해 더없이 소중한 깨달음을 얻었다. 해야 할 일이든 인간관계든 자신에 맞춰 활기차게 지속되도록 만드는 것은 자신의 책임이다.

사업가이자 한 살배기 아이의 엄마에게 미라클모닝은
반성하고, 기도하고, 목표와 꿈을 상기하고, 운동하고,
스트레스를 해소할 수 있는 더없이 소중한 시간이었습니다.
또한 주변 사람과 사건들, 내가 가진 모든 것들에 대한 감사함을
느낄 수 있는 소중한 기회였습니다.

— 케이티 히니Katie Heaney

15

The Miracle Morning

30일 안에 습관을 바꾸는
3단계 전략
견딜 수 없는 것에서 멈출 수 없는 것으로

동기는 일을 시작하는 원동력일 뿐,
그것을 계속하게 하는 힘은 습관이다.

— 짐 론Jim Rohn

삶의 질은 습관의 질에 의해 결정된다는 말이 있다. 행복하고 건강하며 전반적으로 성공적인 삶을 사는 사람은 그런 수준의 행복, 건강, 성공을 만들어내고 유지할 수 있는 습관을 가지고 있다는 뜻이다. 반면 원하는 수준의 성공을 이루지 못하고 있다면 그만한 결과를 만들 수 있는 습관을 갖추지 못했다는 뜻이다. 습관이 자리 잡으면 그에 걸맞은 결과는 저절로 따라오기 마련이다.

이 책을 여기까지 읽은 사람들은 미라클모닝을 매일 평생의 습관으로 만들어 자신이 원하는 삶을 살고 싶어 할 것이다. 이 장에서는 새로운 습관을 만드는 간단한 방법을 설명하고, 다음 장에서는 이 방법을 적용하여 '삶을 바꾸는 미라클모닝 30일 챌린지'를 직접 해볼 것이다.

습관이 삶의 질을 크게 좌우한다는 점을 고려할 때, 습관을 최적화하지 못하면 그 어떤 것을 배우고 익히든 그다지 삶은 나아지지 않을 것이다. 삶에서 원하는 결과를 만들어내는 데 필요한 습관을 파악하고, 구현하고, 유지하는 동시에 자신의 진정한 잠재력을 발휘하지 못하게 방해하는 파괴적인 습관을 떨쳐버려야 한다.

습관이란 규칙적으로 반복되는 행동이어서 대개 무의식적으로 발생한다. 인지하든 그렇지 못하든, 내 삶은 습관에 의해 형성되어 왔으며 앞으로도 만들어질 것이다. 습관을 통제하지 못하면 습관이 나를 통제할 것이다.

안타깝게도 어릴적 습관을 최적화하는 방법을 배운 사람은 거의 없다. 학교에서 습관을 들이는 방법을 가르쳤다면 아마도 학생들에게 이 수업은 평생에 가장 가치 있는 수업이 되었을 것이다. 결국 우리는 나쁜 습관만 잔뜩 몸에 밴 채로 성인이 되고, 나이가 들면서 나쁜 습관은 더 늘어난다. 다행히도 습관에 관한 유용한 조언을 담은 다양한 베스트셀러가 있다. 그중 몇 가지를 소개하면 다음과 같다.

- 《아주 작은 습관의 힘》
- 《습관의 디테일》

- 《식스 해빗》
- 《해빗 스태킹》

하지만 긍정적인 습관을 실천하고 유지하는 방법을 배운 적이 없으니 습관을 개선하려는 노력은 거의 예외 없이 매번 수포로 돌아갈 수밖에 없다. 새해 결심을 예로 들어보자.

습관적으로 실패하는 새해 결심

매년 수백만 명이 새해를 맞이하여 더 나은 삶을 살겠다고 다양한 다짐과 결심을 하지만, 이를 지키는 사람은 거의 없다. 결심 중에는 무언가 덧붙이고자 하는 '긍정적인 습관'이 있고 무언가 하지 않겠다는 '부정적인 습관'이 있다. 예를 들어 매일 아침 일찍 일어나서 운동을 하겠다는 다짐은 긍정적인 습관이고, 담배나 패스트푸드를 끊겠다는 다짐은 부정적인 습관이라 할 수 있다. 굳이 통계 같은 것을 대지 않더라도 충분히 예측할 수 있겠지만 사람들은 대부분 1월이 채 끝나기도 전에 새해 결심을 포기하고 잊어버린다.

이러한 현상은 직접 눈으로 목격할 수도 있다. 1월 첫째 주에 헬스장에 가보면 사람들로 매우 북적인다. 올해는 반드시 체중을 감량하고 몸매를 가꾸겠다고 다짐한 사람들이다. 하지만 1월 말이 다가올수록 헬스장은 점점 한산해진다. 새로운 습관을 계속 이어가기 위한 검증된 전략이 없으면 대부분 결심을 포기할 수밖에 없다.

행복과 건강, 성공을 위해 좋은 습관을 실천하고 유지하는 것이 왜 그토록 어려울까? 우선, 습관이라는 것은 일정 부분 중독과 매우 비슷하기 때문이다. 심리적으로나 육체적으로나 어떤 행동 패턴이 일정 정도 이상 반복되면 그것이 완전히 자리잡고 바꾸기 어려워진다. 사람들이 새로운 습관을 만들고 유지하는 데 실패하는 일반적인 이유로 3가지가 있다.

- 새로운 습관을 형성하는 데 시간이 얼마나 걸릴지 몰라서 시간 계획을 세울 수 없다. 습관을 들이기 위해서는, 영원히 노력해야 할 것처럼 느껴진다. 누가 엄두를 낼 수 있을까?
- 습관이 정착되는 과정을 정확히 예측하지 못하기 때문에 신체적, 심리적 불편이나 예상치 못한 어려움이 발생했을 때 쉽게 흔들리고 포기한다.
- 쉽게 따라 할 수 있는 분명한 전략이 없기에, 스스로 성공할 수 있다는 확신이 없다.

효과적이고 검증된 전략이 없으면 습관을 만들기 위한 노력은 거의 모두 실패할 수밖에 없다. 이제 뒤엉킨 실타래를 하나씩 풀어보자.

새로운 습관이 몸에 배는 데 필요한 시간은?

책이나 기사에 따라 다를 수 있고, 또 전문가에 따라 다를 수 있다. 새로운 습관이 몸에 배고, 기존의 습관을 지우는 데에 최면 치료 한 번으로 족하다는 사람도 있고, 최소 3개월은 걸린다는 사람도 있다.

1960년 출간된 《맥스웰 몰츠 성공의 법칙》에 따르면, 새로운 습관을 형성하는 데 21일이면 충분하다고 한다. 몰츠 박사는 팔이나 다리를 절단한 환자가 자신의 몸에 적응하는 데 평균 21일 정도 걸린다는 사실을 발견했으며, 이를 근거로 중대한 삶의 변화를 만들어내는 데 21일이면 충분하다고 주장했다.

다른 철학자들은 습관이 익숙해지는 데 걸리는 시간을 확정해서 말하지 않는다. 다만 습관의 난이도에 따라 익히는 시간이 달라질 수 있다는 것을 강조한다. 내 개인적인 경험과, 나에게 수업을 들은 수백 명에 달하는 코치들, 그리고 수천 명에 달하는 미라클모닝 수행자들의 경험을 종합해보면, 적절한 전략을 따를 경우 어떤 습관이든 30일 이내에 바꿀 수 있다고 한다. 문제는 적절한 전략이 있어야 한다는 것이다. 아무 전략도 없이 무작정 습관을 바꾸려고 하다가는 실패만 반복하고 결국 자신에 대한 믿음, 자신의 잠재력에 대한 확신까지 잃고 만다.

어떻게 하면 습관을 마음대로 통제할 수 있을까? 나의 삶과 나의 미래를 완전히 통제할 수 있는 방법은 무엇일까? 어떻게 긍정적인 습관을 선별하여 실행하고 유지하고, 부정적인 습관을 영원히 제거할 수 있을까? 대다수 사람들이 모르는 습관을 길들이는 최고의 전략을 지금부터 설명하려고 한다.

30일 완성 미라클 모닝 3단계 습관 전략

새로운 습관을 길들이는 과정에서 어떤 정신적, 정서적 난관이 닥쳐올지 예측하지 못하면 준비할 수 없고 결국 실패할 확률이 높다. 이러한 문제를 풀 수 있는 3단계 습관 전략을 소개한다.

먼저 30일을 10일씩 3단계로 나눈다. 긍정적이든 부정적이든 습관을 길들이는 과정에서 부딪히는 감정적 어려움과 정신적 장애물은 시기에 따라 달라지는데 여기서는 그 시기를 크게 3단계로 구분한다. 습관을 길들이는 과정에서 마주치는 다양한 함정을 예측하지 못하면, 잘못된 길로 가고 있다는 생각에 기분이 우울해지고 어쩔 줄 몰라하다가 그냥 포기할 수밖에 없다.

1단계: 견딜 수 없는 시기 (1~10일)

새로운 습관을 실행하거나 오래된 습관을 버리기로 마음먹고 막상 시작해보면 첫 10일 동안은 견딜 수 없을 만큼 힘들다. 물론 처음 며칠은 새로운 행동 양식에 신이 날 수도 있고 전혀 어렵지 않게 느껴질 수 있지만, 머지않아 신선함은 사라지고 가혹한 현실이 밀려들기 시작한다. 현실이 너무나 재미도 없고, 짜증나고, 고통스럽다. 마치 모든 감각이 변화에 저항하고 거부하는 것처럼 느껴진다. 마음과 몸이 이렇게 울부짖을 것이다.

'이런 느낌이 너무 싫어!'

예컨대 아침 일찍 일어나는 습관을 들이려고 한다면(지금 바로 시작하라) 처음 10일 동안은 이렇게 느껴질 것이다.

[알람이 울린다]

"아오, 벌써 아침이야! 일어나기 싫어. 피곤해 죽겠어. 더 자고 싶어. 그래, 10분만 더 자자."

[알람을 끈다]

문제는 이처럼 견딜 수 없을 것 같은 감정은 처음 10일 동안만 지속된다는 것이다. 대다수는 이러한 사실을 깨닫지 못하고, 새로운 습관이 늘 그런 느낌만 줄 것이라고 생각한다. 결국 자신에게 이렇게 말하면서 포기한다.

"새로운 습관이 이렇게 고통스럽다니, 그냥 포기하고 살자. 그럴 만한 가치가 없는 것 같아."

많은 사람들이 운동, 금연, 식습관 개선, 절약 등 삶의 질을 향상시킬 수 있는 방법을 알고 있으면서도 그것을 습관으로 길들이는 데 줄곧 실패하는 이유다. 어떤 습관이든 처음 시작할 때는 힘들다. 이것은 당신만 그렇게 느끼는 것이 아니다.

처음 10일이 고비라는 사실을 안다면, 이것이 성공을 위해 지불해야 하는 대가라는 사실을 안다면, 당신은 포기할 것인가, 아니면 난관을 뚫고 나가겠는가? 누구나 성공할 수 있다! 장점이 충분하다면 겨우 10일 힘든 것을 견디지 못할 사람이 어디 있겠는가?

따라서 새로운 습관을 익히는 첫 10일은 신나는 소풍이 아니라 불타는 고통에 가깝다. 그걸 견뎌야 한다. 이따금 짜증이 날 수도 있다. 하지만 할 수 있다.

이 단계만 넘어가면 더 쉬워진다는 것을 명심하라. 또 이 단계만 넘어가면 삶에서 원하는 것은 무엇이든 성취할 수 있는 보상이 기다리고 있다는 것을 명심하라. 처음 10일 동안 겪을 고통을 예상할 수 있다면, 충분히 대처하고 원하는 목표에 더 쉽게 도달할 수 있을 것이다.

2단계: 불편한 시기 (11~20일)

가장 힘겨운 첫 10일을 넘기면 한결 수월해진다. 새로운 습관에 조금은 익숙해지고 그 효과를 어느 정도 확신하며 긍정적으로 연상하게 된다.

2단계는 1단계만큼 견딜 수 없을 정도로 힘들지는 않지만 여전히 불편함을 느낀다. 따라서 의식적인 절제와 노력이 필요하다.

아직은 이전 습관으로 되돌아가고 싶은 유혹이 남아 있을 시기다.

일찍 일어나는 습관을 들이고자 할 경우, 여전히 늦잠을 자는 것이 더 쉬울 것이다. 오랫동안 유지해온 습관이기 때문이다. 계속 의식적으로 노력해야 한다. 견딜 수 없는 단계에서 불편한 단계를 넘어오는 경험을 했으므로, 이 시기 또한 금방 지나갈 것이라는 사실을 알 것이다.

3단계: 멈출 수 없는 시기 (21~30일)

마지막 10일, 마지막 질주 단계에 접어들었다. 하지만 결승 지점을 눈앞에 두고 모든 노력을 수포로 되돌리는 실수를 범해서는 안 된다. 예컨대 새로운 습관을 형성하는 데 21일이면 충분하다고 생각하는 사람들은 그러한 실수를 범할 수 있다.

21일 만에 새로운 습관을 형성할 수 있다는 주장은 어느 정도 타당하기는 하지만, 새로운 습관을 장기적으로 계속 유지해 나가려면 10일이 더 필요하다. 마지막 10일은 새로운 습관을 긍정적인 경험, 즐거움과 연결시켜 완전히 몸에 배게 만드는 시기다.

지금까지 새로운 습관은 고통과 불편함이었다. 마지막 3단계에서는 이러한 부정적인 연상을 긍정적인 연상으로 바꾸고, 여기까지 지속한 것에 대해 스스로 자부심을 느끼도록 만들어야 한다.

예를 들어 아침에 일찍 일어나는 습관을 들이고 싶을 때, 3단계에서는 아침에 일찍 일어났을 때 경험할 수 있는 장점을 최대한 만끽해야 한다. 그리고 나면 아침에 울리는 알람이 더 이상 짜증나는 소리가 아니라 반갑고 신나는 소리로 들리기 시작할 것이다. 더 나아가 '나는 아침형 인간이 아니다'라는 예전의 자기인식은 완전히 사라지고, '나는 아침형 인간이다'라는 새로운 생각이 자리잡을 것이다.

이처럼 3단계에서는 새로운 습관이 자신의 정체성의 일부가 되면서 실질적인 변화가 일어난다. 그동안 힘들게 쏟아부은 노력이 '변화한 나'로 결실을 맺는다. 나는 '나의 습관으로 사는 사람'이라는 사실을 직접 체험을 통해 깨닫는다.

많은 사람들이 3단계에 들어섰을 때 지나치게 자만하여, 자신을 토닥이며 이런 생각을 할 수 있다.

'20일 동안 고생했으니 며칠 쉬어도 되지 않을까?'

지금까지 경험한 20일은 습관을 만드는 전체 과정에서 가장 힘든 시기였다는 점을 명심하라. 습관을 긍정적으로 강화하는 3단계를 생략하고 며칠 쉬어버리면, 처음 1단계부터 다시 시작해야 한다. 새로운 습관의 효과를 만끽하고 새로운 생활 방식을 즐기는 3단계까지 마무리하고 나면, 이제 새로운 습관은 유지하기가 훨씬 쉬워진다.

스스로 설정한 한계 극복하기

앞에서 친구가 나에게 달리기를 제안했던 것을 기억하는가? 우울증과 경제적 어려움으로 힘들어하고 있을 때 그는 나에게 달리기를 해보라는 엉뚱한 제안을 했다. 나는 그때 이렇게 대답했다.

"나는 달리기를 못해. 아니, 사실 난 달리기를 싫어해. 달리기는 절대 할 일이 없을 거야."

이렇게 말했던 내가 어떻게 84킬로미터에 달하는 울트라마라톤을 완주할 수 있었을까? 그 과정을 자세하게 소개한다.

미라클모닝을 수행하기 시작한 지 6개월 정도 지났을 때, 나는 자선단체 프론트-로 재단의 이사를 역임하고 있었는데 그곳에 함께 이사로 있던 존이 기금 마련을 위해 애틀랜틱시티 마라톤에 참여해볼 생각 없느냐고 말했다. 달릴 수 있는 만큼만 달리면 된다며 할머니와 함께 5킬로미터를 걸어도 상관없다고 농담을 했다. 그는 자신도 한때 마라톤을 뛸 수 있다고 꿈에도 생각하지 않았지만 매일 조금씩 연습을 하여 결국에는 성공했다고 말했다. 실제로 그는 울트라마라톤을 세 번이나 완주했는데, 그중 한 번은 160킬로미터를 쉬지 않고 달리는 더블 울트라마라톤이었다. 그는 나에게 이렇게 말했다.

"160킬로미터를 달리는데, 42킬로미터는 숨도 안 쉬고 달릴 수 있지!"

하지만 그러한 논리는 나를 설득하지 못했다. 그의 제안을 바로 거절하고 싶었지만, 예의를 차리느라 이렇게 대답했다.

"아, 한번 생각해볼게."

물론 나는 사람들의 삶을 변화시키는 프론트-로 재단의 사업을 전적으로 믿고 지지한다. 나의 친구 존 브로먼이 설립한 이 재단에 나는 당시 내가 버는 돈의 1퍼센트를 기부했다. 하지만 돈을 송금하는 것은 마라톤을 뛰는 것보다 훨씬 쉽다. 나는 고등학교를 졸업한 뒤 10년 동안, 뭔가에 쫓기는 상황이 아니고서는 한 블록도 뛰어본 적이 없었다. 고등학교에서도 체육 시험에 낙제하지 않기 위해 뛰었을 뿐이다.

20세 때 교통사고로 대퇴골과 골반이 부러졌던 이후, 다리를 무리하게 사용하면 안 된다는 두려움이 마음 한구석에 늘 있었다. 스키를 타다가 세게 넘어졌을 때에도, 티타늄 막대가 허벅지를 뚫고 나온 장면이 머릿속에 어른거리기도 했다. 부러진 다리에 쇠를 박고 나사를 조이며 오랜 시간 치료를 받고 나서, 이제는 걸을 수 없다는 의사의 진단을 받는 끔찍한 모습이 떠올랐다.

공교롭게도 마라톤을 뛰어볼 생각이 없냐는 제안을 받고 일주일 뒤, 나에게 코칭을 받던 고객이었던 케이티 핑거헛이 두 번째 마라톤을 완주했다. 그녀의 성취를 축하하면서 얼떨결에 나도 마라톤을 뛰어볼까 생각 중이라고 말했다. 그녀는 이렇게 말했다.

"마라톤은 정말 끝내줘요. 마라톤을 완주하고 나면 뭐든 할 수 있을 것 같은 기분이 들어요! 꼭 해보세요!"

마라톤에 대한 존과 케이티의 열정적인 간증을 듣고 나자, 이제 '나는 달리기를 싫어한다'라는 나 스스로 부과한 제약을 깨야 할 때가 왔다는 생각이 들었다. 그들도 뛰었으니 나도 뛸 수 있다는 생각이 들었고, 또 마라톤을 뛰는 것은 '나 자신의 레벨 10 버전'일 수 있다는 생각이 들었다. 갑자기 심장이 뛰기 시작했고, 결국 나는 달리기를 시작하기로 결심했다.

다음 날 아침, 나는 내 체력으로 얼마나 달릴 수 있는지 측정해보기로 했다. 처음 달리기를 나가는 만큼 미라클모닝 루틴을 온통 달리기에 집중했다. 명상 시간에는 온갖 신경을 달리기에 최적화하는 데 집중했고, 확언 암송 시간에는 내가 달릴 수 있다는 생각을 심어주고 강화하는 문구를 암송하고, 시각화 시간에는 무아지경으로 달리는 내 모습을 상상했다. 이렇게 3가지 수행을 끝내고 난 뒤 곧바로 나이키 에어조던 농구화를 신고 현관문을 나섰다. 그때는 러닝화도 없었다. 미라클모닝 루틴을 활용하여 마음을 다잡고 최적화한 덕분에 오히려 빨리 뛰고 싶다는 마음에 가슴이 부풀어 올랐다!

의욕과 영감이 가득찬 상태로 서둘러 현관문을 열고 길가에 나섰다. 인도 위에 서자마자 깊이 숨을 들이쉬고 달리면서 속도를 높이기 시작했다.

'나쁘지 않은데. 나도 달릴 수 있어!'

이런 생각을 하면서 몇 발짝 뛰었고, 인도에서 벗어나 차도에 첫 발을 내디뎠다. 그 순간, 발목을 접질렸고 나는 바닥에 쓰러졌다. 길바닥에 쓰러져 발목을 붙잡은 채 고통에 몸부림쳤다.

몇 분 후 단순히 발목을 접질렸을 뿐이라는 사실을 깨닫고는 안도의 한숨을 쉬며 조심스럽게 일어섰고, 절뚝거리며 다시 집을 향해 걸어갔다. 약간의 실망, 그리고 기쁨이 교차했다. 어쨌든 오늘은 달리기를 하지 않을 핑계가 생겼으니 마음이 한결 가벼웠다. 이제 그만둘까? 내일 다시 뛸까?

내가 살아오면서 경험을 통해 배운 사실 하나는 무언가 소중한 것을 얻기 위해 노력하고자 할 때 우주는 우리가 그것을 진정으로 바라는지 확인하기 위한 시험을 한다는 것이다. 이것도 그런 시험이라고 생각했다. 나는 속으로 다짐했다.

'내일 다시 뛰어보자.'

30일: 견딜 수 없음에서 멈출 수 없음으로

다음 날 아쉽게도(?) 발목은 멀쩡했고, 공식적인 마라톤 훈련이 시작되었다. 하지만 겨우 한두 블록을 달리고 나자 숨이 차올랐다. 오랫동안 믿어온 신념이 머릿속에서 다시 기어나왔다.

'나는 달리기를 못해. 달리기를 싫어해.'

엉덩이가 쑤시고 이전에 다쳤던 대퇴골이 아팠다. 42킬로미터는 커녕 1킬로미터도 달리지 못할 것 같았다. 뭔가 도움이 필요하다고 생각했다. 체계적인 훈련 계획이 필요했다. 온라인 서점에 들어가서 나에게 꼭 맞는 책을 찾아냈다.

데이비드 휘셋의 《비마라토너를 위한 마라톤 트레이너The Non-Runner's Marathon Trainer》이라는 책이었다. 이제 구체적인 계획을 세울 수 있게 되었다.

1단계 (1~10일)

달리기를 시작하고 첫 10일 동안은 육체적으로 고통스러웠을 뿐만 아니라 정신적으로도 너무 힘들었다. 매일 뛸 때마다 평범함을 향한 목소리가 머릿속에서 나를 끊임없이 유혹했다.

'그만둬도 괜찮아. 뭐 하러 이 고생을 해. 이렇게 힘들게 뛸 필요 없어.'

포기하는 것은 쉬운 일이지만, 마음먹은 일을 계속 해내는 것은 옳은 일이다. 쉬운 일이 아니라 옳은 일을 해야 한다고 끝없이 되뇌었다. 그렇게 해야만 내가 더 나은 사람이 될 수 있다는 것을 알고 있었다. 계속 달렸다. 최선을 다했다.

2단계 (11~20일)

열흘이 넘어가자 힘든 것은 조금 나아졌다. '나는 달리기를 좋아하지 않는다'라는 생각이 여전히 머릿속에 맴돌았지만, 이제 달리기가 그렇게 싫지는 않았다. 난생처음으로 매일 하루도 빠짐없이 달렸다. 운전하다가 인도에서 조깅하는 사람들을 보면 그전에는 이상하고 낯설게 느껴졌는데, 이제 그런 감정은 사라졌다. 이렇게 매일 아침 달리기를 한 지 2주가 지나자 아침에 일어나서 달리는 것은 평범한 일상이 되었다. 나는 계속 노력했고 달리기는 점점 쉬워졌다.

3단계 (21~30일)

20일이 넘어가자 달리기를 즐기기 시작했다. 달리기가 싫다는 느낌도 점점 잊혀져 갔다. 벌써 습관으로 자리 잡은 덕분에, 의식적으로 노력하거나 마음을 다잡을 필요도 없었다. 그냥 아침에 일어나자마자 러닝화를 신고 무작정 뛰었다. 이 무렵에는 러닝화도 한 켤레 장만했다. 머릿속을 떠돌며 날 괴롭히던 '평범함의 유령'은 자취를 감췄고, 이제는 여유도 생겨서 달리는 중에 확언을 외우거나 자기계발과 관련한 오디오 팟캐스트를 들었다. 불과 30일 만에 '달리지 못한다'라는 스스로의 한계를 완전히 극복하고, 그전에는 꿈도 꾸지 못했던 러너가 되어 있었다. 이러한 경험은 내 능력에 대한 자신감을 북돋아주었다. 더 나아가 그동안 나를 제약하고 있던 또 다른 고정관념이 없는지, 단 30일 만에 의미 있는 습관으로 대체할 수 있는 나쁜 습관이 없는지 찾기 시작했다.

그 후 이야기: 84킬로미터 마라톤을 향하여

계획에 따라 매일 조금씩 거리를 늘려가며 4주 동안 달리기를 한 끝에 나는 총 80킬로미터를 달리는 데 성공했다. 특히 마지막 날에는 10킬로미터를 쉬지 않고 달렸다! 나는 성공 소식을 알리기 위해 존에게 전화를 걸었다. 그는 기뻐하면서도 나에게 성공에 안주하지 말라며 새로운 목표를 제안했다.

"울트라마라톤에 도전해보는 건 어때? 42킬로미터를 달릴 수 있다면, 84킬로미터도 충분히 달릴 수 있을 거야."

그런 논리는 아마도 존만 내세울 수 있을 것이다. 나는 이렇게 대답했다.

"아. 그렇군. 한번 생각해볼게."

이번에는 진짜 생각해볼 참이었다. 내가 이룬 성취에 도취되어 나 자신을 좀 더 멀리 밀어붙이고 싶다는 생각이 들었다. 한 달 동안 80킬로미터를 달렸다는 사실, 특히 10킬로미터를 쉬지 않고 달렸다는 사실은, 나에게 한계는 없다는 자신감을 만들어주었다. 존의 말이 그럴듯해 보였다. 42킬로미터를 목표로 하는 것이나, 84킬로미터를 목표로 달리는 것이나 별 차이가 없을 것 같았다. 애틀랜틱시티 마라톤까지는 아직 6개월이 남아 있으니 목표를 좀 더 높게 잡아도 괜찮을 듯했다. 결국 나는 그의 제안을 받아들이기로 했다. 더 나아가 한 친구와 나에게 코칭을 받는 고객 2명을 설득해서 함께 마라톤에 참가하기로 했다!

6개월 뒤, 나는 총 765킬로미터를 달렸다. 그중 세 번은 쉬지 않고 32킬로미터를 달렸다. 나의 오랜 친구 알리샤 앤더러와 나의 고객 제임스 힐, 파비안 발렌시아와 함께 나는 84킬로미터 마라톤에 참가하기 위해 애틀랜틱시티로 날아갔다. 존도 우리를 응원하기 위해 비행기를 타고 왔다. 애틀랜틱시티 마라톤은 42.195킬로미터 코스로 울트라마라톤을 위한 코스가 아니었기에, 우리만의 코스를 개척해야 했다.

새벽 3시 30분, 우리는 공원 산책로에서 만났다. 공식 마라톤은 아침 8시에 시작하니까, 그때까지 42.195킬로미터를 완주한 다음 계속 이어서 나머지 42.195킬로미터를 완주하기로 했다. 출발하기 위해 모인 새벽 시간은 초현실적으로 느껴졌다. 우리 네 사람 사이에는 흥분과 두려움이 감돌았고, 아드레날린도 솟구쳤지만 '우리가 과연 할 수 있을까' 하는 의구심도 있었다. 우리가 정말 해낼 수 있을까?!

달빛이 좀 더 밝았더라면 10월의 쌀쌀한 공기 속에서 우리가 내뱉는 숨이 눈에 보였을지 모른다. 어쨌든 우리가 뛸 코스는 충분히 식별할 수 있을 정도였기에, 무리없이 출발했다. 한 발 한 발 앞으로 내디뎠다. 그날 성공의 열쇠는 끝없이 앞만 보고 발을 내딛는 것이었다. 한 발 한 발 내딛는 것을 멈추지 않고 계속 앞으로 나아가다 보면 목적지에 도착할 수 있을 것이라고 믿었다.

6시간 5분 뒤, 우리는 한 몸이 되어 서로 응원해주고 힘을 모은 덕분에 첫 번째 42.195킬로미터를 완주했다. 사실, 이 순간이 우리에게 가장 힘든 고비였다. 42.195킬로미터를 완주했다는 사실도

대단했지만, 이제 또다시 42.195킬로미터를 더 달려야 한다고 생각하니 눈앞이 깜깜했다.

6시간 전 온몸을 감싸던 흥분은 사라지고 극심한 고통과 피로, 정신적 탈진만 남아 있었다. 현재의 육체적, 정신적 상태를 고려할 때 방금 해낸 일을 처음부터 다시 할 수 있을지 확신이 서지 않았다. 그럼에도 우리는 계속 달렸다. 9시 35분 우리는 출발 지점을 통과했다.

결국 우리는 출발한 지 15시간 30분 만인 저녁 7시, 84.390킬로미터를 완주했다. 한 발 한 발 내딛으며 힘껏 달리기도 하고, 천천히 달리기도 하고, 걷기도 하고, 절뚝거리기도 했다. 말 그대로 기어서 결승선을 통과했다.

결승선 너머에는 누구도 빼앗아갈 수 없는 해방이 있었다. 우리가 자신에게 부과한 한계로부터 벗어난 '새로운 나'가 있었다. 물론 훈련을 하면서 우리가 84킬로미터를 쉬지 않고 달릴 수 있다고 믿기는 했지만, 진짜 달릴 수 있다고 확신하지는 못했다. 우리는 각자 자기 마음속의 두려움과 의심을 뿌리치기 위해 처절하게 싸워야 했다. 하지만 결승선을 통과하는 순간, 우리는 두려움과 의심, 스스로 부과했던 한계를 모두 벗고 자유롭게 날 수 있는 '새로운 나'가 되었다.

자유라는 선물은 선택된 소수에게만 주어지는 것이 아니라 안전지대 밖으로 나와 도전함으로써 스스로 성장하고, 능력을 확장하고, 지금까지 해왔던 것보다 더 많은 것을 해내는 사람에게 주어지는 것이라는 사실을 그 순간 깨달았다. 이것이 진정한 자유다.

진정한 자유를 누릴 준비가 되었는가?

다음 장에서는 '삶을 바꾸는 미라클모닝 30일 챌린지'를 직접 수행해보면서 스스로에게 부과한 한계를 극복하고 원하는 것들을 더 빨리, 더 많이 가질 수 있는 사람으로 거듭나는 경험을 하게 될 것이다. 이것이 바로 진정한 자유, 내가 마음먹은 대로 되고, 하고 싶은 것을 하고, 원하는 것을 가질 수 있는 자유다.

삶을 변화시키는 SAVERS를 한 번 해보는 것은 누구나 할 수 있지만, 이것을 30일 동안 꾸준히 실천하여 평생 습관으로 만들어내는 것은 확고한 의지 없이는 달성할 수 없다. 30일 뒤 원하는 것은 무엇이든 성취할 수 있는 사람이 돼 있는 자신을 상상해보자. 이보다 신나는 일이 어디 있겠는가?

성공한 사람들은 원래 그렇게 태어난 사람들이 아닙니다.
그들이 성공한 것은 실패한 사람들이 하기 싫어하는 일을 습관으로
만들어냈기 때문입니다. 성공한 사람들은 그 일을 좋아하기 때문에
할까요? 아닙니다. 그냥 무조건 시작하고 실행할 뿐입니다.

— 돈 마르키스Don Marquis

16

The Miracle Morning

삶을 바꾸는 미라클모닝
30일 챌린지

인생은 안전지대 밖에서 시작된다.

— 닐 도널드 월시|Neale Donald Walsh

단 30일 만에 미라클모닝이 정말 인생을 바꿀 수 있을까?

그렇게 짧은 시간 동안 삶의 질에 그토록 큰 영향을 미칠 수 있을까?

여전히 이런 의심을 하는 사람이 있을 것이다. 그렇다. 내가 파산하고 우울증에 시달리며 인생의 맨 밑바닥을 찍었을 때 미라클모닝은 나에게 커다란 도움을 주었다. 전 세계 수백만 명의 사람들이 똑같은 경험을 했다. 그들은 모두 나나 당신과 같은 평범한 사람들이다. 하지만 스스로 비범해질 수 있는 능력이 자기 안에 있다는 것을 깨달았다.

키스 미닉은 힘들게 출산한 아기가 태어난 지 3시간 만에 세상을 떠나고 나서, 1년 넘게 심각한 우울증을 겪었다. 직장에서도 엉망이었다. 그러던 와중에 미라클모닝을 만났다.

알람을 맞추고 일어나 SAVERS를 시작했는데 글쎄, 바로 변화가 느껴지는 거예요. 심리적으로나 신체적으로나 정신적으로나 다 느낄 수 있었어요. 내가 있는 곳의 주인은 나이고, 내가 길을 만들어가고, 내가 원하는 삶을 이룰 수 있다는 생각에 가슴이 벅차올랐어요.

그렇게 시작한 미라클모닝 루틴을 수행한 게 벌써 10년이나 되었네요. SAVERS 루틴은 지금도 내 삶에서 중요한 부분을 차지하고 있습니다. 내가 지금까지 성공할 수 있었던 주요한 요인은 미라클모닝을 꾸준히 실천하면서 계속 발전시켜 온 것입니다. 살면서 뭔가 꽉 막혀 있다고 느껴진다면, 삶이 무언가에 얽매여 풀리지 않는다고 느껴진다면, 우울증과 싸우고 있다면, 미라클모닝을 읽고 직접 실천해보기를 권합니다.

키스의 사례는 우리 삶이 얼마나 쉽고 빠르게 바뀔 수 있는지 보여준다. 그리고 10년이 지난 뒤에도 계속해서 '최고의 나'를 향해 발전해나갈 수 있다는 확신을 준다.

앞에서 30일 안에 새로운 습관을 자신의 것으로 만들기 위한 단순하면서도 효과적인 3단계 전략에 대해서 설명했다. 이 장에서는 그 전략을 활용하여 미라클모닝을 우리 삶에 직접 적용해보고자 한다. 이 내용만 잘 따라오면 아주 자연스럽게 '새로운 나'로 변화할 것이다.

초판에서는 이 프로그램을 '30일 인생혁명 프로젝트'라고 불렀다. 하지만 책을 새롭게 다시 쓰면서 우리 삶에는 이미 온갖 의무와 프로젝트로 가득 차 있는데 미라클모닝까지 그럴 필요 있을까 하는 생각이 들었다. 그저 자연스럽게 의식을 고양하고 '최고의 나'로 발전해 나가는 하나의 여정이 되면 좋겠다고 생각하여 이름을 바꿨다. 앞으로 30일 동안 여기서 제시하는 대로 좇아오기만 하면 미라클모닝은 평생에 가장 소중한 습관이 될 것이다.

물론 SAVERS 말고도 또 다른 루틴을 덧붙이고 싶은 사람도 있을 것이다. 자신이 살아가고자 하는 삶, 이루고자 하는 성공, 되고자 하는 사람, 가고자 하는 방향에 따라 달라질 수 있다. 그것이 무엇이든 앞으로 30일 동안 그것을 자신의 습관으로 만들라. 30일 뒤 삶의 방향은 완전히 달라질 것이다. 그러고 나면 삶의 질이 금방 바뀔 것이고, 궁극적인 삶의 마지막 도착지도 달라질 것이다.

어떤 보상이 기다리고 있을까?

미라클모닝을 일상적인 습관으로 만드는 작업은 삶의 모든 영역에서 잠재력을 실현할 수 있는 토대를 구축하는 작업이라 할 수 있다. 미라클모닝은 매일 아침 다음 3가지 능력을 선사한다.

- 명료함clarity: 가장 중요한 것에 집중함으로써 생겨나는 힘
- 절제력discipline: 마음먹은 일을 꾸준히 해내는 능력
- 자기발전personal development: 성공을 결정짓는 가장 중요한 요인

앞으로 30일 동안 아침에 일어나 미라클모닝을 수행해보면 지금은 꿈만 꾸는 삶을 실제로 만들어내고 유지할 수 있는 사람이 되어가고 있다는 사실을 스스로 깨달을 것이다. 또한 흥분되기도 하지만 다소 두렵게 느껴지는 미라클모닝이 익숙한 평생 습관으로 자리잡을 것이다. 단 30일 만에 마음가짐과 기분이 크게 개선되는 경험을 할 것이다.

또한 매일 명상, 확언 암송, 시각화, 운동, 독서, 기록하기를 수행하다 보면 신체적, 지적, 정서적, 영적으로 놀라운 변화를 몸소 경험하게 될 것이다. 스트레스가 줄어들고, 집중력이 높아지고, 더 편안해지고, 삶에 대한 기대감이 높아질 것이다. 무엇보다 삶의 중심이 잡힐 것이다.

지금은 물론 30일 동안 내가 과연 해낼 수 있을까 걱정하거나 실패하지 않을까 주저하는 사람도 있을 것이다. 특히 아침에 일어

나기 어려워하는 사람이라면 더더욱 그럴 것이다. 그런 느낌은 지극히 정상적인 것이니, 긴장을 풀기 바란다. 다시 말하지만 우리는 누구나 백미러 증후군을 겪고 있다는 사실을 기억하자. 약간의 망설임이나 긴장은 당연한 감정이며, 이는 곧 노력할 준비를 하고 있다는 신호다. 노력할 생각도 없다면 긴장하지도 않을 것이다.

우리 삶의 현실은 내가 먼저 그것을 개선할 수 있는 역량을 갖춘 사람이 된 다음에 바뀐다는 것을 명심하라. 딱 30일이다. 내 삶을 바꿀 수 있는 새로운 나를 만드는 시간, 새로운 삶을 시작할 수 있는 시간이다.

챌린지를 시작하기 전 준비물 4가지

※ 여기서 소개하는 '미라클모닝 30일 챌린지'는 독자의 편의를 위해 한국어판에만 특별히 번역하여 부록으로 실었습니다. 원문과 더 다양한 콘텐츠는 저자가 운영하는 홈페이지 MiracleMorning.com에서 직접 다운로드 받을 수 있습니다.

1단계: 챌린지 키트 작성하기

MiracleMorning.com을 방문하여 삶을 바꾸는 미라클모닝 30

일 챌린지 키트Miracle Morning 30-Day Journey Life Transformation Kit를 다운로드하고 인쇄하여 작성한다. 이 키트에는 운동, 확언, 일일 체크리스트, 수행 기록 시트를 비롯하여 30일 동안 습관을 들이는 과정을 쉽게 시작하고 완료하는 데 도움이 되는 모든 것이 들어 있다. 이 키트는 개선하고 싶은 삶의 영역과 극복해야 할 장애물이 무엇인지 찾도록 이끌어주고, 목표를 달성하기 위해 어떤 습관을 들여야 하는지 파악하여 그것을 꾸준히 실천할 수 있도록 도와준다. 나 역시 이러한 과정을 통해 2008년 경기 침체기에 소득을 2배로 늘릴 수 있었다. 삶에서 가치 있는 것들은 모두 그렇듯, 미라클모닝 30일 챌린지를 성공적으로 완수하기 위해선 준비 과정이 필요하다(30~60분 정도만 투자하면 된다). 미리 준비하지 못했다면 미라클모닝 수행 첫날 기록하기 시간에 작성해도 된다.

2단계: 미라클모닝을 수행할 장소 정하기

미라클모닝을 언제부터 시작할 것인지 계획을 짜고(키트에 작성하라), 어디서 실행할 것인지 정하자. 일단 침실은 빼고. 침대에 눕고 싶은 유혹을 뿌리치기 힘들다. 나는 다른 식구들의 잠을 방해하지 않기 위해 거실 소파에서 미라클모닝을 수행한다. 아예 집밖에서 미라클모닝을 수행하는 사람들도 있다.

가장 편안하면서도 누구에게도 방해받지 않는 곳에서 미라클모닝을 수행하라. 마지막으로, 미라클모닝을 완벽하게 수행해야 한다는 강박은 버려라. 첫날부터 SAVERS를 완벽하게 수행하지 않아도 된다. 미라클모닝은 계속 발전해 나가는 과정이다. 챌린지 키트는 기록하기 시간에 작성해도 된다. 뒤에 나오는 17장과 18장은 독서 시간에 읽으면 된다. 중요한 것은 자신을 계발하는 미라클모닝 루틴으로 하루를 시작하는 것이다.

3단계: 알람을 설정하고 멀리 두기

미라클모닝을 수행하기로 마음먹은 전날 밤이라면 알람을 맞춰 침대에서 먼 곳에 가져다 놓는다. 5장에서 설명했듯이, 누운 상태로 손만 뻗어 알람을 끄는 것보다 어쨌든 몸을 일으켜 몇 발짝이라도 걸으면 훨씬 쉽게 잠에서 깰 수 있다.

4단계: 미라클모닝 루틴 앱 설치하기

앱을 사용하는 것이 싫다면 이 단계는 무시해도 된다. 이 앱에는 개인이 설정할 수 있는 타이머, 확언 작성기, 일기장 등 미라클모닝을 원활하게 수행할 수 있도록 도와주는 다양한 도구가 내장되어있다. '플레이' 버튼만 클릭하고 앱이 시키는 대로 따라하기만

하면 쉽게 미라클모닝을 완료할 수 있다. 또한 자신의 미라클모닝 수행 기록이 자동으로 정리되기 때문에 자연스럽게 동기부여도 된다. 미라클모닝 챌린지를 성공으로 이끄는 훌륭한 도구가 될 것이다(거기다 무료다! 다만 영어로 되어 있다).

삶을 바꿀 준비가 되었는가?

개인의 성공과 성취 수준을 1~10점 척도로 측정할 때, 우리는 누구나 '최고의 나'가 되어 레벨 10의 삶을 경험하고 싶어 하는 욕망을 타고났다. 그 방향으로 첫걸음을 내딛는 것은 어떤 모습으로 나타날까? 개인적인 혹은 직업적인 삶에서 한 단계 높은 성공과 성취는 무엇일까? 그 수준에 도달하기 위해서는 어떤 능력과 습관을 개발해야 할까?

과거가 어떠했든 현재의 행동을 바꿈으로써 미래를 바꿀 수 있다. 딱 30일만 투자하여 생각과 말과 행동을 크게 개선함으로써, 매일 아침 의식을 고양시킬 수 있다. 이것은 진실이다. 우리에게 주어진 선물이다. 당신은 선물 포장을 뜯기만 하면 된다.

잠깐 멈춤

숨을 들이쉬어라.

지금까지 배운 내용을 삶에 적용할 시간이다!

나는 지금까지 독서는 삶에 변화를 안겨주는 소중한 도구라고 말했지만… 그것은 독서를 통해 배운 것을 행동으로 옮길 때에만 그렇다는 말이다. 아직도 미라클모닝을 수행하지 않았다면, 지금이라도 당장 시작해야 한다.

물론 앞으로 2개의 장이 남아 있다. 수면을 최적화하고 의식을 최고의 상태로 끌어올리는 방법에 대해 설명할 것이다. 하지만 이러한 것들은 몰라도, 미라클모닝을 수행하는 데 아무 지장이 없다. 따라서 남은 2개의 장은 미라클모닝을 수행하면서 독서 시간에 읽기 바란다.

아직 미라클모닝을 수행할 결심이 서지 않는다면, 15장과 16장을 다시 읽어보자. 미라클모닝을 수행하며 경험한 나 자신의 변화, 새로운 통찰과 성장을 당신도 경험할 수 있기를 진심으로 기원한다. 행운을 빈다!

특별한 삶이란, 가장 중요한 영역에서
매일 지속적으로 발전하는 삶이다.

— 로빈 샤르마Robin Sharma

17

The Miracle Morning

**행복한 밤과 더 나은 수면을 위한
미라클이브닝**

하늘나라 천사들이
가장 달콤한 꿈을 가져다주기를.
길고 행복한 잠을 자기를. 잘 자. 친구!

―익명의 누군가

많은 사람들이 나에게 저녁에는 특별한 루틴이 없는지 묻는다. 그런 것은 없다는 대답을 몇 년째 반복하다가 그래도 뭔가 답을 만들어야겠다는 생각이 들었다. 내 대답을 듣고는 사람들이 늘 실망스러운 표정을 지었기 때문이다. 어쨌든 하루를 마무리하는 과정도 하루를 시작하는 과정만큼 중요할 수 있다는 생각이 들었다. 그 결과 고안한 미라클이브닝을 이 장에서 설명한다. 미라클이브닝은 다음과 같은 효과를 극대화하고자 하는 목적으로 루틴을 짰다.

- 쉽게 잠들지 못하도록 방해하는 것들 없애기
- 차분하고 편안한 기분으로 잠자리에 들 수 있도록 스트레스 관리하기

- 아침에 더 상쾌하고 활기차게 일어날 수 있는 환경 설정하기
- 감사하고 평화로운 기분으로 잠들기

하루를 끝마치는 시간에 스트레스를 많이 느끼거나 쉽게 잠들지 못하는 사람들은 이 장이 특히 도움이 될 것이다. 만성적인 불면증과 장기간의 수면 부족으로 고생했던 사람으로서, 나는 잠을 못자는 것이 신체적, 정신적, 정서적으로 얼마나 파괴적일 수 있는지 잘 안다. 하루를 기분 좋게 마무리하고 편하게 잠들 수 있는 방법을 알아보자.

5장에서 설명했듯이 아침에 잠에서 깨었을 때 느끼는 정신적, 감정적 상태는 일반적으로 잠들 때 느끼는 정신적, 감정적 상태와 거의 같다. 잠자기 전에 집중하고 있던 무언가는 수면 중의 무의식에도 영향을 미치고 잠에서 깼을 때의 기분에도 영향을 미친다. 따라서 스트레스를 많이 받는 상태로 하루를 마감하면 수면의 질도 떨어지고 깨어났을 때에도 여전히 스트레스가 풀리지 않은 채 찌뿌둥하게 일어날 가능성이 크다.

반대로 스트레스를 풀고 몸과 마음을 진정시키고 감사한 일에 집중할 수 있도록 저녁 루틴을 짜면 평온하게 감사하고 행복한 마음으로 잠들 수 있으며 잠도 푹 자고 상쾌한 기분으로 일어날 가능

성이 높다. 이러한 관점을 고려하여 하루를 마무리하는 루틴을 의도적으로 수행한다면 잠을 자는 동안 에너지를 회복하고 다음 날 최적의 상태로 깨어날 수 있다.

"죽고 싶어"

2019년 11월부터 2020년 5월까지 나는 하루 평균 2~4시간밖에 자지 못했다. 하루라도 몇 시간밖에 잠을 자지 못한 적이 있다면 잠을 적게 자는 것이 정신적, 정서적, 신체적으로 얼마나 치명적인지 알고 있을 것이다. 6개월 동안이나 지속된 수면 부족은 심각한 트라우마를 남겼다. 수시로 환각을 경험했으며, 사람들이 날 죽이려 한다는 망상에 시달렸고, 심각한 우울증과 불안과 신경쇠약으로 심지어 자살하고 싶다는 생각까지 들었다.

매일 밤, 자리에 누워도 잠이 오지 않아 몸을 뒤척이며 천장만 쳐다봤다. 세상의 온갖 미친 일들이나 개인적인 문제들이 나에게 벌어질지 모른다는 불안, 암이 재발할지 모른다는 두려움으로 마음은 온통 폭풍처럼 뒤엉켜 솟구쳤다. 마음이 뛰자 심장도 같이 뛰었고, 코르티솔이 혈관으로 쏟아져나와 정신을 또렷하게 만들고 육체를 잔뜩 긴장시켰다. 낮에는 멍한 채로 우울하게 지냈으며, 거의 모든 시간을 아주 어두운 공간에서 보냈다.

수면 부족은 우울과 불안을 부추겼고, 우울과 불안은 수면 부족을 더욱 부추겼다. 이러한 악순환에서 빠져나올 수 없었다. 결국 나는 그 소용돌이에서 빠져나오기 위한 결단을 해야만 했다. 나는 그 당시 어슐라의 잠을 방해하지 않기 위해서 서재에서 혼자 잠을 잤는데, 나는 절망적인 마음으로 그녀에게 문자메시지를 보냈다.

"자기, 걱정 끼치고 싶지는 않지만, 솔직히 말할게. 나 죽고 싶어. 더 이상 참을 수 없어. 어떻게 해야 할지 모르겠어."

몇 시간 후, 어슐라가 일어나 문자를 읽고는 서재로 왔다. 그녀는 나를 껴안고는 사랑한다고 말했다. 그녀는 절망의 근원이기도 했지만 연민의 근원이기도 했다. 솔직하게 털어놓자면, 우리의 결혼 생활은 사실 지난 몇 년 동안 가까스로 유지되다가 6개월 전 파탄을 맞았다. 우리 모두 고통을 받고 있었지만 그 원인은 오로지 나였다. 6개월 동안 잠을 제대로 자지 못하는 바람에 나는 완전히 다른 사람이 되어 있었다. 나는 더 이상 어슐라가 결혼했던 긍정적이고, 행복하고, 즐거운 남자가 아니었다. 나는 모든 것이 불안하고, 두렵고, 우울하고, 불쾌했다. 그녀는 나를 사랑한 만큼 많은 것을 감당할 수밖에 없었고 내가 희망을 포기하는 모습을 보며 그녀 역시 상당한 낙담을 했다.

나는 불면증을 타개하기 위해 다양한 전략을 연구하고 스스로에게 실험하기 시작했다. 2008년 경제 위기 때 절망과 우울에서 빠져나오기 위해 미라클모닝을 고안한 것과 같이, 이제 불면증에서 빠져나오기 위해 시행착오를 거치며 미라클이브닝을 만들어 낼 때가 온 것이다.

페이스북에 개설된 미라클모닝 커뮤니티 그룹에 올라온 게시물들을 스크롤하던 중 브라이언 마샬의 글이 눈에 띄었다. 브라이언은 2,200일 이상 하루도 빠지지 않고 미라클모닝을 계속 수행한 사람으로, 내가 아는 한 세계에서 가장 오래 미라클모닝 수행한 사람이다. 브라이언은 자신이 미라클모닝을 그토록 오래 지속할 수 있었던 것은 저녁 루틴 때문이라고 말했다. 그는 자신의 루틴을 RESTERS라고 명명했는데, 그날 게시물에서 이렇게 설명했다.

나는 미라클모닝을 2,200일 이상 수행했습니다. 단 하루도 쉬거나, 간략하게 축소하거나, 빼먹지 않았습니다. 그동안 내 삶은 훨씬 즐겁고 사려 깊게 변했습니다. 환희 속에서 더욱 활기차고 빛나는 것처럼 느껴집니

다. 내 삶의 목적과 방향은 놀라울 정도로 명확할 뿐만 아니라 삶의 운전
대 역시 꽉 잡고 있습니다. 매일 아침에 일어나는 것이 점점 수월해집니
다. SAVERS를 충실하게 완수한 덕분입니다. 하지만 이렇게 미라클모닝
을 오래 지속할 수 있었던 것은 저녁 루틴 덕분이기도 합니다. 나는 이것
을 RESTERS라고 이름 붙였습니다.

RESTERS는 독서Read, 운동Exercise, 샤워Shower, 기록Tally, 권한 부여
Empower, 이완Relax, 수면Sleep의 앞글자를 따서 만든 것이었다. 최적의
수면에 들 수 있도록 몸과 마음을 풀어주는 단순하고 실행 가능한
단계별 저녁 루틴이었다. 나는 이것에서 상당한 영감을 얻어 나만
의 저녁 루틴을 만들기로 했다. 신체적, 정신적, 감정적 상태를 준
비하는 데 유익한 활동을 추가했다. 샤워는 사실 매일 하는 것이
기 때문에 굳이 저녁 루틴으로 넣을 필요성을 느끼지 못했다.
    이렇게 완성한 미라클이브닝 루틴이 바로 SLUMBERS다.
slumber라는 말 자체가 '잠을 자다'라는 말이기 때문에 잠을 잘 자
기 위한 저녁 루틴의 이름으로 적절하다고 느껴졌다. SLUMBERS
를 단계별로 자세하게 설명하고, 어떻게 활용해야 하는지 이야기
하려고 한다. 물론 이것을 토대로 자신만의 미라클이브닝 루틴을
만들어도 좋다.

깊은 수면을 위한 SLUMBERS 루틴

미라클이브닝은 잠자리에 들기 몇 시간 전부터 시작된다. 이 루틴을 활용하여 나는 만성적인 불면증과 수면 부족에서 벗어날 수 있었으며, 깊은 잠으로 체력을 회복하고 상쾌한 아침을 맞이할 수 있었다. 지금 내가 수행하고 있는 미라클이브닝 루틴은 다음과 같다.

- 취침하기 3~4시간 전부터 아무것도 먹지 않는다. Stop eating 3 to 4 hours before bed.
- 스트레스 받는 생각과 감정을 털어 버린다. Let go of stressful thoughts and feelings.
- 필요하다면 수면에 도움이 되는 천연제품을 사용한다. Use natural sleep aids if needed.
- 다음 날 하루를 계획한다. Map out your next day.
- 블루라이트를 피한다. Boycott blue light.
- 확언을 암송하며 행복한 마음을 갖는다. Enter a blissful state with bedtime affirmations.
- 기분이 좋아지는 책을 읽는다. Read a book that makes you feel good.
- 아기처럼 잔다. Sleep like a baby.

언뜻 보기에 다소 복잡해 보일 수도 있지만, 사실 매우 단순하며, 아주 빠른 시간 내에 별다른 노력 없이 익숙해질 것이다. SAVERS와 마찬가지로, 각 단계마다 나름대로 효과가 있는데 이들을 모두 한꺼번에 수행하면 매일 밤 편하게 잠들 수 있도록 생활 패턴을 바꿔줄 것이다. 단계별로 하나씩 살펴보고 응용해보자.

취침 전 금식하기

13장에서 이야기했듯이, 음식을 소화하는 과정은 우리 몸에서 가장 많은 에너지를 소모한다. 밥을 먹고 나면 항상 졸립다는 것을 떠올려보면 쉽게 이해할 수 있다. 하지만 밥을 먹고 나서 바로 자는 것은 매우 좋지 않다. 밤에 잠을 자면서도 뱃속에서는 위장 운동이 계속되기 때문에 잠을 푹 자지 못하고, 아침에도 밤새 레슬링을 한 것처럼 찌뿌둥한 상태로 일어난다. 따라서 저녁을 먹는 시간, 방법, 음식 종류에 신경쓰는 것은 최적의 수면을 누리고 아침에 가볍게 일어나기 위해 매우 중요하다.

음식이 우리 몸을 완전히 빠져나가는 데에는 24~72시간이 걸리지만, 우리가 여기서 신경 써야 할 것은 밥을 먹고 난 뒤 3~4시간이다. 이 시간에 음식은 위에서 소장으로 넘어가는데, 이 단계에서 에너지를 가장 많이 쓴다. 이 단계를 넘기면 우리 몸은 편안해지고, 스스로 치유하고, 회복한다. 이때 편하게 잠을 잘 수 있다.

물론 무엇을 얼마나 먹느냐에 따라 소화하는 데 걸리는 시간은 달라질 수 있다. 예컨대 섬유질이 많은 음식은 그렇지 않은 음식보다 훨씬 쉽고 빠르게 소화된다. 과일, 야채, 견과류, 콩, 통곡물을 소화시키는 데에는 2~3시간이면 충분하다. 고기, 빵, 파스타, 감자튀김, 설탕이 많이 들어간 음식을 소화하는 데에는 4시간 이상 걸린다. 물론 많이 먹을수록 시간도 많이 걸린다.

매일 잠자리에 들기 3~4시간 전에 저녁 식사를 끝내는 것이 좋다. 10시에 잠을 잔다면, 저녁은 6시쯤 먹어야 한다. 특별한 일정이 있어서 그 이후에 밥을 먹어야 하는 경우에는 최대한 조금 먹는 것이 좋다. 자신의 주먹보다 적은 양을 먹어라. 그리고 건강한 음식, 특히 섬유질이 많이 함유된 음식을 먹어라.

식사 시간이 이보다 늦거나 저녁을 먹고 난 뒤 간식을 먹는다면, 생활 패턴을 개선하기 위해 의식적인 노력을 해야 한다. 식사 시간을 조금씩 당겨서 몸과 마음이 적응할 수 있는 시간을 주면 훨씬 쉽게 바꿀 수 있다. 잠자리에 들기 1시간 전에 저녁 식사를 한다면, 1시간 30분 전으로 당겨서 일주일 동안 저녁 식사를 하고,

그다음 주에는 2시간 전으로 당기는 방식으로 바꿔보자. 미라클모닝 30일 챌린지를 수행하면서 저녁 일정도 함께 바꿀 수 있다. 이제 저녁 시간에 여유가 생길 것이다.

저녁을 늦게 먹어 음식을 소화하기 위해 몸에 부담을 주고, 잠을 설치고, 아침에 찌뿌둥하게 일어날 것인지, 저녁을 빨리 먹고 잠을 자는 동안 몸이 충분히 쉬고 치유되고 회복될 수 있도록 할 것인지 당신이 선택할 차례다.

스트레스 풀기

잠을 자기 위해 누웠을 때, 즉각 해결할 수 없는 것들에 대한 걱정이 자주 밀려오는가? 그런 일들에 대해 자신이 아무것도 할 수 없어서 무력감을 느끼는가?

잠자리에 누웠을 때 우리 머릿속을 가득 채우는 것은 대부분 최근 경험한 일이나 내일 해야 할 일일 것이다. 아직도 끝나지 않은 프로젝트, 금전 상황, 건강 문제, 주변 사람들과 겪는 불화, 고통을 겪고 있는 가까운 사람, 곧 멸망할 것만 같은 세계 정세나 경제 전망 같은 것으로 머리가 복잡할 것이다. 하지만 그것들은 누워서 걱정한다고 풀릴 일이 아니다. 지금 당장 내 힘으로 해결할 수 없는 것을 걱정할 때 우리는 당연히 무력감을 느끼고, 이는 결국 숙면을 방해하는 스트레스와 불안으로 이어진다.

내가 통제할 수 없는 것이 걱정될 때 우리는 안전하지 않다고 느낀다. 안전은 인간 심리의 가장 근본적인 토대다. 안전하지 않다고 느껴질 때 신경계는 맞서 싸울 것인지 도망칠 것인지 양자택일의 상황에 놓인다. 어떤 식으로든 안전에 위협이 느껴질 때에는 평화롭게 이완하고 잠들기 힘들다. 그래도 다행인 것은, 즉각적인 위험이 없는 상황에서는 안전한 느낌을 의식적으로 선택할 수 있다는 점이다. 잠자리에 들었을 때 자신이 안전하다는 것을 인식하고 확인하는 것만으로도 우리는 심리적 안정 상태에 들어갈 수 있다.

나는 밤마다 늘 이런 잡념으로 머릿속이 가득했다. 하지만 그런 상황에서 내가 깨달은 분명한 사실은, 잠자리에서 다른 것에 신경 쓸 필요가 없다는 것이다. 오로지 편안하게 잠들 수 있게 마음과 몸을 최적화하는 것만 신경 쓰면 된다. 그것이 전부다.

'편안한 수면'을 취하기 위해서는 마음이 평온하고 감사가 최고조에 이른 상태에서 잠들어야 한다. 베개 위에 머리를 뉘였을 때, 낮에 있었던 일 중에서 마음을 어지럽게 하는 것은 그 어떤 것도 다시 떠올리거나 생각하지 마라. 자연스럽게 미소 짓게 만드는 일이라면 상관없지만, 스트레스 받는 일, 그날 잘못되거나 실수한 일을 떠올리거나, 아직 오지 않은 미래를 걱정하는 것은 피해야 한다. 그러한 생각을 하는 것은 깊이 잠드는 것을 방해하고 휴식과 회복을 저해한다. 그래서 나는 잘 때가 되면 마음의 스위치를 꺼야 한다고 생각한다. 스트레스를 유발하는 것은 잊고(물론 생각보다 어려운 일이다) 차분하게 평온하고 감사하고 행복한 느낌이 드는 생산적인 것을 떠올려야 한다. 편안하게 잠들 수 있는 상태로 전환하는 것이다. 스트레스를 받는 생각과 감정을 푸는 나만의 3단계 방법을 소개한다.

1단계: 자신이 느끼는 감정과 인지된 원인 인정하기

스트레스 받는 감정 상태를 유지하고 자신이 통제할 수 없는 것을 신경쓰는 것은 생산적이지 않을 뿐만 아니라, 특히 잠자기 전마음의 평온을 깨뜨린다. 하지만 고통스러운 감정을 무작정 무시하고 억누르거나, 우회하려는 것도 생산적이지 않은 것은 마찬가지다. 감정을 풀어주지도 못할 뿐만 아니라 밖으로 드러나지 않도록 쑤셔 넣는 것에 불과하다.

진정으로 스트레스를 풀려면 그것을 무의식에서 의식으로 끌어내 명확하게 인정하고, 처리하고, 내보내야 한다. 이런 상황에서 활용할 수 있는 확언이 있다. 먼저 천천히 심호흡을 하고 자신의 느낌과, 그런 느낌이 들게 하는 원인을 파악하는 것이다.

나는 [내면을 혼란스럽게 한다고 여겨지는 원인]에 대해 [두려움, 불안, 화, 스트레스, 슬픔, 좌절, 또는 수면을 방해하는 감정]을 느낀다.

몇 가지 예를 보자.

- 나는 현재 금전 상황에 대해 두려움을 느낀다.
- 나는 오늘 아내가 나를 대한 태도에 대해 분노를 느낀다.
- 나는 내 건강 상태에 대해 슬픔을 느낀다.

자신의 감정을 인지하고 이름을 붙인 다음, 심호흡을 하며 마음을 가라앉히고 신경을 진정시킨다. 자신의 진짜 감정이 드러나는 데에는 몇 분 정도 걸릴 수 있으니 차분하게 인내한다. 마음속에서 올라오는 감정을 있는 그대로 인정하라. 어떠한 판단도 하지 말라. 자신의 감정이나 자기 자신에 대해 좋거나 나쁘다고 딱지를 붙일 필요는 없다. 긴장을 풀고 호흡하면서 자신의 감정이 무엇인지, 그런 감정이 어디서 나오는지 관찰한다.

2단계: 자신의 감정을 있는 그대로 받아들이고 수용하기

자신이 느끼는 감정이 유쾌하지 않더라도 그것을 거부하는 것은 내면의 혼란을 증폭시킬 뿐이다. 현실을 거부하는 것은 정서적 고통을 더 길게 고착시키고 자신의 감정에 대한 잘못된 인상을 심어줄 수 있다. 우리의 감정에 저항하는 것은 단순히 기분이 나쁜 것을 넘어서 그런 감정을 느끼는 나 자신에 대한 증오를 심어줄 수 있다.

따라서 나는 어떤 감정이든 느낄 자격이 있다는 것을 기억하라. 하지만 지금은 그러한 감정을 해소하기 위해 노력하거나 스트레스를 자극할 시간이 아니다. 이때는 다음 확언을 암송하면 도움이 될 것이다.

나는 어떠한 감정이든 느낄 권리가 있지만, 지금은 스트레스를 자극할 시간이 아니다. 지금 나의 유일한 목표는 편안하게 잠들기 위해 몸과 마음을 준비하고, 그 목표에 어울리는 생각과 감정을 떠올리는 것이다.

마음을 가라앉혀라. 자신의 감정을 있는 그대로 받아들이자. 하지만 지금은 최적의 수면을 위해 몸과 마음을 준비하는 것이 유일한 목표라는 사실을 다시 떠올리며 생각과 감정을 정리하자.

3단계: 스트레스를 흘려보내고 기분 좋게 잠들기

스트레스 받는 생각을 잊고 감사하는 마음으로 기분 좋게 잠들고 싶다면 다음 확언을 암송하는 게 도움이 될 것이다.

나는 스트레스를 받는 생각과 감정을 모두 잊고, 감사하는 것들을 떠올리며 평온한 마음을 갖는다. 이제 편안하게 잠들 것이다.

압박감을 주는 생각에서 벗어나 편안하게 잠든다는 것이 처음에는 어색하게 느껴질 수 있다. 편안한 잠에 빠져든다는 말도 낯설게 들릴 수 있다. 하지만 걱정할 필요 없다. 이것은 당신의 내면이 결정하는 일이다. 계속 반복하다 보면 자연스럽게 익숙해진다.

필요에 따라 수면보조제 사용하기

잠드는 것이 힘들거나 자다가 자꾸 깬다면, 수면보조제의 도움을 받을 수 있다. 6개월 동안 불면증으로 고생할 때 내가 도움을 받았던 수면보조제 몇 가지를 소개한다.

나는 인공적인 것보다는 천연물질이나 치유법을 먼저 찾았다.

다양한 수면보조제들을 사용해보았으며, 합성물질이 포함되어 있는지 성분을 꼼꼼히 확인하고, 가능한 한 유기농 식물에서 추출한 성분이 함유된 것들을 골랐다. 마침내 '슬립닥터Sleep Doctor'라는 닉네임으로 유명한 임상심리학자이자 수면 의학 전문가 마이클 브루스에게 연락하여 의학적인 조언을 구했다. 그는 내가 주로 무엇을 먹는지, 어떤 약과 건강보조식품을 먹는지 꼼꼼하게 물었고, 몇 가지 조언을 해주었다. 나는 그의 조언을 모두 즉각 실행에 옮겼다. 잠자리에 들 시간에 따라 90분 전, 45분 전, 30분 전으로 나누어 각 시간에 맞는 다른 수면보조제를 사용했다.

하루에 겨우 2~3시간을 자던 나는 몇 주 뒤, 6~7시간을 잘 수 있게 되었으며 아침에 상쾌하게 일어날 수 있었다. 2년쯤 지난 지금까지도 매일 7시간씩 깊은 잠을 잔다. 하지만 사람마다 체질이 다르기 때문에, 천연제품이라고 하더라도 누구에게나 안전하다고는 말할 수 없으며, 원치 않는 부작용이 발생할 수도 있다.

나는 이 보조제들을 복용하고 몇 달 뒤 나에게 아쉬와간다Ashwagandha 알레르기가 있다는 사실을 깨달았는데, 이 알레르기가 불면증과 불안의 원인 중 하나였다는 것을 알게 되었다. 어쨌든 건강보조제를 섭취하기 전에는 늘 의료 전문가에게 조언을 구하자. 물론 불면증을 치료하기 위해 반드시 수면보조제를 복용할 필요는 없다. 하지만 불면으로 인해 문제를 겪고 있다면 이러한 천연보조제들은 상당한 도움을 줄 수 있다.

내일을 계획하기

잠들기 전에 내일 해야 할 일을 모두 쏟아내라. 스마트폰을 이용해 일정을 작성하든, 침대 옆 테이블에 놓여 있는 일기나 플래너에 적든, 시간 단위로 할 일을 모두 써놓고 남는 시간도 표시하자.

물론 이러한 일정을 일과가 끝날 때 미리 짜놓으면 더 좋다. 잠자리에 들기 전에는 신경 쓰지 않아도 되기 때문이다. 어느 쪽이든 다음 날 해야 할 일을 미리 계획하는 것은 마음을 편안하게 하고 스트레스를 줄여준다. 지노 위크먼은 《기업가의 도약Entrepreneurial Leap》에서 다음과 같이 이야기한다.

매일 밤 잠자리에 들기 전, 다음 날 할 일을 모두 노트 위에 적는다. 종이 노트 위에 손으로 직접 쓰다 보면 아이디어가 샘솟는다. 나는 해야 할 일들을 모두 시간별로 계획한다. 통화, 참석해야 할 회의, 완수해야 하는 프로젝트 등을 순서대로 나열하여 하루 일정을 표로 정리한다.

이렇게 하고 나면 잠도 더 잘 온다. 아침에 일어날 때 더 창의적인 아이디어가 떠오르기도 한다. 고민하던 문제나 작업 중인 프로젝트에 대한 새로운 해법이 떠오르기도 한다. 잠을 자는 동안에 무의식이 그 문제들에 대해 궁리해주기 때문이다.

디지털 캘린더를 사용하면 반복되는 일정을 정리하기가 매우 쉽다. 예컨대 나의 아침 일정은 다음과 같다.

- 4~5시: 미라클모닝
- 5~6시: 글쓰기
- 6~7시: 최우선 업무 처리
- 7~8시: 패밀리 타임 + 스무디
- 8~9시: 운동 + 출근 준비
- 9~10시: 이메일 확인

이러한 아침 일정은 매일 반복되기 때문에 무엇을 할지 생각할 필요가 없다. 하루 일정을 이렇게 문서로 작성해놓으면, 중요한 일을 처리할 시간은 이미 확보한 것이기 때문에 남은 시간을 자유롭게 쓸 수 있고 편안하게 잠을 자는 것에만 집중할 수 있다.

블루라이트 피하기

전자제품 때문에 밤에 잠들기 어려울 수 있다. 휴대전화, 태블릿, 컴퓨터, TV 모두 블루라이트를 방출한다. 이 푸른 빛은 고에너지 가시광선HEV이라고 불리는데 상당한 주목을 끌고 신경을 곤두서게 만든다. 또한 잠과 관련된 호르몬인 멜라토닌의 생성을 방해한다. 그래서 잠들기 전에 스마트폰이나 TV를 보는 습관이 있는 사람은 편안하게 잠들지 못할 수 있다.

잠자리에 들기 전 블루라이트 노출을 최소화하는 몇 가지 팁을 소개한다.

- 잠자기 30분 전부터 전자제품을 보지 않는다. 잠들기 2~3시간 전부터 보지 않으면 가장 좋겠지만, 최소한 30분 전, 일반적으로 60분 전부터는 될 수 있으면 화면을 보지 않아야 한다. 그 시간에 스마트폰을 내려놓아야 한다는 경고가 뜨도록 설정해놓으면 좀 더 도움이 될 것이다(스마트폰을 보지 말아야 할 시간을 스마트폰을 보고 안다는 것은 물론 아이러니다).
- 잠들기 30분 전부터 침실을 가능한 한 어둡게 유지한다. 블루라이트보다는 생체 리듬에 덜 영향을 미치며 멜라토닌을

억제하지 않는 붉은색 전구를 사용하는 것이 좋다. 나의 침대 옆 램프는 붉은색 전구를 사용한다.

- 아침에 쉽게 일어나기 위한 5단계 전략에서 말한 대로 스마트폰을 멀리 둔다. 스마트폰은 블루라이트만이 아니라 온갖 흥미롭고 자극적인 내용을 담고 있기 때문에 잠자리에 누웠을 때 또 들여다보고 싶은 유혹을 느낄 수 있다. 최대한 멀리 두고 자면, 잠을 자다가 무심코 손을 뻗는다고 해도 스마트폰을 켤 수 없다. 또한 아침에 알람을 끄기 위해 이불속에서 빠져나와야 하므로, 잠을 깨는 데에도 도움이 된다. 스마트폰을 화장실에 두고 자라.

확언 암송하기

스트레스 받는 생각과 감정을 푸는 가장 쉬운 방법은 평온하고 차분하게 자신감을 주는 생각을 떠올리는 것이다. 평온한 생각을 떠올리기 위해 나는 잠자리에서도 확언을 암송한다. 눈을 감고 심호흡을 하며 천천히 확언을 읽고 나서 잠시 멈춰 깊이 숨을 들이마시고, 눈을 지긋이 감고, 최선을 다해 확언에 진심으로 공감한다.

낮에 있었던 일을 그대로 받아들이고, 어떠한 저항이든 털어버리고, 온전한 평온함 속에서 다음 확언을 따라 해보자.

지금은 내 앞에 닥친 문제에 대해 걱정하거나 해결할 시간이 아니다. 지금 나의 유일한 목표는 몸과 마음을 차분하게 가라앉히고 평온하게 깊은 잠을 자는 것이다.

이 순간을 온전히 느끼고 싶다면 다음 확언을 따라 해보자.

이 순간은 완벽하다. 나는 안전하고, 이불 속에서 너무나 편하다. 아무 걱정도 없다.

감사함을 표현하고 경험하고 구체화하고 싶다면 다음 확언을 따라 해보자.

＿＿＿＿＿＿＿＿한 것에 대해 감사합니다.

잠자리에 들었을 때 스트레스를 받는 생각이 자꾸 떠오른다면, 의식적으로 평온하고 감사한 생각으로 바꾸기 위해 노력해야 한다.

우리 뇌에 프로그래밍되어 있는 사고방식은 습관적이고 대부분 무의식적이다. 무의식은 새로운 생각에 저항하고 이전 생각으로 되돌아가고 싶어 한다(물론 이는 지극히 정상적인 현상이다). 확언을 암송하는 것은 자신의 생각을 통제하고, 자신에게 가장 필요한 것을 의식적으로 선택할 수 있는 가장 단순하고 효과적인 방법이다.

내가 이 책을 쓰기 오래 전부터 사용해오던, 잠자리에서 암송하는 확언을 여기서 공유하고자 한다. 나는 이 문장들을 인쇄하여 머리맡에 두고 매일 밤 잠들기 전 읽었다. 이러한 행동은 편안한 잠에 빠져들 수 있도록 마음과 몸을 편하게 풀어주었다. 물론 이 확언은 이 책을 위해 확장하고 업데이트했다.

미라클이브닝 확언

나는 매일 밤 잠자리에서 아래의 확언을 암송하며 편안한 수면에 빠진 뒤 신나고 활기찬 상태로 아침에 일어날 수 있도록 몸과 마음을 준비한다.

<첫 번째 유형>

내일을 맞이하기 위한 준비는 모두 끝났다. 미라클모닝을 수행하기 위해 필요한 책, 일기장, 운동복, 물도 모두 준비했다. 잠자리에서 먼 곳에 알람을 두었기에 알람을 끄기 위해서는 이불 속에서 일어나야 한다. 일어나 몸을 움직이다 보면 잠에서 쉽게 깨어날 것이다.

<두 번째 유형>

나는 ＿＿＿시에 자서 ＿＿＿시에 일어날 것이다. ＿＿＿시간 자는 것만으로도 내 몸은 에너지를 완전히 재충전할 것이다. 아침에 일어났을 때의 느낌은, 지금 설정하는 것에 따라 달라진다. 잠을 얼마나 잤느냐와 무관하게 나는 활기차고, 신나고, 영감에 충만한 상태로 일어날 것이고, 내일은 내가 상상할 수 있는 가장 특별한 하루가 될 것이다. 나는 그럴 만한 자격이 있기 때문이다!

<세 번째 유형>

나는 내일 아침 ＿＿＿시에 활기차고 열정적으로 일어나, 미라클모닝을 수행할 것이다. 미라클모닝을 통해 내가 원하는 모든 것을 이룰 수 있는 사람이 될 것이다. 긍정적인 기대와 흥분을 한가득 안고 내일 하루를 시작할 것이다.

<네 번째 유형>

지금 나의 유일한 목표는 편안하게 잠들기 위해 몸과 마음을 준비하는

것이다. 그래서 스트레스를 받는 생각은 모두 털어낸다. 지금은 내 앞에 닥친 문제에 대해 걱정하거나 해결할 시간이 아니다. 지금 이 순간은 완벽하다. 나는 안전하다. 나는 이불 속에서 편안하다. 걱정할 것은 없다. 지금은 오로지 감사한 것에만 집중하고 고요함을 느끼며 편안하게 잠들 수 있는 정신적, 감정적 상태에 머문다.

나는 미라클모닝 커뮤니티 게시물을 스크롤하며 이러한 확언들이 아침에 일어나는 데 얼마나 도움이 되는지 살펴보았다. 한 회원은 48일 동안 하루도 빠지지 않고 이 확언들을 읽었는데, 그 덕분에 미라클모닝을 하루도 빠짐없이 수행할 수 있었다고 한다. 그런데 49일째 되는 날 확언을 읽고 자는 것을 건너뛰었더니 다음 날 알람 소리도 듣지 못하고 늦잠을 잤다고 한다.

기분을 좋게 해주는 책 읽기

앞에서도 말했듯이 독서는 지식을 빠르게 습득할 수 있는 가장 확실한 길이며, 하루의 기분을 설정하는 역할을 한다. 물론 이 경우는 밤의 기분을 설정한다. 또한 앞에서 나는 잠들기 전에는 긍정적인 것만 생각해야 한다고 말했다. 따라서 자기 전에는 얼굴에 미소를 머금게 하는 소설이나, 기분 좋게 해주고 마음을 차분하게 가라앉혀주는 책을 읽는 것이 좋다.

개인적으로 나는 스마트폰을 비행기 모드로 전환한 다음 백색 소음 앱을 켜놓고, 책장에 꽂혀 있는 책 한 권을 꺼내 읽는다. 10~20분 정도 책을 읽고 눈을 감으면 긍정적인 상태로 잠들 수 있다. 잠자기 전 읽을 책을 고르는 기준은 다음 2가지다.

- 기분을 좋게 하고 감사와 평온함을 가져다주는 책을 골라야 한다. 그래야 편안하게 잠들 수 있다.
- 이미 읽은 책 중에 다시 읽고 싶은 부분에 밑줄을 쳐 놓은 책을 읽는다. 새로운 내용을 이해하거나 배우기 위해 의식적으로 노력을 기울이지 않아도 된다.

이미 읽었던 책이 아니라고 해도 상관없다. 어쨌든 정신적 에너지를 덜 요구하는 책이 좋다. 미라클모닝을 수행하면서 읽는 책과는 다르다. 아침에는 내 삶의 특정한 부분을 개선하거나 구체적인 결과를 얻을 수 있는 방법을 가르쳐주는 책을 읽어야 한다. 이러한 책을 읽기 위해서는 상당한 정신적 에너지를 쏟아야 한다.

책을 읽고 난 뒤 나는 감사할 것에 대해 생각하며, 명상을 하거나 깊은 잠에 빠져드는 만트라를 암송한다.

아기처럼 자기

마지막 단계는 실용적일 뿐만 아니라 철학적이고 영적이다. 우리가 이 세상에 처음 왔을 때, 엄마 뱃속에서 태어났을 때, 우리는 순수했다. 의식에 아무런 영향도 받지 않았으며 걱정, 후회, 의견, 판단, 기대, 불안, 두려움도 없고, 다른 사람들이 나에게 주입한 신앙도 없고, 어떻게 생각하고 느끼고 행동해야 한다는 윤리적 가치도 없었다. 실패에 대한 두려움도, 스트레스도, 골칫거리도 없었으며, 다른 사람의 시선을 의식하지도 않았다. 사회가 만들어낸 규칙, 규범, 법규 같은 것도 전혀 몰랐다. 나에 대한 남들의 부정적인 판단은 물론, 남들에 대한 나의 부정적인 판단도 없었다. 과거에 대한 한탄이나 미래에 대해 걱정으로 잠 못 들지도 않았다.

우리가 가장 기본적으로 느끼는 감정은 기쁨이다. 물론 배가 고프거나 잠이 모자랄 때 가끔 신체적 불편함을 느낄 수 있다. 하지만 그러한 불편이 해소되고 나면 자연스럽게 웃고 좋알대며 세상을 관찰한다. 아기들을 흔히 '기쁨의 보따리'라고 부르는 이유다. 우리가 타고난 가장 자연스러운 감정 상태는 바로 기쁨이다.

하지만 나이가 들면서 모든 것이 바뀌었다. 내적 자유와 타고난 기쁨에서 우러나오는 자연스러운 상태는 외적인 프로그래밍에 의해 서서히 침식되었다. 성장하는 과정에서 우리는 부모님과 사회에서 배운 대로 기쁨과 행복을 바깥에서 찾게 되었다. 만화, 장난감, 음식, 돈, 칭찬, 성취와 같은 것에서 기쁨을 찾도록 프로그래밍 되었기 때문이다. 하지만 이러한 것들은 그 어느 것도, 진실한 기쁨과 행복을 지속적으로 제공하지 못한다. 외부 자극은 기껏해야 잠깐 감정을 고조시켜줄 뿐, 금방 흩어지기 때문에 또 다른 자극으로 끊임없이 떠받쳐줘야 한다.

우리가 잠을 자는 시간은 어릴 적 타고난 상태와 같이 내적 자유에서 우러나는 아주 자연스러운 상태가 된다. 이렇게 되면 정신적, 정서적 건강을 유지할 수 있다. 과거에 대한 한탄이나 미래에 대한 걱정으로 잠 못 들 필요도 없다. 물론 이러한 상태로 돌아가는 것은 어렵지 않다. 마음 먹기에 달려 있을 뿐이다.

이러한 깨달음은 나를 만성적인 불면증, 수면 부족, 심각한 불안, 우울증에서 벗어나 아기처럼 잘 수 있게 이끌어주었다. 지금 내 유일한 목표는 편안하게 잠들 수 있도록 몸과 마음을 준비하는 것이다.

나는 SLUMBERS를 하나씩 수행한 다음 잠자기 위해 누워서 몇 분 동안 내가 감사하는 것을 떠올리고 감사한 마음에 푹 빠진다. 예컨대 먼저 나는 아내를 생각하며 감사하는 마음을 갖는다.

어슐라를 아내로 주신 것에 대해 정말 감사합니다. 내 삶에 그녀가 함께 할 수 있는 것은 정말 축복입니다.

그런 다음 나는 아내를 생각하면서 천천히 깊이 숨을 들이쉬고 모든 것을 아우르는 감사함 위에 나 자신을 올려놓는다. 그다음은 아이들, 내 건강, 우리 집, 편안한 침대 등 삶에서 감사한 것들로 넘어간다.

그러고 나면 전반적으로 즐거운 하루를 보낸 경우에는 하루 동안 겪은 일들을 다시 한번 회상한다. 아들과 함께 즐긴 보드게임, 딸과 나눈 의미 있는 대화, 업무의 진전, 가족을 위해 아내가 장만한 식사 같은 것들을 떠올리며 감사하는 마음을 갖는다.

일반적으로 이러한 루틴은 자연스럽게 잠에 빠져들게 한다. 하지만 그렇지 않을 때 나는 호흡에 집중하고 감사한 일을 떠올리면서 확언을 조용하게 암송한다. 그러면 마침내 감사한 마음과 평온함을 느끼며 잠들게 된다.

　감사한 마음에 집중하며 만족스럽고 평온한 상태로 잠들면 밤 사이에도 무의식 속에 행복한 생각을 심어줄 수 있다. 처음부터 쉬운 일은 아니다. 쉽게 될 것이라 기대해서는 안 된다. 감사한 일을 떠올리며 의식적으로 집중하고 느끼는 것에 익숙하지 않다면, 처음에는 기이하거나 비현실적이라 생각될 수 있다.

　다시 말하지만, 우리의 사고 패턴은 대부분 무의식적이고 습관적으로 작동하기 때문에, 그러한 생각을 업그레이드하는 데에는 의식적인 노력과 시간이 필요하다. 하지만 자꾸 반복하다 보면 점점 익숙해지고, 나중에는 무의식적인 과정이 된다. 그러는 사이에 매일 밤 스트레스를 받으며 잠을 뒤척이는 불면증은 사라지고, 진정으로 감사하고 평온한 마음으로 잠들 수 있게 된다. 더 나아가 잠들 때 뿐만 아니라, 아침에 일어날 때에도 그런 감정으로 일어날 수 있다!

　잠은 우리 몸과 마음에 줄 수 있는 가장 유익한 선물이다. SLUMBERS를 활용하여 그 선물을 완벽하게 준비할 수 있다.

나만의 미라클이브닝 만들기

SAVERS와 마찬가지로 미라클이브닝 루틴 역시 자신의 생활 패턴과 취향에 맞게 수정할 수 있다. 이 책의 제목은 《미라클모닝 확장판》이지만 미라클이브닝도 그에 못지 않게 중요하다. SLUMBERS를 한 단계씩 수행하면서 자신과 가장 잘 맞는 것을 선택하여 재조합해도 좋고, 아예 자신만의 루틴을 만들어도 좋다. 중요한 것은 루틴이 어디서 왔느냐가 아니라 밤에 잠을 푹 자고 아침에 상쾌하게 일어날 수 있도록 몸과 마음을 이완해주는 자신만의 저녁 루틴을 만들어 실행하는 것이다.

하지만 목표는 단순해야 한다. 잠들기 전에 무엇을 하든 그 모든 행동의 목표는 깊은 수면에 들기 위한 것이라는 사실을 명심하라. 따라서 어떠한 미라클이브닝 루틴이든 다음과 같은 결과로 이어져야 한다.

- 스트레스 받는 생각과 감정을 떨쳐버리고 차분하고 편안한 기분으로 잠자리에 들 수 있어야 한다.
- 더 상쾌하고 활기찬 기분으로 일어날 수 있도록 내적·외적 환경을 꾸민다.

• 감사함을 느끼는 평온한 상태로 잠든다.

빛이나 소음이 수면을 방해한다면 안대와 귀마개를 사용하자. 백색 소음이나 갈색 소음을 켜놓는 것도 수면에 도움이 되는 사람이 있다. 개인적으로 나는 귀마개를 끼고, 스마트폰을 비행기 모드로 바꾼 뒤 백색 소음을 켜놓고 잔다. 이렇게 하면, 수면을 방해할 수 있는 예기치 않은 소음을 차단하는 데 도움이 된다.

미라클이브닝에 대한 마지막 조언

이제 미라클모닝을 완벽하게 만들어줄 이상적인 미라클이브닝을 설계할 수 있게 되었다. 새로운 루틴을 시작하려면 처음에는 상당한 노력을 들여야 하지만 머지않아 (보통 몇 주만 지나면) 익숙해져서 손쉽게 유지할 수 있다. 따라서 이러한 변화의 과정을 이해하고, 또 그 결과 얻을 수 있는 혜택을 명심하면 처음에는 어렵게 느껴지더라도 훨씬 쉽게 적응해나갈 수 있다.

하루를 마치는 방식이 하루를 시작하는 방식 못지않게 중요할 수 있다는 것을 명심하자. 미라클모닝은 정신적, 감정적, 신체적,

영적으로 최고의 상태에서 하루를 시작할 수 있게 해준다면, 미라
클이브닝은 감사하고 평온하게 하루를 마무리하여 편안히 잠들게
하고, 그 다음날 아침에 상쾌하게 일어날 수 있게 도와준다.

　스트레스를 떨쳐버리고 숙면을 취하는 것이 어려운 사람이더
라도, 미라클이브닝 루틴을 수행하면 내가 실제로 경험했던 것처
럼 분명한 변화를 느낄 수 있을 것이다. 누구나 편안한 잠을 잘 권
리가 있다. 하지만 그러한 선물은 오로지 자기 자신만이 만들 수
있다. 오늘 밤부터 SLUMBERS를 실행해보자. 깊고 편하게 잘 것
이다. 그리고 내일 아침 상쾌하고 활기차게 일어나 미라클모닝을
수행할 수 있을 것이다. 내가 사랑하는 사람들과 나를 따르는 사
람들과 나 자신에게 매일매일 최고의 내 모습을 보여줄 수 있을 것
이다.

18

The Miracle Morning

마음먹기에 따라 삶을 미워하고
세상에 화를 낼 이유는 무수히 찾을 수 있다.
또 마음먹기에 따라 삶을 사랑하고
행복해야 할 이유도 무수히 찾을 수 있다.
현명하게 선택하라.

― 카리 웰시Cari Welsh

내적 자유를 향해 나아가는
미라클라이프

———

살다 보면 우리가 삶에서 진정으로 얻고자 하는 것은
열정, 기쁨, 사랑이 전부라는 것을 깨닫는다.
그런 것들을 늘 느낄 수 있다면 세상에 무슨 일이 일어나든
신경 쓸 리 없다. 늘 기분이 좋고 현재의 순간에 신이 난다면,
어떠한 경험을 하든 무슨 차이가 있겠는가.

— 마이클 싱어Michael Singer

지금 내가 바로 당신 앞에 마법사 지니처럼 나타난다고 상상해보자. 당신 앞에서 나는 다리를 꼬고 공중에 떠 있다(조금 이상하게 들리긴 하겠지만, 잠시만 따라오길 바란다). 나는 한 가지 소원을 들어주겠다고 말한다. 매우 구체적인 소원이어야 한다.

꿈꾸는 집이나 돈다발을 주지는 못한다. 젊어지게 하거나 외모를 바꿀 수도 없다. 어떤 사람이 당신을 좋아하게 만들어줄 수도 없다(물론 이런 소원을 들어줄 수 있다면 정말 도움이 될 것이다). 나는 당신의 수천 가지 소원을 들어줄 수 없다.

내가 들어줄 수 있는 소원은 딱 한 가지다. 삶의 순간들을 어떻게 경험할지 선택할 수 있는 무한한 능력을 줄 수 있다. 다시 말해 아무리 힘든 상황 혹은 주변 사람들과 불화를 겪는 상황에서도 최적의 정신적, 감정적 상태를 선택할 수 있는 능력이다. 이제 여생 동안 두려움, 스트레스, 걱정에 시달리지 않은 채로 살 수 있고, 매일 아침 활기차게 일어나 자신의 삶을 진정으로 사랑하며, 기쁨 속에서 최고의 행복을 느끼며 살 수 있고, 지상에서 천국을 경험할 수도 있다. 이제 원하는 것을 말해보자. 앞으로 남은 삶을 어떻게 경험하고 싶은가?

문제는 우리가 지금 잘못된 믿음에 길들여져 있다는 것이다. 나의 정신적, 정서적 상태가 외부의 힘에 의해 결정된다고 믿는다. 좋은 일이 생기면 기분이 좋고, 나쁜 일이 생기면 기분이 나빠진다고 생각한다. 이것은 곧 외부의 상황과 사건, 다른 사람들이 나의 감정, 궁극적으로는 나의 삶을 결정하도록 허용하는 것이다. 미라클라이프는 우리에게 새롭고 더 주체적인 패러다임을 제공한다.

'무슨 일이 일어나든, 내가 원하는 대로 느낀다.'

해법은 자신의 정서적 상태를 통제하는 법을 배우는 것이다. 우리는 삶의 순간들을 어떻게 경험할 것인지 미리 선택할 수 있다. 앞에서 감정 최적화 명상을 설명하면서 이미 소개했다.

미라클라이프는 지난 10년 넘는 시간 동안 미라클모닝을 수행하는 과정에서 탄생한 개념이다. 미라클모닝과 미라클라이프가 어떻게 다르고 서로 보완하는지 간단하게 설명하자면, **미라클모**

닝은 자기계발을 위한 수행법이고, 미라클라이프는 자기완성을 위한 패러다임이다. 미라클모닝은 내가 원하는 삶의 환경을 만들어내기 위한 마음가짐, 습관, 역량을 개발하기 위한 방법이라면, 미라클라이프는 최적의 의식 상태를 경험할 수 있는 잠재력을 풀어냄으로써 어떤 상황에서도 진정으로 행복하게 삶을 즐길 수 있도록 이끌어주는 깨달음이다.

미라클라이프는 우리를 내적 자유로 이끌어준다. 내적 자유란 매 순간을 어떻게 해석하고 경험할지 스스로 자유롭게 선택할 수 있는, 가장 기초가 되는 의식 상태다. 내적 자유는 외부 상황과 무관하게 누구나 타고나는 의식의 토양이다. 내적 자유에 들어가면, 외부의 힘이 우리의 감정을 초래한다는 믿음이 거짓이라는 것을 깨달을 수 있다. 바꿀 수 없는 것은 있는 그대로 받아들이고, 우리가 통제할 수 없는 것에 대해서도 전혀 화가 나지 않게 된다.

매 순간 이상적인 정서적 상태를 의식적으로 선택할 수 있고, 어떤 상황에 직면하더라도 평온함을 유지하며 흔들리지 않을 수 있다고 상상해보라. 아무리 힘든 상황에서도 내가 원하는 기분을 결정하고 진정으로 평온과 만족을 누릴 수 있는 초능력이 내 안에 있다. 이것이 바로 미라클라이프가 주는 선물이다.

다시 말해, 미라클라이프는 외부 상황을 바꾸는 것이 아니라 그 상황을 경험하는 나의 태도를 바꾸는 근본적인 변화다. 의식을 고양시켜 내적 자유의 깨달음 속에서 사고하게 되면, 순간순간 내 생각과 감정을 완전히 자유롭게 선택할 수 있다. 앞에서 본 카리 웰시의 명언을 다시 한번 음미해보자.

마음먹기에 따라 삶을 미워하고 세상에 화를 낼 이유는 무수히 찾을 수 있다. 또 마음먹기에 따라 삶을 사랑하고 행복해야 할 이유도 무수히 찾을 수 있다. 현명하게 선택하라.

내적 자유에 다다르는 길을 가로막는 내적 혼돈

거의 똑같은 상황과 비극을 겪더라도 어떤 사람은 끊임없이 고통스러워하고 자신의 삶을 한탄하고 불평하는 반면, 어떤 사람은 평온함을 잃지 않으며 자신이 살아 있다는 것 자체가 얼마나 큰 축복인지 감사하고 만족해한다. 어떻게 이렇게 다를 수 있을까?

외적인 요인이 같다고 하더라도 패러다임이 다르면 삶을 경험하는 방식이 완전히 달라진다. 당신은 어떤 쪽을 선택할 것인가? 그것을 스스로 선택할 수 있다는 것을 알고 있는가?

우리에게 무엇을 선택할 것이냐고 물으면, 모두는 아니더라도 대다수는 평온하고 충만하며 살아 있다는 것만으로도 감사함을 느끼는 사람이 되고 싶다고 말한다. 누구나 더 행복하고, 평화롭고, 만족스러운 삶을 살고 싶어 한다. 하지만 안타깝게도 우리는 대부분 평온함, 충족감, 성취감을 느끼는 것을 스스로 포기한다. 다른 사람, 사건, 상황, 과거와 같은 외부적인 힘에 따라 자신의 기분이 달라질 수 있도록 무의식적으로 허용했기 때문이다.

그 결과 우리는 대부분 스트레스, 두려움, 불안, 분노, 죄책감, 수치심, 원망, 증오, 고통과 같은 원치 않는 정신적 상태를 견디며 마지못해 살아간다. 우리는 언제든 평온, 사랑, 기쁨, 감사, 자신감, 행복을 느낄 수 있음에도 이 모든 것들을 놓치고 있다.

매 순간을 어떻게 경험할 것인지 의식적으로 선택할 수 있는 능력이 내 안에 있다는 사실을 모르기 때문에 그러한 고통 속에서 살고 있다. 특히 삶이 힘들고 고통스러울 때, 도저히 넘을 수 없는 벽에 부딪혀 절망과 무기력을 느낄 때 이러한 능력을 스스로 활용할 줄 알아야 한다.

우리 의식을 내적 자유의 경지로 끌어올리는 것이 어려운 이유는 거대한 장애물이 존재하기 때문이다. 물론 금전 상황, 과거의 트라우마, 다른 사람의 행동처럼 내 기분을 망치는 무수한 외적 요인들도 중요한 장애물이 될 수 있겠지만 그 모든 것은 결국 단 하나, 내 마음 속에 존재하는 가장 근본적인 장애물로 귀결된다.

근본적인 장애물이란 바로 '내적 혼돈'이다.

내적 혼돈은 구체적으로 두려움, 수치심, 죄책감, 후회, 분노, 무력감과 같은 부정적인 감정으로 나타난다. 사랑, 기쁨, 평화, 행복, 명료함, 자신감과 같은 긍정적인 정신적, 정서적 상태를 느끼기 어려운 것은 바로 내적 혼돈이 가로막고 있기 때문이다. 내적 혼돈을 견뎌야만 하는 상황에서는 내적 자유를 느낄 수 없다. 내적 자유와 내적 혼돈은 동시에 경험할 수 없는 것이기 때문이다.

의식을 내적 자유 상태로 끌어올려 삶을 경험하기 위해서는 내적 혼돈을 뚫고 올라가야 한다. 어떻게 해야 할까? 먼저 내적 혼돈이 무엇인지, 어떻게 생겨나는지 알아야 한다. 원치 않는 정신적, 감정적 상태를 견디며 살아가게 만드는 원인을 밝히면 된다. 그 뿌리를 모르면 극복할 수 없다.

내적 혼돈의 원인

내적 혼돈에는 표면적 원인과 잠재적 원인이 있다. 표면적 원인은 나의 정신적, 정서적 안녕을 외부요인이 결정하도록 허용한 것이다. 우리는 자연스럽게, 내가 화난 것은 나를 화나게 한 외부요인 때문이라고 생각(착각)한다. 표면적으로는 그럴듯해 보이지만, 실제로는 그렇지 않다.

사소한 성가심이든 큰 비극이든 어떤 역경에 직면했을 때 우리는 현실을 부인하며 상황이 달라지기를 바란다. 이런 태도가 정서적 고통의 원인이 된다. 현실에 저항하는 수준, 통제할 수 없는 상황이 달라지기를 바라는 정도에 따라 고통의 크기는 달라진다.

모든 내적 혼돈과 정서적 고통의 잠재적 원인은 현실에 대한 무의식적 저항, 즉 내가 통제할 수 없는 상황이 달라지기를 바라는 마음이다.

문제는 현실에 저항한다고 해서 상황이 달라지지 않는다는 것이다. 불필요한 스트레스, 두려움, 분노, 원망을 비롯하여 온갖 감정적 고통을 자아낼 뿐이다. 이렇게 현실을 부정하는 태도는 끝없는 고통을 자아내며 평온함과 즐거움을 만끽할 수 있는 삶의 여유를 박탈한다.

내적 자유로 들어가는 길

미라클라이프의 토대가 되는 개념은 단순하다. 삶의 매 순간을 어떻게 받아들이고 느낄지를 나 자신이 선택할 수 있다는 것이다. 누구나 타고나는 이러한 능력은 의식을 내적 자유의 경지로 끌어 올린 다음 거기에 맞춰 작동하도록 설정함으로써 발휘된다.

내적 자유는 전혀 새로운 개념이 아니다. 많은 옛 현인들과 철학자들, 진정으로 자유로운 상태에서 삶을 경험하고자 하는 사람들이 추구하는 인식의 경지였다. 1941년, 파라마한사 요가난다는 《요가난다 영혼의 자서전》에서 '내적 자유는 지혜가 인도하는 대로 따르는 능력'이라고 썼다. 디팩 초프라는 '자유 중에서 가장 소중한 자유는 내적 자유'라고 말했다. 21세기 들어 자신의 책을 통해 '내적 자유'라는 개념을 널리 퍼트린 마이클 싱어는 내적 자유에 대해 다음과 같이 말한다.

나에게 내적 자유를 줄 수 있고, 다시 그것을 빼앗을 수 있는 사람은 오직 나 자신밖에 없다. 내가 허용하지 않는 한, 다른 사람은 아무런 영향도 미칠 수 없다.

감정은 짧은 순간 덧없이 날아가는 것인 반면, 의식 상태는 삶을 경험하는 근본적인 방식이다. 내적 자유는 삶의 모든 측면과 어울리는 근본적인 의식 상태로, 외부의 어떤 것도 영향을 미치지 못한다. 이런 상태에서는 살아있는 순간을 어떻게 경험할지 스스로 선택할 수 있다.

하지만 대다수 사람들은 내적 자유가 자기 안에 존재한다는 사실을 거의 인식하지 못한다. 그들의 내적 상태는 외부 환경의 영향을 받는다. 아침에 늦잠을 자 지각하거나, 배우자와 싸우거나, 고객이 불평 전화를 하면 곧바로 기분이 나빠지고, 그로 인해 하루 전체를 망치기 일쑤다. 기차를 놓친 뒤, 화가 나서 몇 시간 동안 아무 일도 못하는 경우도 있다.

많은 사람들이 다양한 정서적 고통과 불안에 떨며 내적 혼돈에 고통받고 있지만, 역사적으로 아무리 힘든 상황에서도 내적 자유를 활용할 수 있다는 사실을 몸소 보여준 사람들이 있다.

《빅터 프랭클의 죽음의 수용소에서》를 쓴 정신과 의사 빅터 프랭클은 1942년 가족과 함께 테레지엔슈타트 강제수용소로 끌려갔다. 그곳에서 그의 아버지는 사망했고, 남은 가족들은 1944년 아우슈비츠로 끌려갔다. 이곳에서 어머니와 형이 죽었고, 아내 또한 죽는다. 그는 굶주림, 수면 부족, 정신적 고문이라는 가혹한 조건을 견뎌내며 결국 혼자 살아남는다.

프랭클이 겪은 일은 우리가 경험하는 일상에 비하면 비교할 수 없을 만큼 끔찍하다. 하지만 그토록 지옥 같은 상황 속에서도 그는 심리학자로서 공부한 것을 바탕으로 삶의 의미를 찾아낸다. 어떻게 그럴 수 있었을까? 다른 사람들에 의해 자신의 외적 자유가 매우 제한된 상태, 죽음과 파멸 한가운데에서도 내적 자유에 집중하여 삶을 경험했기 때문이다. 그는 이렇게 말한다.

인간에게서 모든 것을 가져간다고 해도 한 가지는 가져갈 수 없다. 인간의 마지막 자유, 주어진 상황에서 자신의 태도를 선택할 수 있는 자유다.

다시 말해, 내적 자유는 외부 환경과 무관하게 의식을 고양하여 상황을 어떻게 경험할 것인지 스스로 선택하는 방식으로 실현된다. 과거, 현재, 더 나아가 미래의 삶이 얼마나 힘들었든, 매 순간을 경험하는 태도는 언제나 내가 선택할 수 있다.

주어진 삶을 즐길 수 있는 자유, 진정으로 만끽할 수 있는 자유를 우리 인간은 정말 처음부터 가지고 태어난 것일까? 우리 마음속에 이처럼 참되고 지속가능한 기쁨이 원래부터 무한하게 담겨 있음에도, 그것을 쉽게 경험하지 못하는 것은 무엇 때문일까? 무의식적으로 사회의 패러다임에 얽매이기 때문일까?

행복은 선택이다

19살이었을 때 나의 멘토였던 제시 레빈은, 감정 상태를 절대 다른 사람이나 외부요인 탓으로 돌리지 말라고 말했다. 나의 행복은 전적으로 나에게 달려 있다는 것이라고. 그 가르침이 내 인생에 얼마나 큰 영향을 미칠지 그 당시에는 이해하지는 못했으나, 어떤 순간이든 그 순간을 어떻게 경험할 것인지는 내가 선택할 수 있다는 가르침은 이후 내 삶을 바꿔버렸다. 앞으로 맞닥뜨릴 온갖 역경에 맞설 수 있는 힘을 키우는 데 특히 귀중한 도움이 되었다.

제시가 나에게 가르쳐준 교훈은 단순했다.

행복은 선택이다. 행복할지 말지 선택하는 것은 나에게 달려 있다.

물론 사람마다 다르게 받아들이겠지만, 나는 처음에 이 말에 동의하지 못하고 다음과 같이 생각했다.

'일이 잘 풀리면 행복하고, 그렇지 않으면 행복하지 않겠지, 그게 어떻게 나한테 달려 있어?'

아주 일반적인 사고방식이었다. 그는 자신의 주장을 비유적으로 설명했다. 우리 삶에는 어느 순간이든, 2장의 종이가 눈앞에 펼쳐져 있다. 한쪽에는 기분을 나쁘게 하는 것들이 적혀 있다. 골치

아픈 문제, 두려움, 후회, 육체적 고통, 과거의 트라우마, 싫어하는 사람 등 무한히 추가할 수 있을 것이다. 다른 한쪽에는 기분을 좋게 하는 것들이 쓰여 있다. 건강, 삶, 현재, 우리가 살 수 있는 집, 사랑하는 사람들, 먹어야 하는 음식, 영적인 교감, 자연 등 끝없이 추가할 수 있을 것이다. 어느 쪽에 초점을 맞출 것인지 우리는 선택할 수 있다.

세상 사람들 앞에는 이러한 2장의 종이가 눈앞에 펼쳐져 있다. 상상할 수 없는 고통이나 비극을 겪는 사람들은 물론, 나보다 나은 삶을 살고 있는 것처럼 보이는 사람들까지 예외는 없다. 핵심은 어느 순간이든, 우리가 의식적으로 어느 페이지에 집중할 것인지 선택하느냐에 따라 그 순간에 대해 느끼는 감정이 크게 달라진다는 점이다.

이러한 이유로 현대 사회에서 '큰 성공'을 거두었다고 여겨지는 백만장자나 유명인 같은 사람들은 원하는 것을 다 가진 것처럼 보이지만 실제로는 비참한 삶을 사는 반면, 개발도상국에서 빈곤의 경계를 밟으며 겨우 살아가는 사람들이 오히려 자신이 가진 사소한 것에 깊이 감사하며 미소를 짓고 행복하게 살아간다.

실제로 살다 보면 자신의 삶에 대해 끊임없이 불평불만을 늘어놓는 사람을 가끔 볼 수 있다. 그들은 자신의 그러한 태도를 다음과 같은 말로 정당화한다.

"나는 부정적인 게 아니라 현실적인 것뿐이야."

정말 그럴까? 삶에서 기분 나쁘게 만드는 측면에 집착하며 불평하는 것은 기분 좋게 만드는 것에 초점을 맞춰 감사하는 것보다 현실적인 태도일까? 이 두 관점은 모두 똑같이 현실적이다. 어느 쪽에 초점을 맞추냐에 따라 그저 기분이 달라질 뿐이다.

"그래, 뭐 제시의 말이 맞을 수 있을 것 같아. 행복은 우리가 선택하는 것일 수 있고, 우리가 어느 측면에 초점을 맞추기로 선택하냐에 따라 감정이 달라질 수도 있겠지."

그러던 중 나는 음주운전을 한 차와 정면으로 충돌하는 사고를 당했다. 혼수상태에 있다 깨어났을 때 나는 내 인생에 갑자기 닥쳐온 불행, 고통과 맞닥뜨려야 했다. 그때 나는 18개월 전, 제시가 가르쳐준 2장의 종이가 떠올랐다. 나는 의식적으로 기분을 좋게 하는 것들이 쓰여있는 페이지에 집중하기 위해 노력했다. 내가 처한 상황을 있는 그대로 받아들이고, 내가 바꿀 수 없는 것을 모두 인정했다. 내 삶에 감사한 것을 모두 나열하고 거기에 에너지를 쏟기 시작했다. 그리고 내가 바라는 결과를 만들어내기 위해 혼신의 힘을 다했다. 덕분에 도저히 극복할 수 없을 것 같은 역경 한가운데에서도 매 순간을 즐길 수 있었다.

지금까지 살아오면서 경험한 바에 따르면 예기치 않은 난관이 끊임없이 닥치는 경우도 있다. 또한 언젠가 외부요인만 탓하며 감정에 휘둘리고 행복을 느끼지 못했던 시간을 후회하는 날이 올지도 모른다. 가장 행복해지기 위해 필요한 것들을 우리는 이미 모두 갖추고 있다. 그것을 우리는 바로 '삶'이라고 부른다. 그것을 즐길 것인지 그러지 못할 것인지는 내가 선택하는 것이다. 하지만 내적 혼돈을 외부요인 탓으로 돌리는 것은 자신의 행복과 삶의 즐거움을 박탈하는 행위에 불과하다는 것을 명심하라.

우리가 통제할 수 없는 삶의 측면을 받아들이고, 바꿀 수 없는 것은 인정하고, 지금까지 살아온 삶에 대해 감사하며, 행복하게 즐길 수 있는 권한을 자신에게 부여하기 위한 3단계 비법에 대해서 설명하고자 한다.

미라클라이프의 ABC

미라클모닝의 SAVERS처럼, 미라클라이프를 실현하기 위한 공식은 ABC로 정리할 수 있다. 오래 기억하고 쉽게 따라 할 수 있도록 의도적으로 만들어낸 공식이다.

물론 간단하다고 해서 노력하지 않아도 되는 것은 아니다. 가치 있는 일들이 모두 그러하듯, 의식을 고양시켜 내적 자유 속에서 자연스럽게 사고하려면 꾸준히 연습해야 한다. 따라서 ABC 3단계는 미라클모닝에 통합하여 매일 수행하는 것이 좋다.

좋은 소식은 어떤 순간을 어떻게 경험할 것인지 인지하는 태도가 거의 실시간으로 바뀐다는 것이다. 몇 주, 심지어 며칠 안에, 이전에 정서적 고통과 불안의 원인이 되었던 상황이 행복과 평온함을 주는 상황으로 바뀔 수 있다. 교통체증이나 다른 사람과 겪는 갈등처럼 사소한 상황부터, 재정적 어려움, 건강 문제, 사랑하는 사람과의 관계 파탄이나 이별과 같은 중대한 상황까지 어느 수준에서나 작동한다.

A. 삶을 있는 그대로 받아들여라. 살다 보면 마음에 들지 않는 일들이 일어나기 마련이다. 도로가 꽉 막혀 지각을 하고, 아이가 학교에 적응하지 못하고, 배우자와 계속 싸우기도 한다. 고객이 주문을 취소하고, 직장에서 해고를 당한다. 심각한 질병에 걸렸다는 진단을 받기도 하고, 사랑하는 사람이 갑작스럽게 세상을 떠나기도 한다. 이러한 현실에 화가 나는 것은 당연하다. 현실을 인정하지 않으며 상황이 달라지

기만을 간절히 바라게 된다. 하지만 거부한다고 바뀌는 것은 없다. 오히려 고통만 더하게 되고, 우리 눈앞의 문제에 건설적으로 대응할 수 있는 길을 막을 뿐이다. 현실에 저항할수록 고통만 커진다는 것을 이해하면, 삶을 있는 그대로 받아들이고 현실을 인정하는 것이 올바른 해법이라는 것을 알 수 있다.

B. 매 순간 감사하라. 감사함은 문자 그대로 우리 삶의 매 순간을 바라보는 '렌즈'와 같다. 가장 어렵고, 불쾌하고, 고통스러운 순간조차 어떻게 해석하고 경험할 것인지 알려준다. 기분 좋은 상황에서는 누구나 쉽게 감사할 수 있지만, 역경에 직면했을 때에도 진정으로 감사하는 것은 쉽지 않다. 역경 속에서도 감사하는 마음을 갖는다는 것이 직관에 어긋난 것처럼 보일 수 있지만, 그러한 역경이 우리를 더 강하고 나은 사람으로 성장시키는 기회라는 사실을 떠올려보라. 힘들고 고통스러운 시기일수록 우리가 가장 크게 발전할 수 있는 기회를 선물한다. 세상에는 감사하지 않은 것이 없다.

C. 최적의 의식 상태를 선택하라. 감정은 짧은 순간 덧없이 날아

가는 것인 반면, 의식 상태는 삶을 경험하는 근본적인 방식이다. 내 앞에 끼어드는 차를 보고 순간적으로 솟아오르는 분노를 제어하기 힘들 수 있겠지만, 어떤 의식 상태에 머물 것인지 스스로 선택함으로써 감정을 제어할 수 있다. 그다음 당신이 선택해야 할 의식 상태는 '공감'이다. 그 차는 어쩌면 다친 아이를 싣고 응급실로 달려가는 중이었을지도 모른다. 직장에서 쫓겨나 분노에 차 있었을지도 모른다. 그저 실수로 나를 보지 못했을지도 모른다. 이유가 무엇이든 어쨌든 이미 일어난 일은 바꿀 수 없다. 매 순간을 어떻게 경험할지는 나 자신이 선택할 수 있다. ABC 3단계를 좀 더 자세히 살펴보자.

A단계: 삶을 있는 그대로 받아들여라

예상치 못한 난관에 직면하거나 계속 일이 풀리지 않을 때는, 화가 나고 현실이 달라지기만을 바랄 수 있다. 이때 우리 앞에는 2가지 선택지가 존재한다.

- 현실을 계속 부정하며, 내가 통제할 수 없는 상황이 달라지기를 바란다. 혼돈, 정서적 고통, 불안을 경험한다.
- 의식적으로 삶을 있는 그대로 받아들이고, 바꿀 수 없는 것은

인정하는 반면 바꿀 수 있는 것은 바꾸는 데 집중한다. 매 순간 최적의 정신적, 정서적 상태를 선택할 수 있다.

19세에 나는 영업직에 뛰어들어 경력을 쌓기 시작했다. 멘토에게서 배운 또다른 교훈은, 무언가를 판매하는 것은 역경이 밀집되어 있는 인생의 축소판이라는 것이다. 판매 과정에서 일상적으로 겪는 어려움은 보통 사람들이 가끔씩 경험하는 실패, 거절, 실망 등을 거의 매일, 매시간 몰아서 경험하는 것과 같았다.

멘토는 그러한 난관 속에서도 정신적, 감정적으로 흔들리지 않고 최적의 상태를 유지할 수 있는 방법을 가르쳐주었는데, 그것이 바로 '5분 룰'이다. 사소한 불편부터 커다란 비극에 이르기까지 기분 나쁜 일이 발생했을 때 잠깐 화를 내는 것은 괜찮지만, 5분 뒤까지도 그러한 감정을 유지하는 것은 아무 가치가 없다. 그러한 좌절에 계속 집착하거나, 피하려고 하거나, 영향을 받는 것은 아무런 도움이 되지 않을 뿐만 아니라 나머지 일상까지 망친다.

5분 룰은 간단하다. 이런 일을 경험했을 때 5분 타이머를 맞춰놓고 실컷 투덜대고, 신음하고, 불평하고, 울고, 화내고, 자신을 연민하면 된다. 어떤 감정이든 떠오르는 대로 마음껏 내뱉는다. 5분 후 알람이 울리는 순간 '이젠 바꿀 수 없어'라고 외치고 나서, 이제 깨끗이 잊고 다음 일로 넘어가는 것이다.

'이젠 바꿀 수 없어'라는 만트라는 이미 일어난 일을 있는 그대로 받아들인다고 나 자신에게 말하는 것이다. 이미 일어난 현실을 계속 부인하고 과거가 달라지기를 바라는 것은 아무 소용이 없다. 내가 통제할 수 있는 것에 100퍼센트 에너지를 쏟고 집중하는 것이 유일한 논리적 선택이라는 것을 일깨워준다.

5분 룰을 처음 들었을 때, 나는 5분 안에 무슨 극적인 변화가 생기겠느냐고 의심했다. 그래도 진지하게 도전했다. 믿고 해본다고 해서 손해볼 것도 없었다.

며칠 뒤 나는 처음으로 노쇼를 경험했다. 주방용 식칼 세트를 보여주고 설명하기 위해 45분이나 차를 몰아 고객의 집을 찾아갔는데, 집에는 아무도 없었다. 문에 쪽지가 붙어있었다.

'죄송하지만 칼은 필요 없습니다!'

믿을 수 없었다. 약속을 취소하려면 미리 전화를 주든가, 쪽지 하나로 시간과 돈을 낭비하게 하다니 화가 머리끝까지 치솟았다.

나는 차로 돌아가 휴대전화로 5분 타이머를 설정했다. 차를 돌려 돌아오는 길에, 그렇게 먼 거리를 헛걸음하게 만든 사람에 대해 생각할수록 화가 났다. 그 시간에 다른 사람과 약속을 잡을 수도 있었고, 더 많은 실적을 올릴 수도 있었다. 실적 목표를 달성하기 위해 애가 타는 상황이었다. 누구에게 하소연을 해야 할지, 어떻게 하면 나의 억울함을 최대한 드라마틱하게 전달할 수 있을지 머릿속으로 그렸다. 누구나 그런 경험을 해본 적이 있을 것이다.

그러다 갑자기 타이머가 울렸다. 나는 알람을 끄고 큰 소리로 외쳤다.

"나 아직도 화났어!"

5분으로는 화를 식히기에 충분하지 않을 것이라는 내 생각이 옳다고 느꼈다. 그래도 화가 날 때마다 나는 5분 룰을 계속 적용했다. 그런데 놀랍게도 효과가 나타나기 시작했다. 5분 타이머가 울린 뒤 깊이 숨을 들이쉬고서 '이젠 바꿀 수 없어'라고 외치는 순간, 5분 전이든, 5일 전이든, 50년 전이든 과거에 일어난 일은 이제 바꿀 수 없으니 받아들이고 앞으로 나아가는 것만이 생산적이라는 의식이 뇌리에 꽂혔다. 단순하면서도 강렬한 주문이었다.

그렇게 화가 날 때마다 나는 5분 타이머를 설정했다. 그것은 나의 습관이 되었고, 결과는 좋았다. 물론 5분 이상 속상한 기분이 지속되기는 했지만, 어떤 일이든 받아들이고 인정하기까지 걸리는 시간이 점점 더 빨라지고 있다는 것을 알 수 있었다.

그러던 중 놀라운 일이 일어났다. 5분 룰을 사용하기 시작한 지 2주가 지났을 무렵, 이제 막 꽃을 피우기 시작한 판매 경력에서 가장 큰 좌절에 직면했다.

일요일 아침, 나는 반드시 주간 목표를 달성하겠다는 마음으로 눈을 떴다. 월요일부터 일요일까지 합산하는 주간 실적목표에서 2,000달러가 부족했다. 사실 하루에 1,000달러 실적을 올리는 것도 어렵기 때문에 일요일 하루에 2,000달러의 실적을 올리는 것은 불가능한 것처럼 보였다. 하지만 그날 오후, 고객 2명과 약속이 있었기에 실낱같은 희망을 걸었다.

실제로 처음 만난 사람은 아무것도 사지 않았으나, 두 번째 만난 사람은 2,300달러나 구매하여 주간 실적목표를 달성하는 데 성공했다! 나는 기쁜 마음에 제시에게 전화를 걸어 소식을 전했다. 그는 주간 목표만 달성한 것이 아니라 주간 실적 1등에 올랐다고 말했다. 나는 기뻤다!

매주 수요일 밤에 열리는 실적보고 회의에서 지난주 최고실적 사원으로 뽑히는 장면을 그리며 마음이 한껏 들떴다. 1등에게 주는 특별수당을 받아 어떻게 쓸까 행복한 고민을 했다. 그러던 중 밤 9시쯤 전화가 울렸다. 2,300달러나 주문한 여자였다. 그녀는 칼을 사는 데 너무 큰돈을 썼다고 남편이 난리 치는 바람에 주문을 취소하고 싶다고 말했다. 하늘이 내려앉는 것 같았다. 나는 애원했다. 15일 동안 칼을 써보면서 만족스러워하지 않았냐고 말하며,

주문을 유지해달라고 했지만 그녀는 결국 취소하고 말았다.

아니… 어떻게 이런 일이 있을 수 있나?! 몇 시간 전만 해도 주간 목표를 달성하고 더 나아가 주간 최고사원이 되었다는 생각에 기뻐했는데, 그 모든 것이 물거품이 되었다. 마음속으로 온갖 지출 계획을 세워 놨던 특별수당도 한순간에 날아갔다. 몹시 실망한 채 전화를 끊고 나서 5분 타이머를 설정했다. 이제는 의식하지 않아도 손이 저절로 움직여 타이머를 맞출 정도였다. 타이머를 설정하고 나자 자연스럽게 현실부정이 시작되었다.

"주문을 취소하다니 도무지 믿기지 않아. 멍청한 남편 그놈도 함께 제품 설명을 들었다면 칼을 사자고 했을 건데! 짜증나. 왜 나한테만 이런 일이 일어나는 거야…. 어쨌든 일어난 일을 내가 바꿀 수 있나? 그럼 이제 나는 뭘 할 수 있지? 지금 내가 할 수 있는 논리적인 선택은 현실을 부정하는 것을 멈추고, 그 여자가 주문을 취소했다는 사실과 내가 이번 주 목표를 달성하지 못했다는 사실을 받아들이는 것이야. 그리고 내가 통제할 수 있는 것에 집중해야 해. 내일 아침에 일어나서 한 통이라도 더 전화를 하고 약속을 더 많이 잡아야지."

나는 숨을 깊이 들이쉬고 나서 '이젠 바꿀 수 없어'라고 외쳤다. 긴장이 다소 가라앉는 듯했다. 휴대전화를 들어 타이머를 확인했다. 4분 32초가 남아 있었다. 현실을 받아들이고 내가 바꿀 수 없는 상황을 인정하고 앞으로 나아가기만 하면 되는데, 4분 30초 동안 더 화를 내는 것은 무슨 의미가 있을까 생각했다. 나는 타이머를 끄고 크게 한숨을 쉬었다. 이제 나의 내적 상태를 통제할 수 있다는 것을 깨닫고는 에너지가 솟아오르는 느낌을 받았다. 현실부정을 멈추고 내 삶에서 벌어진 일을 모두 인정할 수 있는 능력이 나에게 있다고 생각하자, 마치 초능력을 갖게 된 것처럼 느껴졌다.

무슨 일이 일어나든 나는 현실을 부정하고 나 자신을 화나게 할 수도 있고, 현실을 인정하고 평온함을 유지할 수도 있다. 선택은 분명하다. 5분 룰을 실행한 지 불과 몇 주 만에, 효과를 의심하던 내가 5분이나 화를 낼 필요가 없다는 것을 깨달은 것이다.

돌이켜보면 정서적 고통의 근원이 현실을 부정하는 것이며 현실을 인정하는 힘은 내 안에 있다는 사실을 깨우칠 만큼 나의 의식은 고양되어 있었다. 이러한 깨달음은 현실을 부정하고 내가 통제할 수 없는 일을 바꾸고자 하면서 정서적 혼돈에 빠져드는 것을 막아주었다. 5분 전이든 50년 전이든 과거에 있었던 일을 우리는 바꿀 수 없다. 그것이 나를 화나게 하도록 허용할 것인지, 아니면 그대로 인정하고 앞으로 나아갈 것인지만 선택할 수 있을 뿐이다.

5분 룰의 목적은 자신의 감정을 남김없이 쏟아낼 수 있는 공간을 주는 것이다. 모든 감정을 남김없이 쏟아내고 난 뒤 현실부정을 멈추고 삶을 있는 그대로 받아들이는 것이다. '이젠 바꿀 수 없어'라고 외침으로써 최선의 선택은 현실을 받아들이고 인정하는 것이라는 사실을 일깨워주는 것이다.

5분 룰과 만트라를 함께 활용하여, 내 힘으로 바꿀 수 없는 것에 집착하며 실패의 감정을 질질 끌기보다는 감정을 모조리 쏟아내 그것을 해소하고 깨끗하게 다시 출발할 수 있는 힘을 얻을 수 있다.

다시 말하지만 지나간 과거, 다른 사람의 생각, 내 힘으로 바꿀 수 없는 것에는 모두 적용할 수 있다. 라인홀드 니부어가 쓴 유명한 '평온을 비는 기도문'도 이와 비슷한 내용을 담고 있다.

주여, 우리에게 은혜를 내려주소서. 그리하여 바꿀 수 없는 일을 받아들이는 냉정함과, 바꿀 수 있는 일을 바꾸는 용기를, 그리고 이 두 가지를 분별하는 지혜를 허락해주소서.

삶을 있는 그대로 받아들이는 것은 자신을 포기하고 삶을 개선하는 노력을 포기한다는 의미가 아니다. 오히려 정반대다. 어떤 일로 인해 기분이 나빠지면 생각은 멍해지고 판단력은 흐려져 효과적인 선택을 하기 어렵다. 반면 마음이 평온하면 생각은 또렷해지고 의식도 고양되고 판단력도 명징하여 올바른 선택을 할 수 있다.

삶을 있는 그대로 받아들이는 태도는 에너지를 오롯이 내가 통제할 수 있는 것에 쏟도록 한다. '이젠 바꿀 수 없어'라고 외칠 수 있는 순간에 빨리 도달할수록 내적 자유에 더 빨리 다다를 수 있다.

현실 인정은 내적 자유로 향하는 문을 여는 열쇠이며, '이젠 바꿀 수 없어'라는 말은 계속 집착하고 스스로를 끊임없이 얽어매는 정서적 고통이라는 수갑을 푸는 열쇠다. 5분이 걸리든 5개월이 걸리든 '이젠 바꿀 수 없어'라고 외치는 순간, 새로운 세상이 열린다.

나는 20년 이상 5분 룰과 '이젠 바꿀 수 없어'라는 만트라를 사람들에게 가르쳐왔다. 많은 사람들이 감명을 받았고, 실제로 상당한 효과를 보았다. 심지어 몇몇 사람들은 만트라Can't Change It를 문신으로 새겨 사진을 찍어 나에게 보내주기도 했다. 이 문구를 수시로 떠올리며 쓸데없는 정서적 고통에 시달리지 않고자 하는 것이다. 삶을 있는 그대로 받아들이고 인정하면, 오롯이 내적 자유를 만끽하는 데 온 힘을 쏟을 수 있다.

B단계: 매 순간 감사하라

인생에서 언제 가장 좋았는지 물으면 뭐라고 답할 것인가? 잠시 회상에 잠겨 고민을 해보다가 첫 아이가 태어난 순간, 결혼할 때,

중요한 목표를 달성한 순간, 또는 인생에서 한 번뿐인 가장 소중한 순간을 떠올릴 것이다.

그동안 살아오면서 '최고의' 순간이라고 여겨지는 특별한 이벤트, 긍정적인 감정을 자아내는 사건, 깊은 감사가 우러나오는 경험을 꼽을 것이다. 더 나아가 자신에게 최고의 순간이 이미 지나갔다는 생각, 다시는 그런 순간을 경험하지 못할 수도 있다는 생각에 슬픔을 느낄지도 모른다.

잠깐! 앞에서 인생 최고의 순간이 외부요인이나 일회성 사건에 따라 결정되지 않는다고 말하지 않았는가? 나에게 일어난 어떤 일이 아니라 내가 의식적으로 선택할 수 있는 일이라고도 했다. 우리 삶의 최고의 순간은 우리가 지금 이 순간 경험할 수 있는 상태, 감사의 깊이에 따라 달라질 수 있으며, 말 그대로 어느 순간이든 내 삶의 최고의 순간이라고 느낄 수 있다면 어떻게 되는 것일까?

나는 어제 열 살이 된 아들과 뒷마당에서 공놀이를 했는데, 아들과 놀아주면서 벅차오르는 감사함을 느꼈다.

'지금이 내 인생 최고의 순간이다.'

정말 그랬다. 오늘 아침에는 미라클모닝을 수행하면서 감사한 일을 적고 진심 어린 감사의 마음으로 10분간 명상을 했다. 그러면서 나는 속으로 이렇게 생각했다.

'지금이 내 인생 최고의 순간이다.'

사실이다. 삶에서 최고의 순간은 다른 순간들과 견줄 수 없다. 별개의 상태로 존재하며 원하는 만큼 자주 반복되고 경험할 수 있다. 어떤 경험을 하든 매 순간 온전히 존재하고 깊이 감사하면 그것이 바로 최고의 순간이다.

현실을 인정하는 것이 내적 자유로 가는 문을 여는 열쇠라면, 감사함은 지속적인 행복으로 가는 문이다. 이제 그 문을 열고 나가면 된다. 늘 감사한 것에 초점을 맞추고 그것을 중심으로 사고해야 한다는 뜻이다. 아침에 일어나자마자, 잠들기 전 마지막으로 감사한 마음을 새기고, 또 그사이에 틈이 날 때마다 감사함을 새겨야 한다. 감사한 것에 집중할 때 기분이 좋아진다. 기쁘고 행복한 감정은 계속 커진다. 더 나아가 의식적으로 집중하고 경험하는 감사함의 크기에 따라 삶에 대한 느낌도 달라진다. 구체적으로 기록하는 시간에 감사한 것을 적고, 명상을 하면서 감사함을 느끼고, 또 그것을 기본적인 의식 상태로 만듦으로써 달성할 수 있다.

불평하는 시간과 감사하는 시간을 비율로 따져보자. 매 순간, 생명을 불어넣어 주는 호흡, 사랑하는 사람, 편히 지낼 수 있는 집, 포근하게 잠잘 수 있는 침대, 에너지와 생명을 주는 음식, 안전하게 지낼 수 있는 지금 이 상태에 진심 어린 감사를 깊이 느끼는 순간은 하루 중 얼마나 되는가? 반대로 좋아하지 않는 것, 싫어하는 사람, 앞으로 일어날 일에 대한 걱정으로 속상해하거나 불평하는 순간은 하루 중 얼마나 되는가? 감사하면서 불평할 수는 없다. 어떤 순간이든 둘 중 하나를 선택해야 한다.

5분 룰과 '이젠 바꿀 수 없어'라는 만트라를 사용하여 삶을 있는 그대로 받아들이면 의식을 내적 자유로 고양시킬 수 있으며, 이로써 최적의 의식 상태가 자연스럽게 깃들 수 있는 공간이 생긴다. 감사함은 감정이자 의식 상태다. 감사함은 어떤 것의 가치를 진정으로 음미할 때 느끼는 감정이자 구현되는 의식 상태다.

모든 것··· 문자 그대로 '모든 것'에 감사하는 것은 과연 가능할까?

모든 순간··· 고통스러운 순간에도 감사할 수 있을까?

모든 경험··· 심지어 힘겨운 경험에도 감사할 수 있을까?

모든 역경··· 심지어 억울한 누명을 썼을 때도 감사할 수 있을까?

얼마 전 영화 〈빽 투 더 퓨쳐〉의 주인공이었던 마이클 폭스의 인터뷰를 보았다. 그는 심각한 파킨슨병을 앓고 있는데, 계속 악화되는 병세로 인해 너무나 힘들어하고 있었다.

이것이 사람들에게, 또 나에게 얼마나 힘든 일인지 잘 알고 있습니다. 하지만 나에게는 현재 상황을 헤쳐나갈 수 있는 기술이 있습니다. 감사하는 마음으로 살아가면 낙관적인 태도를 이어나갈 수 있어요. 감사할 것을 찾으면, 무엇을 기대할 수 있는지 알 수 있고, 그걸 향해 계속해서 살아갈 수 있죠.

삶에서 가장 힘들거나 고통스러운 시기는 대개 배우고 성장하고 발전할 수 있는 가장 큰 기회가 된다. **뒤돌아보면 최전성기**였다는 말도 있듯이, 살면서 힘들었던 시기를 되돌아보면 그때 깨닫고 성장한 것에 대해 감사함을 느낄 때가 많다. 이러한 사실을 안다면 지금 눈앞에 직면한 도전을 회피하며 고통스러워하는 것이 얼마나 바보같은 짓인지 깨달을 수 있을 것이다. 우리가 경험하는 매 순간에 감사하는 것이 더 올바른 선택 아닐까?

일반적으로 나에게 발생한 기분 좋은 사건에 대해 느끼는 감사함은 순간적인 '느낌'에 불과하지만, 그러한 감사함이 영속적인 의식 상태로 자리잡아 세상을 바라보는 렌즈가 되면 삶의 태도가 완전히 달라진다. 이러한 고차원적 감사함은 삶을 통제로 바꾼다. 나는 상상할 수 없는 삶의 위기에 처했을 때 그 차이를 직접 느낄 수 있었다.

37세 때 나는 한밤중에 호흡곤란으로 잠에서 깼다. 진단 결과, 왼쪽 폐에 물이 차 있었고, 심장과 신장도 제대로 기능하지 못하는 것으로 밝혀졌다. 이후 여러 병원을 전전했으며, 한밤에 응급실로 7번이나 실려갔다. 폐에서 물을 여러 차례 빼냈고, 여러 의사들의 온갖 진료와 진단을 거친 끝에 결국 MD앤더슨 암센터에 입원했다. 급성림프모구백혈병이었다. 생존율은 20~30퍼센트에 불과한 희귀암으로, 살아봤자 몇 주 살 수 있다고 했다. 무엇보다도 아내와 일곱 살 딸, 네 살 아들을 남겨놓고 죽어야 한다는 사실이 너무나 두렵고 가슴 아팠다.

나는 내면으로 파고들어 이전에 역경을 극복하기 위해 사용했던 삶의 교훈들을 다시 살펴보았다. 나는 어슐라에게 말했다.

"내가 이 암을 이겨낸 20~30퍼센트에 속할 확률은 100퍼센트야. 앞으로 무슨 일이 벌어지든 그러한 믿음은 절대 흔들리지 않을 거야."

내 삶을 있는 그대로 받아들이고 평온한 마음을 유지하기 위해 애썼다. 그러니 진심으로 감사하고, 긍정적이고 적극적으로 사고할 수 있는 여유가 생겨났다.

동시에 나는 나 자신에 대해 불평하지도, 미안해하지도 않았다. 지금까지 나 자신으로 살아왔던 것에 대해 진심으로 감사하기로 의식적으로 선택했다. 또한 나는 매 순간에 대해 진심으로 감사할 수 있다는 사실을 깨달았다. 아무리 힘들고 고통스러운 순간도 감사할 뿐이었다. 실제로 《미라클모닝》 다큐멘터리를 보면 내가 정신을 차리지 못하고 눈을 크게 부릅뜨고 있는 장면이 나온다. 간호사가 척추 신경에 화학 약물을 잘못 주사하는 바람에 11일 내내 편두통으로 극심한 고통을 겪었을 때 찍은 장면이다. 나는 카메라를 향해 이렇게 말했다.

"아무리 힘들다고 해도 이 모든 것에 감사하는 나의 전반적인 태도는 바뀌지 않을 겁니다. 삶이 힘겨워질수록 배우고, 성장하고, 이전보다 더 나은 사람이 될 기회가 더 커지기 때문입니다. 그리고 그렇게 배운 것과 달라진 나는 다른 사람들에게 변화의 희망이 될 것입니다."

역경 속에서 감사함을 의식적으로 선택하면, 역경은 힘을 잃고 물러날 수밖에 없다. 650시간 이상 지속된 강한 독성 화학물질 치료를 견뎌내기 위해 나는 무수한 전인적 건강관리법을 수행했다. 내 삶에서 가장 힘들었다고 할 수 있는 시기를 견뎌낸 뒤, 나는 고통에서 서서히 해방되었고, 이제 암에서 완전히 나아 건강하게 살아갈 수 있게 되었다. 지나고 나서 돌아보면, 믿을 수 없을 만큼 힘들었던 그 고난은 결국 내가 더 성장할 수 있는 거대한 기회였다. 더 훌륭한 아빠, 남편, 인간이 되었다. 이 경험을 통해 내가 배운 수많은 귀중한 교훈 중에 가장 눈에 띄는 것은 다음과 같다.

"감사하는 마음은 우리를 고통에서 해방시킨다."

매 순간 감사하는 마음은 정신적으로나 감정적으로나 긍정적인 상태로 이어진다. 삶이 어렵고 고통스러울 때는 감사하는 마음을 유지하는 것이 훨씬 어렵겠지만, 그만큼 보상은 크다. 감사함은 삶의 모든 순간을 해석하고 경험할 수 있는 보편적인 렌즈다. 어렵고, 불쾌하고, 고통스러운 순간일수록 빛을 발한다.

C단계: 최적의 의식 상태를 선택하라

감정은 짧은 순간 덧없이 날아가는 것인 반면, 의식 상태는 감정의 변화와 무관하게 삶을 경험하는 근본적인 방식이다. 예컨대, 평온함은 의식 상태다. 의식을 고양시켜 평온함 속에서 의식이 활동하도록 설정해놓았다면, 어떤 사건으로 인해 화가 난다고 해도 의식 상태는 변하지 않는다. 좌절, 분노, 슬픔과 같은 부정적인 감정을 경험한다고 해도 오래가지 못한다. 비극, 역경, 불확실성 속에서도 쉽게 평온한 상태로 되돌아갈 수 있기 때문이다.

마찬가지로 감사함을 기본적인 의식 상태로 설정했다면, 살면서 어떤 난관이 닥쳐도 자연스럽게 자신이 누리는 것에 대한 감사함을 느낄 것이다. 반대로, 두려움을 기본적인 의식 상태로 설정했다면, 어떤 난관이 닥쳤을 때 두려움부터 느낄 것이며, 외부요인에 의한 내적 혼돈은 더욱 증폭될 것이다. 우리는 두려움에 저항할 수밖에 없다. 현실 부정은 정서적 고통과 불안의 근원이라는 사실을 명심하라.

이처럼 감사함을 늘 느낄 수 있다면, 어떤 순간을 어떻게 경험하고 싶은지 자유롭게 선택할 수 있다. 사랑, 기쁨, 평온, 장난스러움, 자신감을 느낄 수도 있다. 슬픔을 느껴야 한다고 여겨질 때는 슬픔을 느낄 수도 있고, 화를 내는 것이 당연하다고 생각될 때는 화를 낼 수도 있다. 근본적인 차이는 외부의 힘이 최적의 상태를 결정하도록 놔두는 것이 아니라, 의식적으로 신중하게 최적의 상태를 선택한다는 것이다.

물론 미라클라이프를 완벽하게 구현하는 것은 어려울 수 있다. 하지만 우리의 목표는 완벽해지는 것이 아니라 그 완벽함을 향해 나아가는 것이다. 최적의 몸 상태를 만들기 위해 끊임없이 운동하는 것처럼, 원하는 위치에 도달하기 위해 매일 연습하고 훈련해야 한다. 매일 아침 미라클모닝과 더불어 미라클라이프의 ABC를 수행함으로써, 최적의 상태를 선택하고 매일 행복과 감사 또는 원하는 어떤 감정 상태를 만끽하는 능력을 가질 수 있다.

이 모든 과정을 게임이라고 생각하라. 궁극적인 보상은 '의식이 고양된 상태'이며, 그 보상을 획득하기 위해 매일 조금씩 플레이하는 것이다.

하지만 언젠가는 최적의 의식 상태를 성공적으로 구현하고, 우아하게 역경을 헤쳐 나가는 느낌이 들 때가 있을 것이다. 수년 동안 이러한 수행을 해온 경험에 비춰볼 때 실제로 나는 게임에서 승리한 경험을 한다. 내가 통제할 수 없는 일에 대해서도 평온함을 느끼며, 어떤 어려움이 닥쳐도 매 순간 진심으로 감사할 수 있다.

물론 난관에 봉착했을 때에는 의식 수준이 떨어져 정신적, 감정적 혼돈을 경험할 수도 있다. 그럴 때 나는 '이번 판 게임은 졌구나' 생각한다. 하지만 다음 날 아침에 일어나 새롭게 다시 플레이를 시작하면 된다.

의식을 고양시키는 것을 게임에 비유한다면, 그다지 무겁게 받아들일 필요가 없다는 것을 알 수 있다. 새로운 게임을 처음 할 때는 규칙이 익숙하지 않아 자주 실패하겠지만, 몇 번 하면서 게임 방법을 익히고 나면 쉽게 풀어나갈 수 있다. 몇 판 패배하더라도 계속 플레이하면서 실력이 늘고 성장하고 더 나아진다.

매일 반복하다 보면 **최적의 의식 상태**를 내 마음의 **기본값** 상태로 설정할 수 있다. 궁극적인 목표는 어느 순간에도 흔들리지 않는 자신감, 의욕, 집중력, 내적 평온, 사랑, 감사 등 모든 것을 포용하는 심오한 의식 상태를 경험하는 것이다.

미라클모닝을 통해 미라클라이프를 구현하는 훈련을 하라. 미라클모닝을 수행한다면, SAVERS를 통해 이미 의식을 고양하고 있는 것이다. 삶을 있는 그대로 받아들이고, 살아있는 매 순간에 진심으로 감사하며, 최적의 의식 상태를 자의로 선택할 수 있다.

미라클라이프를 구현하기 위해 SAVERS를 활용하는 것은 어렵지 않다. 명상을 하면서 최적의 의식 상태를 경험하고, 일기를 쓰면서 현실을 받아들이고 인정할 수 있다. 이 모든 것을 좀 더 단순하고 효과적으로 수행할 수 있는 방법은 특히 확언 암송이다.

미라클라이프 확언

나는 삶의 매 순간을 경험하는 방법을 의식적으로 선택할 수 있도록 의식 상태를 내적 자유 수준으로 고양하기 위해 노력한다.

나에게 이 삶이 허락되었다는 것은 곧, 나에게 진정으로 평온하고 행복하게 살아갈 자격도 주어졌다는 뜻이다. 그러한 삶을 위해 나는 미라클라이프 ABC를 수행해나갈 것이다.

A단계: 인생을 있는 그대로 받아들여라

감정적 고통, 즉 내적 혼돈은 현실을 부정하면서 나 스스로 만들어내고 지속하는 것이다. 이제는 더 이상 통제할 수 없는 것에 집착하며 현실이 달라지기만을 바라지 않고, 삶을 있는 그대로 받아들이고 인정하며 평온함을 유지하기로 했다. 삶에서 벌어지는 일을 모두 통제할 수는 없지만, 삶의 매 순간을 어떻게 경험할 것인지는 내가 자유롭게 선택할 수 있다.

무의식적인 저항을 극복하고 삶을 있는 그대로 받아들이는 훈련을 하기 위해 5분 룰을 적용한 뒤, 타이머가 울리는 순간 '이젠 바꿀 수 없어'라고 외친다. 과거에 벌어진 일은 바꿀 수 없으며, 이미 벌어진 일은 받아들이고 인정할 수밖에 없다. 바꿀 수 없는 것을 인정하고 받아들이는 것은 내적 자유로 나아가는 문을 여는 열쇠다. 물론 지나간 일을 인정한다는 것이 곧 그 일에 대해 만족한다는 뜻은 아니라는 것을 명심하라.

평온함은 일시적인 감정보다는 훨씬 강력하고 오래 지속되는 의식 상태다. 감정적으로 중립적이다. 이 상태 위에서 우리는 행복, 감사와 같은 의식을 선택할 수 있다.

B단계: 매 순간 감사하라

현실을 있는 그대로 받아들이고 내적 자유에서 늘 평온함을 경험할 수 있다면, 이제 매 순간 진심으로 감사하는 마음을 선택함으로써 다음 단계로 나아갈 수 있다.

감사함은 문자 그대로 우리 삶의 매 순간을 바라보는 렌즈다. 가장 어렵고, 불쾌하고, 고통스러운 순간조차 어떻게 해석하고 경험할 것인지 알려준다. 힘든 역경을 겪는 순간에도 이 순간을 견디고 나면 삶의 교훈과 성장을 얻을 수 있으며, 그것을 통해 '더 나은, 더 유능한 나'가 될 수 있다는 사실에 감사함을 느낄 수 있다.

어느 순간이든 본질적으로 완벽하며, 매 순간을 어떻게 경험할 것인지 내가 신택할 수 있다. 내 삶은 지금 이 순간에만 존재하며, 따라서 매 순간에 진심 어린 감사함을 느낄 수 있다. 감사하는 마음은 행복으로 가는 문이라는 것을 잊지 말자.

C단계: 최적의 의식 상태를 선택하라

감정은 본능적으로 터져나왔다 금방 사라지는 반면, 의식 상태는 삶을 경험하는 근본적인 인지방식이다. 죄책감, 수치심, 두려움, 분노와 같은 부정적인 상태에 집착하면 불필요하게 고통받고 사랑, 행복, 평화, 감사, 기쁨과 같은 상태를 놓칠 수밖에 없다.

내가 선택한 기본적인 상태는 내적 자유다. 바꿀 수 없는 것을 받아들임으로써 내가 살아가는 매 순간을 어떻게 경험할지 선택할 수 있는 여유를 주기 때문이다. 무슨 일이 일어나든, 힘들고 고통스러운 상황에서도 나는 평온하고 감사한 마음을 선택하여 주어진 삶을 즐길 것이다. 이것이 바로 미라클라이프다!

의식을 고양하는 것은 한 번으로 끝나는 이벤트가 아니다. 꾸준한 운동을 통해 체력을 키우는 것과 마찬가지로 습관화해야 성공할 수 있는 지속적인 과정이다. 이제 막 시작한 미라클모닝 30일 챌린지를 수행하면서 매일 이 확언들을 읽기 바란다. 그리고 내적 자유가 나의 가장 기본적인 의식 상태가 되도록 계속 노력하자.

미라클모닝에서 이 확언을 읽고 암송하여 최적의 의식 상태에서 하루를 시작하는 것도 도움이 되겠지만, 미라클이브닝에서 이 확언을 다시 읽으면 더욱 좋을 것이다. 삶을 있는 그대로 받아들일 수 있는 자신의 역량에 자부심을 느끼게 되고 매 순간에 감사하며, 최적의 의식 상태에서 잠들 수 있다.

마지막으로 의식을 고양하는 방법을 터득하는 데 가장 도움이 된다고 여겨지는 책을 몇 권 소개하고 싶다. 내가 가장 좋아하는 책들이다. 미라클모닝을 수행하면서 읽은 책들인데 미라클이브닝을 수행할 때 수시로 꺼내서 밑줄 친 부분을 다시 읽는다.

- 《상처 받지 않는 영혼》
- 《될 일은 된다》
- 《네 가지 질문: 내 삶을 바꾸는 경이로운 힘》
- 《모든 발걸음마다 평화》
- 《깨어나십시오: 깨달음의 영성》
- 《얽매이지 않는 삶Living Untethered》
- 《내면의 일The Inner Work》

미라클라이프에 대한 결론

미라클라이프는 누구에게나 열려 있지만, 삶을 있는 그대로 받아들이고 매 순간 감사하며 의식적으로 최적의 의식 상태를 선택하려는 사람들만이 그 세계로 들어갈 수 있다. 그 세계에서는 매 순간을 어떻게 해석하고 경험할 것인지 선택할 수 있다. 가장 힘든 시기를 견디는 동안에도 평온함을 누릴 수 있으며, 그 어느 때보다 행복과 감사함을 느낄 수 있다.

물론 말이 쉽지, 그것은 힘들고 고통스러울 것이다. 하지만 지금 이 순간 평온함과 감사함을 느끼지 못한다면 과연 미래에 그런 순간이 올까?

삶이 무엇을 던져주든 살아 있는 매 순간을 어떻게 경험할 것인지 선택할 수 있는 권한은 나에게 있다. 나는 평온함과 감사함, 행복을 선택할 수 있다. 나는 축복처럼 주어진 이 삶의 모든 순간을 즐기겠다고 선택할 수 있다. 나는 미라클라이프를 살겠다고 결심할 수 있다.

19

The Miracle Morning

상황은 변하지 않습니다. 우리가 변할 뿐입니다.
—헨리 데이비드 소로Henry David Thoreau

미라클라이프를 향하여

내가 살아 있으니,

소중한 인간의 삶을 살 수 있으니 이 얼마나 행운인가?

나는 이 행운을 낭비하지 않을 것이다. 나 자신뿐만 아니라

다른 사람까지 돌보기 위해 내 모든 에너지를 아낌없이 쓸 것이다.

힘이 닿는 한 사람들을 이롭게 하리라.

—달라이 라마Dalai Lama

지금 내가 있는 곳은 지난 시절 내가 선택한 결과다. 내가 마지막에 닿을 곳은 전적으로 지금 이 순간부터 내가 선택하는 나의 모습에 따라 달라진다.

지금은 내 시간이다. 행복, 건강, 부, 성공, 사랑 그 어떤 것이든 내가 진정으로 원하는 삶, 내가 마땅히 받을 자격이 있다고 생각하는 삶은 지금부터 만들어나가야 한다. 미루어선 안 된다. 나의 멘토였던 케빈 브레이시는 늘 이렇게 말했다.

"나아지기를 기다리지 마."

삶이 나아지기 바란다면, 자기 자신을 먼저 개선하라. 먼저 미라클모닝 30일 챌린지부터 완수하라. 그런 다음에야 원하는 것을 성취할 수 있으며, 또 남을 돕는 사람이 될 수 있다.

미라클모닝은 인류 전체의 의식을 고양한다

내가 미라클모닝을 처음 수행하기 시작한 것은, 순전히 이기적인 목표에서 비롯한 것이었다. 경제적 어려움에서 벗어날 방법을 찾기 위해서였으니까. 다른 사람은 전혀 고려하지 않았다.

하지만 수년이 지나면서, 특히 부모가 되고 난 이후, 미라클모닝은 남들에게 나 자신을 보여주는 것만큼이나 나에게 나 자신을 보여주는 것이라는 사실을 깨달았다.

미라클모닝으로 하루를 시작하는 것은 내가 더 나은 아빠, 남편, 다재다능한 인간이 될 수 있도록 도와준다. 내가 하는 모든 일에 더 인내하고, 사랑하고, 더 신경 쓸 수 있도록 해준다. 예컨대 나는 소중한 관계를 개선하기 위해 '정말 멋지고 재미있는 아빠, 어슐라의 유니콘 같은 남편' 같은 문구를 확언 속에 넣어서 암송한다. 아이들에게 좋은 아빠가 되고 아내에게 멋진 남편이 되고자 하는 노력을 매일 일깨우기 위한 것이다.

이처럼 미라클모닝은 사람들과 맺는 관계를 개선하는 데 큰 도움을 준다. 주변 사람들에게 내가 어떻게 보이는 것이 가장 좋을까? **가장 좋은 모습의 내**가 되어 그들 앞에 나타나면 그들은 어떤 생각을 할까? 규모를 더 확장하여, 전 세계 수백만 명의 사람들이 이렇게 한다면, 어떤 변화가 일어날까?

미라클모닝은 마침내 인류의 의식을 고양시킨다. 미라클모닝을 수행할 때마다 내 의식은 고양된다. 내 생각과 말과 행동이 달라지고, 그러한 내 생각과 말과 행동은 다른 사람들에게 영향을 미친다. 이로써 전 인류의 의식을 고양시킬 수 있다.

매일 아침 일어나 자신의 잠재력을 실현하기 위해 시간을 내는 것은, 나 자신뿐만 아니라 다른 사람들까지 이롭게 하는 거룩한 행동이라는 것을 기억하기 바란다.

감사의 말

이 글은 이 책에서 가장 쓰기 힘든 부분일지도 모릅니다. 감사할 사람이 없어서가 아니라 너무나 많기 때문입니다. 내 삶과 이 책에 도움을 준 사람들은 너무나 많기에, 몇 페이지로 모두 감사를 전하는 것은 불가능할 것 같습니다. 아마도 그 모든 분께 감사를 표하려면 《미라클모닝: 감사의 말》이라는 제목으로 책 한 권을 더 써야 할지 모르겠습니다.

2012년 이 책을 처음 출간할 때 지지해주신 모든 분들. 미라클모닝에서 느낀 효과를 다시 돌려주겠다는 여러분의 이타적인 노력은 이루 말할 수 없을 정도로 나에게 깊은 감동을 주었습니다.

마지막으로, 여러분과 우리 인류 가족의 모든 구성원에게. 많은 사람들이 집착하는 '차이'보다, 우리 사이에는 '공통점'이 훨씬 많다고 생각합니다. 가족의 일원으로서 여러분을, 여러분이 아는 것보다 더 많이 사랑하고 감사하게 생각합니다.

독자 여러분, 이제 책 읽기를 멈추고 행동할 시간입니다. 절대 안주하지 마세요. 여러분이 살아야 할 삶을 창조해내고, 또 주변 사람들도 그렇게 할 수 있도록 도와주세요.

사랑과 감사의 마음을 담아
할 엘로드

부록

The Miracle Morning

미라클모닝
30일 인생 챌린지

30일 인생 챌린지를 시작한 당신을 환영합니다. 그리고 독자 여러분이 진정 원하고, 누릴 자격이 있는 '레벨 10'의 삶을 향한 의미 있는 도전을 시작할 용기를 냈다는 사실을 축하합니다. 개인적인, 그리고 사회적인 성공을 향한 첫걸음을 떼는 것은 일반적으로 가장 어려운 일이지만 가장 중요한 일이기도 합니다. 따라서 당신이 지금 여기에 와 있다는 사실에 존경을 표합니다.

앞으로 30일 동안, 당신은 삶의 모든 부문에서 성공을 위한 기반을 세우게 될 것이고, 이는 당신 삶의 방향을 전환하게 될 것입니다. 매일 아침 일어나 미라클모닝을 실천하게 되면, 당신은 엄청난 등급의 단련(자신과의 약속들을 끝까지 해내는 데 필요한 결정적인 능력), 명료함(당신에게 가장 중요한 일에 집중하는 동안 발생하는 힘), 그리고 자기계발(당신의 총체적 성공, 행복, 그리고 삶의 질을 좌우할 단 하나의 결정적 요소)로 하루를 시작할 수 있습니다. 달리 말하면, 앞으로의 30일 동안 당신은 본인이 진정 원하는 삶을 창조하기 위해 당신이 마땅히 되어야 할 사람으로 빠르게 변해가는 자신의 모습을 발견하게 될 것입니다.

또한 처음에는 책에서나 읽은 개념에 그쳤던 미라클모닝이, 흥분감과 함께 (어쩌면 약간의 긴장감도) 나도 시도해볼 만한 것으로, 그리고 평생의 습관으로 변모해 가는 것을 경험하게 될 것입니다. 그리고 이는 당신과 당신의 삶을 계속해서 다음 단계로, 또 그다음 단계로 도약하게 해줄 것입니다. 당신의 무한한 가능성을 실현하고, 당신 삶에서 예전에 경험해왔던 것들을 훌쩍 뛰어넘는 결과물들을 거두게 될 것입니다.

성공을 위한 습관들을 개발하는 것 외에도 당신은 본인의 삶을 안팎에서 개선하는 데 필요한 사고방식도 개발하게 될 것입니다. 6가지 아침 습관을 매일 실천함으로써 침묵, 확언, 시각화, 운동, 독서, 기록이 주는 육체적, 지적, 정서적, 영적 효과들을 경험하게 될 것입니다.

스트레스가 감소하고, 안정감, 집중력, 행복감은 증가하며 당신의 삶에 대해 더 신바람이 나는 것을 즉각적으로 느끼게 될 것입니다. 본인의 가장 큰 목표와 꿈, 특히 너무나 오랫동안 미뤄오기만 했던 꿈을 향해 나아갈 수 있는 에너지, 명료함, 동기가 더 활성화되는 것도 느낄 것입니다.

기억하세요. 당신의 삶은 개선될 수 있고, 개선될 것입니다. 오직 그것을 개선할 수 있는 사람으로 스스로를 발전시키기 위해 매일 시간을 투자하기만 한다면 말입니다. 앞으로의 30일 동안 당신의 삶이 바로 그렇게 될 것입니다. 이제 새로운 시작, 새로운 당신입니다.

두려움을 떨쳐버리세요. 당신은 할 수 있습니다!

만약 자꾸 주저하게 되거나 30일간 끝까지 해낼 수 있을지 걱정이 앞선다면, 안심하세요. 그런 감정은 지극히 정상입니다. 지금껏 아침에 일어나기가 힘들었다면 특히 더 그럴 것입니다. 우리는 모두 백미러 증후군에 시달리는 존재임을 기억하세요. 따라서 약간의 망설임이나 초조함을 느끼는 것은 당연한 일일뿐만 아니라 그것은 바로 당신이 열심히 노력할 준비가 되어 있다는 신호이기도 합니다. 그렇지 않다면 초조할 이유가 없겠죠.

개인적으로 나는 무척 흥분됩니다. 딱 30일 안에 당신이 어떤 사람으로 거듭나고 얼마만큼의 성장을 경험할지 나는 알기 때문입니다. 앞으로의 30일은 진짜 가능한 것에 마음의 문을 여는 시간입니다. 당신만의 안전지대에서 과감히 벗어나 그렇게 했을 때의 결과에 기분 좋은 놀라움을 경험하는 시간입니다.

당신이 삶에서 원하는 모든 것들을 당신은 해낼 능력이 있고, 누릴 자격이 있지만 그것은 순전히 당신에게 달려 있습니다. 지금은 당신의 무한한 가능성을 인식하고 다가가기 시작할, 당신의 시간입니다.

1단계: 명료해지기
좋은 질문을 통해 마음의 자세 갖추기

기억하라. 우리는 지금 '혁명'을 논하고 있고, 삶의 다른 모든 가치 있는 것들이 그렇듯, 이 챌린지에서 최대치를 수확하려면 당신도 약간의 준비가 필요하다. 일부러 시간을 (대략 30~60분) 투자하여 명료한 이해를 위한 질문 5개에 신중하게 답하고 이어지는 연습문제들을 완수하는 것은 아주 중요하다.

이 과정에 주의를 더 집중하면 할수록 다음 모든 단계들에서 더 많은 가치를 얻을 수 있을 것이다.

당신이 지금 어디에 있느냐는 당신이 과거에 어디에 있었느냐의 결과이지만, 앞으로 당신이 가게 될 곳은 전적으로 당신이 어떤 사람이 되길 선택하느냐에 달려있다.

첫 번째 질문
삶의 어떤 면에 더욱 감사함을 느끼고, 더 충실할 수 있는가?

우리의 행복과 정서적 안녕은 우리가 의식적으로 느끼고 경험하려는 감사함의 양과 직결된다. 이렇게 생각해보자. 우리 모두는 언제라도 집중할 수 있는 2장의 종이를 갖고 있다. 한 장에는 우리가 기분 '나쁘게' 느껴야 마땅한 것들이 나열되어 있고, 다른 한 장에는 우리가 기분 '좋게' 느껴야 마땅한 것들과 감사해야 할 것들이 나열되어 있다. 불행한 사람들은 종종 그들의 부정적인 면과 불평불만을 변호하려 들며 이렇게 말하곤 한다. "내가 부정적인 게 아니야. 난 그저 현실적일 뿐이야."

정말 그럴까? 그들의 '나쁜' 종이에 적힌 모든 것들에만 집중하고, 그것들을 곱씹고, 남들에게 불평하는 것에 자기 시간의 대부분을 써버리는 것을 선택하는 것이, 우리 시간의 대부분을 우리의 '좋은' 종이에 집중하고, 감사하고, 다른 사람들에게 얘기하는 데 투자하기로 결정하는 것보다 더 현실적인 걸까? 그렇지 않다. 둘 다 똑같이 현실적이지만, 대부분의 시간을 어느 것에 집중할 것인지를 결정하는 당신의 선택에 따라 삶의 내적인 질이 달라진다. 당신이 삶의 모든 면에, 당신의 난관들과 그것들로부터 배울 수 있고 성장할 수 있다는 사실에까지 진정한 감사를 더 자주, 더 깊이 느끼고자 한다면 당신은 더 행복해지고, 더 건강해지고, 더 활기를 느끼게 될 것이다.

딱 몇 분만 투자해서 당신이 감사함을 느껴야 마땅한 것들을 느끼고, 적어보도록 하자.

30일 동안 당신이 변화를 주고 개선하고 싶은 것은 무엇인가?

마치 기적처럼, 내일 눈을 떴는데 당신 삶의 어떤 면이 바뀔 수 있다면, 어떤 것을 바꾸고 싶은가? 더 행복해지는 것? 건강해지는 것? 더 성공하는 것? 몸매가 좋아지는 것? 활기가 더 생기는 것? 스트레스가 줄어드는 것? 돈이 많아지는 것? 당신의 문제들 중에 어떤 것이 해결되고 있을까? 당신의 어떤 목표와 꿈이 이루어지는 중일까?

정말 좋은 소식을 하나 알려주자면, 당신 삶의 어떤 면이든 바꾸기 시작할 수 있다. 그러니 구체적으로 적어보자.

세 번째 질문

'레벨 10'인 삶의 성취를 저지하는 두려움은 무엇인가?

개인적 혹은 사회적 삶에서의 한 단계 도약과 원하는 바의 성취를 저지하는 것은 우리에게 깊이 내재된 두려움-대개는 수면 아래에 있어 우리가 별로 많이 생각하게 되지 않는-인 경우가 많다. 대부분의 사람들이 자신의 두려움에 집중하지 않는 쪽을 선호하는데, 우리가 두려워하는 것을 인식하거나 생각하는 것은 유쾌한 일이 아니기 때문이다. 두려움을 극복하려면 그것에 집중하는 것이 절대적으로 중요하다. 이런 말들을 들어봤을 것이다. '우리가 두려워해야 할 것은 오직 두려움뿐이다' 혹은 '두려움을 직시하라, 그러면 두려움이 사라질 것이다' 두려움fear은 'False Evidence Appearing Real(진짜로 보이지만 가짜인 증거)'의 머릿글자를 딴 것이라는 얘기도 들어본 적이 있을 것이다.

모두 맞는 말이다. 두려움은 우리가 두려워하는 것을 해나가는 도중에 사라진다. 왜냐하면 우리의 두려움은 실재하는 것이라기보다는 거의 우리가 잘 알지 못 하는 것이거나 최악의 시나리오-대개는 절대로 현실이 되지 않는-인 경우가 많기 때문이다. 그러니 마음껏 약해지기 바란다. 보는 사람은 아무도 없다.

당신이 원하는 성취로부터 당신을 저지하는 두려움, 불안, 혹은 의심에 대해 스스로에게, 가능하다면 예전 그 어느 때보다도 더 솔직해지자.

네 번째 질문
레벨 10의 삶을 이루기 위해 필요한 믿음은 무엇인가?

믿음은 우주에서 가장 강력하고 창조적인 힘으로 사람이라면 누구나 갖추고 있는 덕목이다. 우리 삶의 모든 면면-좋은 것이든 나쁜 것이든, 내부적으로나 외부적으로나-은 전부 우리의 믿음에서 탄생한다. 당신이 노력을 통해 성공을 성취할 수 있다고 믿는다면, 진정으로 믿는다면, 당신은 성취를 이룰 때까지 멈추지 않을 것이다. 반면에, 만약 성공이 자신의 권리라고 진심으로 믿지 않는 사람이 있다면, 그 사람은 장애물이 나타났다는 첫 번째 신호를 보자마자 포기할 것이다. 만약 당신이 사랑받을 자격이 있다고 믿는다면 당신은 사랑을 끌어당길 것이다. 믿지 않는다면 그렇지 못할 것이다. 사람들이 대체로 선하다고 믿는다면 사람들

속의 선함을 발견할 것이다. 사람들이 당신을 괴롭힐 거라고 믿는다면 그들은 정말 그럴 것이다.

삶에서 당신이 원하는 것을 자신 있게 추구하는 데 도움이 되는 믿음들을 의식적으로 그리고 적극적으로 강화하는 것은 매우 중요하다. 《놓치고 싶지 않은 나의 꿈 나의 인생》의 저자 나폴레온 힐은 이렇게 말했다. '정신이 품을 수 있고 믿을 수 있는 것이라면 무엇이든, 성취할 수 있다.' 자, 당신이 다른 그 누구와 마찬가지로 가치 있고, 자격 있고, 당신이 원하는 삶을 만들 능력이 있다는 것을 상기하기 위해 당신은 어떤 믿음을 매일매일 강화해야 할까?

....

....

....

....

....

....

....

다섯 번째 질문

삶을 바로 지금, '반드시' 바꾸기 시작해야 하는 이유는 무엇인가?

이 질문은 내가 언제라도 함께 일할 수 있다고 생각하는 모든 '잠재적' 고객들에게 꼭 대답하도록 하는 질문이다. 나는 그들에게 이렇게 말한다. "그동안 한 번도 해보지 않았던 노력을 들여서 진정 원하는 삶을 만들기 위해 필요한 모든 것에 전념할 준비가 되어 있는 이유, 그 이유를 나와 당신 자신에게 납득시키는 것이 매우 중요합니다."

당신이 진짜로 원하고, 진짜로 해낼 수 있는 것보다 못한 수준에서 더 이상 안주하지 않겠다는 이유는 무엇인가? 그리고 왜 지금인가?

....

....

....

....

....

....

....

2단계: 생애 그래프
삶의 성공과 만족의 현재 등급을 확실하게 이해하기

만약 우리 삶의 여러 면의 성공/만족의 등급을 측정한다면 우리는 누구나 모든 면에서 '10점'의 삶을 살길 원할 것이다. 레벨 10의 삶을 만드는 것은 당신의 현재 모습의 솔직한 평가에서부터 시작된다. 1~10의 점까지(원의 중심인 '0'에서부터 시작해서) 현재의 성공/만족의 등급을 매겨보자. (아래의 그림 참고) 일단 완성이 되고 나면 당신이 어느 면에서 잘하고 있는지 레벨 10의 삶을 만들기 위해 앞으로의 30일간 특히 집중해야 할 면은 무엇인지 한눈에 알 수 있는 명확한 그림을 갖게 될 것이다.

3단계: 당신의 10점 비전
당신 삶의 모든 면의 이상을 분명히 파악하기

'매일 당신의 꿈을 향해 과감히 전진하고, 멈추기를 거부하라. 무엇도 당신을 막을 수 없다.'

이제 당신은 생애 그래프를 통해 당신 삶의 10가지 핵심적인 면의 성공과 만족의 현재 점수를 솔직하게 진단했다. 다음 단계는 당신의 레벨 10의 삶을 신중하게 정의하는 것이다.

30일 인생 챌린지의 시작과 함께 즉시 레벨 10의 삶으로 가는 첫발을 뗄

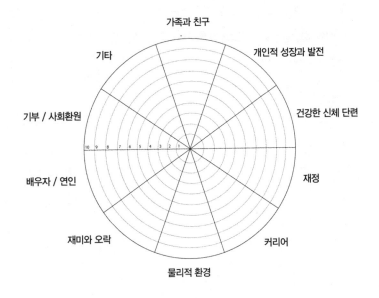

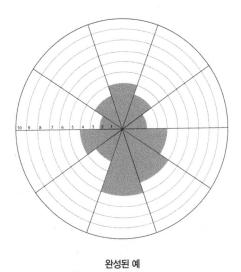

완성된 예

수 있도록 아래의 질문에 당신의 삶의 비전을 적어보자. 꼭 기억해야 할 것. 당신에겐 당신 삶의 모든 것을 바꾸거나 이룰 수 있는 힘이 있다. 한 번에 한 걸음씩.

[가족과 친구] 가족과 친구들과의 관계에 대한 당신의 '레벨 10'의 비전을 묘사한다. 어떻게 하면 그들의 삶에 가치를 더할 수 있을까? 그들이 당신을 어떻게 대하고, 격려하고, 지지해주기를 바라는가? 어떻게 하면 당신은 더 좋은 친구, 부모, 배우자, 형제자매, 아들, 딸이 될 수 있을까?

....

....

....

....

[개인적 성장과 발전] 당신의 '레벨 10' 수준의 개인적 성장이 무엇인지 묘사해본다.

몇 권의 책을 읽고 싶은가? 미라클모닝은 일주일에 며칠 하고 싶은가? 멘토와 함께 해보고 싶은가? 전문 코치를 고용하고 싶은가? 어떤 세미나에 참석하고 싶은가?

....

....

....

....

[건강과 신체 단련] 당신의 '레벨 10' 수준의 건강과 신체 단련이 무엇인지 묘사해본다. 무엇을 먹을 것인가? 무엇을 먹지 않을 것인가? 운동은 얼마나 자주 할 것인가? 어떤 기분을 느끼고 싶은가? 당신이 원하는 몸의 에너지는 어느 정도인가?

....

....

....

....

[재정] 당신의 '레벨 10'의 재정 상태를 묘사한다. 돈은 얼마나 벌고 싶은가? 저축은? 자선단체에 기부는? 어떤 재정 문제를 해결하고 싶은가? 당신과 당신이 사랑하는 사람들을 위해 당신이 원하는 자유와 라이프스타일을 묘사한다.

....

....

....

....

[커리어/사업] 당신의 '레벨 10' 수준의 커리어를 묘사한다. 당신은 무엇을 하고 싶은가? 어떤 사람과 함께 일하고 싶은가? 어디에서 일하고 싶은가?(집, 사무실, 출장, 등등) 얼마나 많은 사람들에게 영향을 주고 싶은가?

사업을 시작하거나, 책을 쓰겠다는 꿈이 있는가? 당신이 진짜로 원하는
일은 무엇인가?

....

....

....

....

[물리적 환경] 당신의 '레벨 10' 수준의 거주, 근무 환경을 묘사한다. 어디
에 살고 싶은가? 변화가 필요한 부분은 무엇인가? 어떻게 하면 당신이 레
벨 10 환경에서 살고 있다고 느낄 수 있을 것 같은가?

....

....

....

....

[재미와 오락] 삶은 즐거워야 한다. 그러니 당신이 생각하는 '레벨 10'의
재미와 오락은 어떤 것인지 묘사해본다. 당신이 가장 좋아하는 취미는
무엇인가? 무엇에 열정을 느끼는가? 더 하고 싶은 활동은 무엇인가?

....

....

....

....

[배우자, 연인] 지금의 혹은 아직은 미지의 배우자나 연인과의 '레벨 10' 관계를 묘사해본다. 무엇을 원하는가? 더 중요한 질문, 어떻게 하면 당신이 원하는 사랑과 로맨스를 끌어당기는 사람이 될 수 있을까?

....

....

....

....

[기부/사회 환원] 당신에게 이 부문의 '레벨 10'이 무슨 의미인지 묘사해보자. 다른 사람들을 돕는 것이 얼마나 중요한가? 얼마의 시간, 돈, 재원을 환원하고 싶은가? 어떤 사람들이나 기관에 기부하고 싶은가?

....

....

....

....

4단계: 레벨 10의 습관
성공을 필연으로 만들어줄 일일 실천사항 만들기

'비범한 삶은 다른 게 아니다. 그저 가장 중요한 부문을 매일 끊임없이 개선해 나가는 것일 뿐이다.'

어떤 습관이든 30일 안에 만들거나 바꿀 수 있으며, 당신 삶의 모든 면에서 성공의 정도는 대부분 당신 습관의 결과이다. 미라클모닝 30일 챌린지를 실행하는 동안 활용할 '레벨 10'의 습관들을 1~2개 생각해보자.

[가족과 친구] 가족과 친구의 '레벨 10'의 관계를 만들어줄, 지금 당장 시작할 수 있는 습관은 무엇인가? 매일 전화를 걸어 어떻게 하면 그들의 삶에 가치를 더 할 수 있겠냐고 물어볼까? 아니면 당신에게 그들이 어떤 의미인지 말해줄까?

....

....

....

....

[개인적 성장과 발전] '레벨 10'의 삶을 만들 수 있는 사람이 되기 위해 필요한 사고방식, 지식, 기술은 무엇이고, 그러기 위해 지금 당장 시작할 수 있는 습관은 무엇인가? 미라클모닝이 당연한 대답이겠지만 그 외에 무

엇을 할 수 있을까? 운전할 때 자기계발 오디오 클럽을 듣는 것은 어떨까? 또 다른 것은 없을까?

[건강과 신체 단련] 건강해지기 위해 지금 당장 시작할 수 있는 습관은 무엇인가? 매일 달리기? 피트니스 센터? 패스트푸드 먹지 않기?

[재정] 자유로운 재정 상태로 가기 위해 지금 당장 시작할 수 있는 습관은 무엇인가? 수입의 10퍼센트 저축하기? 소비 줄이기?

[커리어/사업] '레벨 10'의 커리어/사업을 향해 가기 위해 지금 당장 시작할 수 있는 습관은 무엇인가?

....

....

....

....

[물리적 환경] 당신의 환경을 개선하기 위해 시작할 수 있는 습관은 무엇인가? 매일 정리정돈하기? 인테리어 새로 하기?

....

....

....

....

[재미/오락] 당신의 삶을 좀 더 신나게 하기 위해 지금 당장 시작할 수 있는 습관은 무엇인가?

....

....

....

....

[배우자, 애인/로맨스] '레벨 10'의 관계를 끌어당기거나 만들기 위해 지금 당장 시작할 수 있는 습관은 무엇인가?

[기부/사회 환원] 더 많이 기부하기 위해 지금 당장 시작할 수 있는 습관은 무엇인가? 자선단체에 작지만 정기적인 기부금을 보내기 시작할까? 어린이들을 위한 결연 후원을 시작할까? 어느 것이 당신의 마음을 움직이는가?

5단계: 30일 기록지
꾸준한 실천을 위한 기록

개인의 발전을 가속화하는 6가지 실천사항들이 모두 포함된 완전한 미라클모닝을 경험하고, 매일 그 발전 과정을 기록하는 것이 중요하다. 책에서 제시된 여섯 가지 아침 습관에, 앞으로 30일 동안 만들고 싶은 '레벨 10'의 습관 4가지를 추가한다. 이 습관들은 당신 삶의 면면에 상당한 발전을 만들어주고 나아가 당신 삶에 지대한 영향을 주게 될 것들이다.

발전 과정의 추적 기록에는 엄청난 장점이 있다. 책임감을 한 눈에 나타내는 아주 훌륭한 형식이면서 동시에 '레벨 10'의 습관을 실천해낼 때마다 긍정적이고 가시적인 힘을 실어주기 때문이다.

표시 방법

실천을 한 날에는 'O' 표시를 하고, 쉬기로 사전에 계획한 날에는 'x' 표시를 한다. 그리고 실천하려고 했으나 하지 못한 날은 그냥 비워둔다. 물론 누구나 '빠진' 날을 최소화하고 싶은 게 당연하겠지만, 자기계발은 완벽을 위한 것이 아니라 발전을 위한 것임을 기억하도록 하자.